Wolfgang Zdral

DIE LEDERHOSEN AG

Was Sie schon immer über den FC Bayern wissen wollten

Econ

Hinweis
Das vorliegende Buch ist sorgfältig recherchiert und erarbeitet worden. Dennoch erfolgen alle Angaben ohne Gewähr. Weder Autor noch Verlag können für eventuelle Nachteile, die aus den im Buch gegebenen Informationen resultieren, eine Haftung übernehmen.

Econ Verlag
Der Econ Verlag ist ein Verlag der
Ullstein Buchverlage GmbH
Originalausgabe
1. Auflage 2004

ISBN 3-430-19936-0

Gesetzt aus der Stone Serif und Stone Sans bei
Franzis print & media GmbH, München
Druck und Bindearbeiten: Bercker, Kevelaer
Printed in Germany

INHALT

EINLEITUNG

Welch ein Ereignis, das jüngst als Film »Das Wunder von Bern« über die Kinoleinwände flimmerte! Deutschland 1954: Die letzten Kriegsgefangenen kehren heim, halb verhungert und zerlumpt. Mütter und Ehefrauen umarmen sie freudig am Bahnhof. Die Ruinen in den Städten weichen Wohnhäusern, die Fabrikschlote rauchen, mit einem Wort: Man rappelt sich wieder hoch. Und mittendrin ein Häuflein junger Männer, die nur eines wollen: guten Fußball spielen. Mithilfe von Bundestrainer Sepp Herberger schaffen sie das schier Unmögliche: Nachdem im WM-Finale am 4. Juli die Ungarn schnell mit 2:0 in Führung gingen, gelingt den Deutschen der Ausgleich zum 2:2. Sechs Minuten vor Schluss versenkt Helmut Rahn im Berner Wankdorf-Stadion den Ball zum 3:2-Endstand ins Netz. Die deutsche Mannschaft ist Fußballweltmeister! Den glänzend parierenden Torwart Toni Turek, ein Olli Kahn der Nachkriegszeit, ernennt Radiokommentator Herbert Zimmermann sogleich zum »Fußballgott«. Damit steigt das Spiel mit den elf Freunden zum ersten Mal in der jungen Bundesrepublik auf in die Sphären einer Religion. Scheinbar Unmögliches ist auf dem Rasen geschehen. Auf magische Weise berührt das Spiel die Herzen der Zuschauer und bringt das Wirtschaftswundergefühl »Wir sind wieder wer« in jedes Wohnzimmer, an jeden Arbeitsplatz. Der Historiker Joachim Fest kürt den 4. Juli 1954 zum eigentlichen Gründungsdatum der jungen Republik.

50 Jahre nach dem Wunder von Bern hofft ein Fußballverein auf das Wunder von München: der FC Bayern München. In der bayerischen Landeshauptstadt hadert der erfolgreichste und wohlhabendste Bundesliga-Club derzeit mit seinem Schicksal: mittelmäßige fußballerische Leistungen, Zoff im Verein und – was neu ist – erstmals Probleme mit dem Geschäftsmodell FC Bayern München. Denn die Umsätze gehen zurück, der Gewinn ist auf Erdnussgröße geschrumpft – mit einem Wort: Der Geldmotor geriet ins Stottern. Dabei ist der Club so stolz auf seine einzigartige Erfolgsbilanz: 18-mal Deutscher Meister, elfmal Gewinner des DFB-Pokals, viermal holte der Verein den Ligapokal, dreimal den Europapokal der Landesmeister, zweimal den Weltpokal und den Supercup. Dazu Pokal der Pokalsieger, Champions League, UEFA-Pokal, 15 deutsche und fünf europäische Fußballer des Jahres, 13 Bundesliga-Torschützenkönige und vieles mehr.

Aber das Gesicht des Münchner Traditionsvereins hat sich in jüngster Vergangenheit gewandelt wie nie zuvor in seiner über 100-jährigen Geschichte: Sportliche Werte geraten immer mehr in den Hintergrund zugunsten einer ungezügelten Geschäftemacherei. Joseph Blatter, Chef des Weltfußballverbands Fifa, geißelte jüngst den »Menschenhandel« reicher europäischer Vereine wie des FC Bayern München und warf ihnen vor, sich wie »Neokolonialisten« zu verhalten. »Wenn wir nicht aufpassen, degeneriert der Fußball immer mehr zu einem Spielball der Gier«, warnte Blatter. »Diejenigen, die ich als ›Milliardärsclubs‹ bezeichne, haben sich ihre eigene, allerdings grundverschiedene Daseinsberechtigung geschaffen – ihren eigenen Profit zu maximieren.« Eine treffende Zustandsbeschreibung.

Untrennbar verbunden mit der aktuellen Liaison von Sport und Kommerz ist das Trio an der Spitze der FC Bayern München AG: Vorstand Uli Hoeneß, Vorstandsvorsitzender Karl-Heinz Rummenigge und Aufsichtsratsvorsitzender Franz Beckenbauer, der zugleich Präsident des Vereins FC Bayern München ist. Auch wenn Dutzende anderer Personen am Unternehmen FC Bayern München AG mitwirken – diese drei bilden den Fixpunkt. Sie prägen das Markenzeichen FC Bayern. Beckenbauer, der mächtigste Mann im deutschen Fußball, je nach Geschmack »der Franzl«, »die Lichtgestalt«, »der Kaiser«, die »Ikone« oder »der Einzige, der es schaffen könnte, der PDS in Bayern ein Direktmandat zu verschaffen«, wie der Kabarettist Ottfried Fischer einmal formulierte. Selbst Beckenbauers Hang, seine Meinungen fast genauso oft zu wechseln wie seine Socken, wird ihm nicht sonderlich übel genommen. Rummenigge, der als Rekordspieler und Vorstandsvorsitzender meist dezent im Hintergrund bleibt. Hoeneß, der die Geschicke der Bayern immerhin schon ein Vierteljahrhundert lang lenkt. Eine repräsentative Umfrage bei über 5000 Fußballinteressierten kommt zu dem Ergebnis: Hoeneß ist der herausragende Fußballmanager in Deutschland – noch vor Bayer-Boss Reiner Calmund und Schalke-Antreiber Rudi Assauer.

Doch was bringt Hoeneß heute noch für den Verein? Blättert der Lack des Denkmals bereits? Wie steht es mit seinen Kollegen Rummenigge und Beckenbauer? Und was spielt sich wirklich hinter den Kulissen des FC Bayern ab? Wie funktionieren die Mechanismen von Macht, Glamour und hemdsärmeliger Geschäftstüchtigkeit? Zahlt sich die Strategie aus – wirtschaftlich und sportlich? Die Schwerpunkte dieses Buches liegen bei den Fragen, wie der Club seinen Auftritt als FC Hollywood effektiv inszeniert, wer bei den internen Machtkämpfen siegt, ob sich der Handel mit Spielern rentiert, welche Revolution die Umwandlung in eine Aktiengesellschaft ausgelöst hat, wie der FC Bayern Konzerne und Fans als Geldquellen anzapft und wie Hoeneß, Rummenigge und Beckenbauer auf nationaler und internationaler Ebene ihre Interessen durchzusetzen versuchen. Ein ausführlicher Anhang liefert die wichtigsten Zahlen und Fakten rund um den FC Bayern München.

Selbst Nicht-Bayern und Bayern-Hasser bewundern bisweilen im Stillen die unnachahmliche bayerische Mischung aus Bauernschlauheit, Ellbogeneinsatz bis über die Grenzen des Erlaubten hinaus und rigoroser Selbstvermarktung. Die Repräsentanten und Spieler des Münchner Clubs ziehen so viele Negativreaktionen auf sich wie kein zweiter Verein der Bundesliga. Auch da sind die Bayern Rekordhalter.

Die Methoden der Bayern-Manager jedenfalls finden sich in keinem Lehrbuch. Das Modell FC Bayern München ist ein System, das ihnen oft aus den Händen gleitet, gespickt mit Intrigen, Grabenkämpfen und Kabbeleien. Manchmal ist es eine Heldenoper, vielfach der Komödienstadl.

1 FUSSBALL ALS GELDMASCHINE – DAS NEUE GLAUBENSBEKENNTNIS

Überlebensgroße rote Stoffbahnen zieren die Wände, als Symbol der Zugehörigkeit prangt das bekannte Emblem mit dem weißblauen Rautenmuster über dem Saal, Podium und Rednerpult verschaffen den Würdenträgern den gebührenden Rahmen. Das Ganze wirkt wie eine Mischung aus Oktoberfest, Parteitag und Aktionärsversammlung. Der grauhaarige Herr, der gemessenen Schrittes, mit Anzug und Krawatte ans Mikrofon tritt, wirkt von weitem wie der Sprecher eines Großkonzerns. Aber nein: »Der Kaiser«, raunt ergriffen ein Zuschauer. Tatsächlich, das ist sie, die Lichtgestalt des deutschen Fußballs, die von Beifall umbrandet und in gleißendes Scheinwerferlicht getaucht ein Bad in der Menge nimmt: Franz Beckenbauer.

Der Kalender zeigt den 14. November 2003. Über 1300 Gäste sind an diesem Freitagabend nach München gekommen, in den Saal 14 des neuen Messezentrums Riem. Sie alle wollen das Spektakel live genießen, die Kickerprominenz hautnah erleben, die sie sonst nur aus dem Fernsehen kennen. Die Besucher drängen sich um den »Franzl«, um Karl-Heinz Rummenigge und Uli Hoeneß, bitten um Autogramme. Die Galionsfiguren des erfolgreichsten deutschen Fußballclubs zelebrieren den alljährlichen Höhepunkt im Vereinsleben des FC Bayern München.

Souverän steuert Beckenbauer durch Punkt 1 der Tagesordnung, seinen Rechenschaftsbericht. Er schweift ab und doziert minutenlang über seine Vorbereitungen zur nächsten WM. Die Fans hängen an seinen Lippen, beklatschen seine Ausführungen dankbar. Streit mit Hoeneß und Rummenigge – das ist kein Thema. Es sei »das Schlimmste, wenn man immer einer Meinung ist«. Auf Punkt 6 der Tagesordnung steht die Wahl des Vereinspräsidenten, eine reine Formalie. Einziger Kandidat: Franz Beckenbauer. Während die Abstimmung läuft, hat der Beobachter Zeit, sich die Geplänkel der Vergangenheit ins Gedächtnis zu rufen. Bis vor kurzem zeigte sich Beckenbauer sperrig: »Ich wollte ein bisschen Pause machen, denn die Weltmeisterschaft 2006 kommt näher, die Aufgaben werden vielfältiger. Die Zeit wird sicherlich nicht mehr werden, sondern eher weniger«, hatte der Präsident noch kurz zuvor erklärt. Dazu seine Treffen mit Politikern in der ganzen Welt, alles laste auf seinen Schultern. Aber nun, an diesem Abend, erklärt der Kaiser: »Natürlich habe ich ein bisschen kokettiert«, und fügt an, »dass es gut ist, noch mal eine Periode dranzuhängen.« Immerhin seine vierte Kandidatur nach 1994, 1997 und 2000. Seine Anhänger quittieren es mit heftigem Beifall – und einem Wahlergebnis, von dem andere nur träumen können: 1265 Ja-Stimmen, das sind 97,2 Prozent der Versammelten.

Die Atmosphäre bei diesem Clubtreffen ist wie immer und doch völlig anders. Denn die Mitglieder müssen sich daran gewöhnen, dass sich ihr Traditionsgebilde in zwei Teile gespalten hat: in den Verein und in eine Aktiengesellschaft, die FC Bayern München AG. Entscheidungen über Belange der AG haben auf der Tagesordnung der Vereinsmitglieder keinen Platz, doch die Vereinsgrößen Hoeneß und Rummenigge treten nun in ihren neuen Rollen als Vorstandsmitglieder eines millionenschweren Unternehmens auf. Auch die Rechenschaftsberichte klingen anders als sonst. Da geht es um Aktiva und Passiva, um Eigenkapital, Rückstellungen und Umlaufvermögen. Selbst so exotische Begriffe wie Ebita schwirren durch den

Raum. Erst eine nachgeschobene Erklärung offenbart, dass es sich dabei um den Gewinn vor Zinsen, Steuern und Abschreibungen handelt.

Nicht nur staubtrockene Finanzbegriffe und neue Aufgabenumschreibungen unterscheiden diese Veranstaltung von den früheren. Der berauschende Wein des Erfolgs ist dieses Mal mit Wermut gewürzt. Ein paar Tropfen nur, aber genug, um den Genuss erheblich zu schmälern. Erstmals in der Geschichte des FC Bayern sind finanzielle Rückschritte zu vermelden. Was unter der Herrschaft des Triumvirats für den Verein unmöglich erschien, ist für die AG bittere Wirklichkeit geworden: im abgelaufenen Geschäftsjahr (1. Juli 2002 bis 30. Juni 2003) ging der Umsatz um 7,6 Prozent von 176 Millionen auf 162,7 Millionen Euro zurück. Noch deutlicher ist die Entwicklung beim Nettogewinn: Magere 400 000 Euro haben die Clubmanager zu vermelden. Und das ist noch schöngerechnet. In Wirklichkeit sind es noch weniger – nämlich exakt 360 129 Euro. Gerade so eben hat sich das Unternehmen über die Nulllinie gerettet, mit einem um fast 96 Prozent schlechteren Ergebnis als im Vorjahr. Da waren es noch satte 9,8 Millionen Gewinn gewesen. Verständlich, dass die Mitglieder bei Bekanntgabe dieser schwachen Zahlen keinen Applaus spenden. Da hilft auch das obligatorische Freibier nicht und ebenso wenig die Beschwichtigungsversuche des Vorstandsvorsitzenden: »Ein sehr ordentliches Ergebnis«, meint Rummenigge, »es ist uns gelungen, trotz schwieriger Zeiten ein positives Ergebnis zu erwirtschaften.« Auf die Frage eines Vereinsmitglieds, »Was, wenn es weiter so bergab geht?«, antwortet er ausweichend, er wolle weiter »solide arbeiten«. Was noch mehr auf der Seele brennt: Der Lokalrivale 1860 München erzielte mit einem Viertel des Umsatzes der Roten einen mehr als dreimal so hohen Profit – nämlich 1,3 Millionen Euro.

Ob nun neue Bescheidenheit angesagt ist oder auch Gesundbeten, fest steht: Selbst beim FC Bayern wachsen nicht alle Bäume in den Himmel. Der Traditionsclub, der bisher alles richtig gemacht zu haben schien, zeigt ungewohnte Schwächen. Wer hätte sich bis dato vorstellen können, dass der wirtschaftlich so geschickt agierende Verein einmal Schiffbruch erleidet? Denn nichts anderes ist das Jahresergebnis nach den Maßstäben der ehrgeizigen Manager. Jeder hat doch Hoeneß' Lieblingssatz im Ohr: »Wenn wir in die Bank gehen, gehen wir nicht in die Kreditabteilung, sondern in die Festgeldabteilung.« Und: »Der FC Bayern ist das Aushängeschild des deutschen Fußballs.« Mit diesen Ergebnissen sicher nicht.

Dabei sind die Bayern-Macher so stolz darauf, den Verein auf Profit getrimmt zu haben. Welche Auswirkungen das hat, weiß Ex-Bayern-Star Giovane Elber aus leidvoller Erfahrung: »Ein Fußballverein ist mittlerweile ein Wirtschaftsunternehmen, da zählen nur Erfolge und nackte Zahlen«, resigniert der Spieler. »Das ist das Geschäft. Knallhart, einfach brutal.« Und weil das so ist, war es nur logisch und vernünftig, Elber im Sommer 2003 an Lyon zu verkaufen. Diese Transaktion spülte schließlich vier Millionen Euro in die Kassen des FC Bayern, die ein Jahr später nicht mehr zu erzielen gewesen wären. Hoeneß damals: »Es wäre eine Geisteskrankheit, Elber zu halten.« Selbst wenn der eigentlich gar nicht weg will und sich großer Beliebtheit bei Fans und Mannschaft erfreut. Und gerade für seinen Verein Bundesliga-Torschützenkönig geworden ist. Auch wenn sein Teamkollege Michael Ballack sagt: »Wir hoffen alle, dass er zumindest dieses Jahr noch hier bleibt. Er ist ein toller Stürmer, ein Weltklassestürmer, die gibt's nicht oft.« Da gehen die wirtschaftlichen Interessen vor. Nicht nur Oliver Kahn weiß: »Wer den Erfolg, also das Geldverdienen, stört, ist weg. So ist das Geschäft, Kapitalismus pur.« Bayern-Star Sebastian Deisler sagt: »Ich habe gemerkt, dass es in dieser Branche nur um Macht und Geld geht.«

Auch die Zeiten, da es Spieler und Vereine als große Ehre

ansahen, für Deutschland antreten zu dürfen, sind zumindest für die Macher des FC Bayern vorbei. Die Helden von Bern rackerten sich 1954 noch mit voller Zustimmung ihrer Clubs dafür ab, die Nationalmannschaft zum Sieg zu führen. Heute stellt Vorstand Uli Hoeneß klar: »Unsere Spieler müssen wissen, dass es für uns nur zweitrangig ist, ob sie für ihr Land gut spielen. Denn der FC Bayern ist das Maß aller Dinge. Für den FC Bayern müssen sie arbeiten. Sie werden vom FC Bayern bezahlt. Sie alle müssen dem FC Bayern dienen.« Eine Einstellung, die einem Möchtegern-Global-Player zur Ehre gereicht: Der moderne Businessman kennt keine Länder mehr, nur noch sein Unternehmen. Dem ordnet er alles andere unter.

Johannes Erning von der Wirtschaftsprüfungsgesellschaft KPMG, die Bundesliga-Clubs berät, stellt nüchtern fest: »Im Fußball geht es längst nicht mehr nur um einen guten Tabellenplatz, sondern um Gewinnmaximierung.« Deshalb macht es für die Bayern Sinn, über eine eigene Firmentochter Flug-, Bahn- und Pauschalreisen an Privatkunden zu verkaufen, selbst wenn das eigentlich nichts mit Fußball zu tun hat. Und deshalb hält Hoeneß auch wenig von Vorschlägen, die TV-Einnahmen der Bundesliga zugunsten der schwächeren Vereine anders zu verteilen als bisher. Ein Teil der Einnahmen, den die Deutsche Fußball Liga DFL für ihre Mitglieder kassiert, wird nämlich leistungsabhängig ausgeschüttet. Gut für die Großen, schlecht für die Kleinen. »Wir haben bereits jetzt das größte Sozialsystem der Welt«, wettert Hoeneß gegen jeden Versuch, den Anteil des FC Bayern vom Kuchen zu schmälern. »Wenn wir alles umverteilen, sind wir wieder beim Kommunismus. Dann gibt es zwar keine hohen Spielergehälter, aber ein Qualitätsproblem: Dem deutschen Fußball wäre nicht damit gedient, dass keiner Real Madrid schlagen kann.« Diese Beschwörung längst vergessen geglaubter Schreckgespenster erscheint für den sonst so visionären Topmanager ungewöhnlich kurzsichtig. Nicht um Gleichmacherei auf Kosten des Tüchtigen geht es hier, sondern um das Wohl der gesamten Bundesliga. Denn finanzschwache Vereine können weniger in Sportler investieren und fallen immer mehr gegen die Starken ab. Die Gefahr besteht, dass die Bundesliga für die Zuschauer immer unattraktiver wird, weil – von einigen Spitzenspielen abgesehen – die schwachen Gegner für Langeweile sorgen. Gerade die über jeden Kommunismusverdacht erhabenen amerikanischen Proficlubs sorgen innerhalb ihrer Liga für einen Ausgleich, um allzu große Niveauunterschiede zu verhindern und den Fans Spannung zu bieten.

Für Hoeneß gilt das Glaubensbekenntnis: Sportlicher Erfolg ist mit Geld zu kaufen. Diese These ist nicht so leicht zu widerlegen. Ein teurer Kader ist zwar allein noch kein Garant für den Sieg, jedoch weisen finanziell potente Clubs wie Manchester United eindeutig überdurchschnittliche Erfolge auf. Neuere Studien wie die der Unternehmensberatung Deloitte & Touche, die seit Jahren die europäischen Vereine durchleuchtet, kommen denn auch zu dem Ergebnis: »Es gibt statistische Indizien für einen Zusammenhang zwischen dem relativen Niveau der Löhne und Gehälter einzelner Clubs und dem Grad an sportlichem Erfolg bezogen auf den Tabellenplatz.« Hoeneß kann außerdem auf eine Analyse der HypoVereinsbank, des Werbepartners des FC Bayern, verweisen, die nüchtern feststellt: »Es besteht eine positive Korrelation zwischen Transferausgaben und Tabellenstand.« Am Beispiel der Bundesliga-Saison 2002/03 zeigt die Bank, »dass die Vereine mit den höchsten (geringsten) Spielerverpflichtungen in der Regel auch die Tabellenspitze (das Tabellenende) einnehmen konnten (mussten)«. Folgt man dieser Formel, ist es für den FC Bayern nur vernünftig, sich teure Spieler zu leisten.

Die Abhängigkeit von der Droge Fernsehgeld

So nachvollziehbar es ist, sich teure Legionäre zu leisten, so vernünftig ist es, möglichst viele Einnahmequellen anzubohren und die Gewinne fließen zu lassen. Die Münchner sind, wie alle anderen Bundesliga-Clubs und die europäischen Konkurrenten, auf Gedeih und Verderb einer Sache ausgeliefert: den TV-Einnahmen. Die einfache Wahrheit lautet: Fußball ist ein Mediengeschäft. Ohne Fernsehen kein professioneller Fußball. Eintrittskarten, Fanartikel, Sponsoring – alles andere verblasst daneben. Der FC Bayern braucht genau wie die anderen Wettbewerber das Geld aus dem Verkauf der Senderechte zum Überleben. Bliebe die Mattscheibe schwarz, folgte dem unvermeidlich der Blackout der Vereine – wie wenn jemand plötzlich den Stecker zöge. Eine Vorahnung gab die Pleite des Münchner Medienunternehmers Leo Kirch im Jahr 2002. Kirch hatte der Bundesliga 460 Millionen Euro für die Übertragungsrechte zugesichert und konnte plötzlich nicht zahlen. Panik machte sich in den Vorstandsetagen breit. Die in den Etats der Bundesliga bereits fest einkalkulierten Beträge waren hinfällig, die finanzielle Katastrophe drohte. Schnell erklärten sich mehrere Landesregierungen bereit, ihren Fußballvereinen im Notfall mit Ausfallbürgschaften unter die Arme zu greifen: Steuergelder für die Millionarios. Uli Hoeneß und Schalkes Manager Rudi Assauer forderten gar die Erhöhung der Rundfunkgebühren, damit die öffentlich-rechtlichen Sender ordentliche Preise für die Berichterstattung aus der Bundesliga zahlen könnten. Am Ende erhielten die Vereine vergleichsweise bescheidene 280 Millionen. Einen solchen Knick hätte sich Hoeneß ein paar Jahre zuvor nicht träumen lassen: »Die Preise werden nach oben gehen. Die Ware wird immer teurer, nicht billiger.«

Trotz des Kirch-Fiaskos sind Fernsehen und Fußball ein Traumpaar. Die Einschaltquoten von Fußballübertragungen im deutschen Fernsehen schlagen Sportarten wie Formel 1, Tennis oder Boxen um Längen und hängen selbst »Gute Zeiten, schlechte Zeiten« und Thomas Gottschalk mit »Wetten, dass« ab. Das Potenzial ist enorm: 57 Prozent der Deutschen sind interessiert an Fußball, 49 Prozent geben an, dass er »eine wichtige Rolle in ihrem Leben spielt«. Ein Drittel schaut täglich oder fast täglich den Kickern in der Glotze zu. Weitere 19 Prozent mindestens einmal die Woche. Europaweit wird die Attraktivität dieses Sports noch deutlicher: 170 Millionen Menschen begeistern sich dafür. Drei Viertel sind Anhänger eines Vereins. Hoeneß hat also allen Grund zu schwärmen: »Fußball hat inzwischen nach der Politik die vielleicht wichtigste gesellschaftliche Funktion hierzulande.«

Die Idee des TV-Geschäfts ist simpel: Millionen von Fußballfans wollen die Spiele lieber vom Wohnzimmer aus sehen. Deshalb schalten sie den Apparat an, wenn der Sender ein Match ausstrahlt. Vor allem die privatrechtlichen TV-Unternehmen hoffen auf hohe Einschaltquoten. Denn mit der Zahl der Zuschauer steigen die Werbeeinnahmen. Ein einfaches Rechenexempel, bei dem den Managern von Sat.1 wohl ein Fehler unterlaufen ist, denn unterm Strich machten sie mit der Bundesliga schätzungsweise 50 Millionen Euro Miese. Solche Kleinigkeiten brauchen ARD und ZDF nicht zu beunruhigen, denn sie disponieren über verlässliche Einnahmen aus den Zwangsgebühren der Bürger. Und die werden nicht gefragt, welchen Anteil ihrer monatlichen Überweisung sie den TV-Anstalten für Fußballübertragungen spendieren wollen.

Heute klingt es wie eine Geschichte aus einer anderen Welt, dass im Jahr 1951/52 der FC St. Pauli sogar noch 30 000 Mark zahlen musste, damit die ARD ein Live-Spiel übertrug. Schon die Bundesliga-Saison 1965/66 kostete die Fernsehanstalten umgerechnet 330 000 Euro. Im Rückblick ein wahres Schnäppchen. Denn zwischen 1990/91 und 2000/01, also innerhalb nur eines Jahrzehnts, stiegen die

TV-Erlöse der Clubs wie eine Rakete von 23 Millionen auf 355 Millionen Euro, um mehr als das 15-Fache. Es war wie im Märchen, als Goldmarie nur ihre Schürze ausbreitete, und schon regnete es Goldtaler. Aktuell ist der Spaß wieder für weniger zu haben. Die 280 Millionen Euro pro Bundesliga-Saison verteilen sich auf mehrere Sender: Der mit Abstand größte Abnehmer ist der Bezahlkanal Premiere mit 150 Millionen Euro. Die ARD legt rund 50 Millionen Euro auf den Tisch, das DSF zehn Millionen. Der Rest sind Zweitverwertungsrechte, etwa für Radio und Online-Lizenzen mit je zehn Millionen Euro, für die Zusammenfassungen nochmals über 40 Millionen. Das ist immer noch viel Geld, das in die Kassen des Verkäufers DFL fließt, aber der Einbruch der Einnahmen gegenüber den ursprünglich vereinbarten 460 Millionen Euro zeigt, dass die Umsätze trotz der ungebrochenen Attraktivität des Fußballsports nicht zwangsläufig in den Himmel schießen. Das Geschäft mit dem runden Leder lässt sich nicht von der allgemeinen Wirtschaftslage abkoppeln. Und es gibt keinen Naturschutzpark für bedrohte Clubs.

Für Rummenigge ist die Bundesliga das »Brot-und-Butter-Geschäft«. Ein treffendes Bild aus der Sicht des Vorstandsvorsitzenden: So wie früher jeden Tag Brot und Butter auf den Tisch kamen, ohne dass es besonderer Anstrengung bedurfte, so flattert heute regelmäßig ein schöner Scheck auf seinen Schreibtisch. Die Grundversorgung ist gesichert, je besser der Tabellenplatz, desto dicker die Butter obendrauf. Leider klingt der Vergleich auch nach Schwarzbrot, nach harter Arbeit – Hauptsache satt – und verspricht den Fans nicht unbedingt ein Vier-Gänge-Menü in einem Gourmetrestaurant. Dafür gibt es die Champions League, die, finanziell gesehen, die richtigen Leckerbissen liefert. Denn bei den TV-Einnahmen serviert die Liga wirklich Meisterliches. Mit dem ursprünglichen Europapokal der Landesmeister, der im Jahr 1955 begann, wurden die europäischen Vereine schnell unzufrieden: Aus einem solchen Event musste sich doch mehr herausholen lassen! Ein Nachteil war das K.O.-System, das die Übertragungsdauer im TV begrenzte und nur die siegreichen Clubs länger auf die Mattscheibe brachte. Die fernsehgerechte Lösung hieß Champions League. Der imposante Name ist Programm. 1992/93 hob die europäische Fußballvereinigung UEFA die Veranstaltung aus der Taufe. Die Idee zündete: Die besten Mannschaften Europas regelmäßig gegeneinander antreten zu sehen lockte die Zuschauer scharenweise vor den Fernseher.

Wer erinnert sich nicht an das denkwürdige Finale vom 26. Mai 1999, als die Bayern gegen Manchester United antraten. Das Publikum erlebte Spannung bis zum Schluss: In Barcelona sind 90 Minuten gespielt. Die Bayern führen mit 1:0 durch ein Tor von Mario Basler in der sechsten Minute. Eigentlich ist alles klar. Die Fans am Fernseher und im Stadion jubeln: Die Münchner sind Champions-League-Sieger. Präsident Beckenbauer verlässt bereits seinen Sitzplatz auf der Tribüne. Doch der Schiedsrichter lässt drei Minuten nachspielen. Ecke für Manchester. David Beckham läuft an, flankt in den Strafraum. Thorsten Finks Abwehr landet bei Giggs, der zieht durch, Teddy Sheringham ist mit dem Fuß dran – und der Ball findet sich im Tor der Bayern. 1:1-Ausgleich. Kurz danach erneuter Eckball für die Engländer. Wieder kickt Beckham den Ball vors Tor. Sheringham lenkt die Kugel per Kopf in den Fünfmeterraum. Dort lauert Gunnar Solskjaer. Der macht alles klar – Endstand 2:1 für Manchester.

Für die Bayern bleibt die Niederlage eine schmerzhafte Narbe in der ruhmreichen Vereinsgeschichte. Finanziell betrachtet war sie jedoch ein voller Erfolg. Die Endspielniederlage füllte die Kassen genauso wie der Triumph zwei Jahre später. Der Gewinn der Champions League im Finale der Saison 2000/01 gegen Valencia machte die Bayern um 41 Millionen Euro reicher. Das ist fast ein Viertel der Gesamteinnahmen des Vereins zu jener Zeit. Dazu kassierte der Club an Nebengeschäften rund um den Wettbewerb nochmals rund fünf Millionen Euro. Damit ist die Champions League für den FC Bayern der wichtigste Geldmotor im TV-Geschäft. Wie Uli Hoeneß es ausdrückt: »keine Arbeit, kein Risiko, aber stattliche Gewinne«. Umso wichtiger ist es für die Münchner, die nächsten Runden zu erreichen. Mit jedem Schritt auf der Leiter nach oben fließen weitere Summen. Im Jahr 2002 beispielsweise, als der FC Bayern in der Gruppe H mit Sparta Prag, Spartak Moskau und Feyenoord Rotterdam startete, generierte das Erreichen des Viertelfinales immerhin noch 32 Millionen Euro. Das schlechteste Szenario ist ein frühes Ausscheiden wie 2002/03, als die Bayern-Kicker in der Vorrunde gegen La Coruña und AC Mailand scheiterten. Dann tut sich plötzlich ein Loch auf, zweistellige Millionenbeträge gehen ab. Die sind für immer verloren und nicht mehr einzuholen. Geradezu ein GAU wäre ein schlechter Bundesliga-Platz, der schon die Qualifikation für den Goldeselwettbewerb verhinderte. Das Risiko für Hoeneß und Rummenigge besteht darin, dass die Champions-League-Einnahmen stillschweigend im Etat verplant sind. Denn wenn man die 30 bis 40 Millionen Euro Einnahmen aus dem europäischen Wettbewerb abzieht, bleibt von den Überschüssen von 8,7 Millionen Euro (im Jahr 2000), 9,8 Millionen (2002) und 0,4 Millionen Euro (2003) kaum noch etwas übrig. Da droht sogar die Gefahr, dass der Club ins Minus rutscht und an die Reserven gehen muss, um die Löcher zu stopfen. Hoeneß zieht denn auch für die abgelaufene Saison 2002/03 eine ernüchternde Bilanz: »Uns fehlen Einnahmen aus der Champions League und den rückläufigen TV-Erlösen.« Der Spielraum, sich aus dieser misslichen Lage schnell zu befreien, ist bei dem ehrgeizigen Investitionsprogramm der Bayern gering.

Die Fernseheinnahmen der UEFA bewegen sich in völlig anderen Dimensionen als die der Bundesliga. Die Fernsehanstalten in der EU zahlten für die Saison 2002/03 rund

630 Millionen Euro. Dazu addierten sich etwa 100 Millionen Euro aus dem Sponsoringgeschäft. Die Teilnehmer erhielten davon 544 Millionen: 248 Millionen Euro in Form von Prämien und 296 Millionen Euro als Ausschüttungen aus dem Marktpool. Die verbleibende Summe geht an die Mitgliedsverbände. Der Nachtisch in diesem Business ist der UEFA-Cup. Da bleiben für die Teams, wenn's gut geht, noch einmal 15 Millionen Euro hängen.

Verständlich, dass den Bayern und ihren Kollegen aus den anderen Topclubs der Mund wässert angesichts der ständig fließenden Gelder aus den europäischen Wettbewerben. Deshalb taucht immer wieder der Vorschlag auf, gleich eine feste Europaliga zu installieren. Die verspricht noch mehr Fernsehgelder und eliminiert zugleich die nervösen Zitteranfälle von Hoeneß & Co. Noch immer nämlich entzieht sich das jetzige System einer genauen Kalkulierbarkeit. Die Kicker müssen erst noch Leistung im Turnier bieten, bevor der Club seine Belohnung erhält. Bieten die Spieler eine blamable Vorstellung, folgt die Strafe durch das Ausscheiden aus dem Wettbewerb. Der Geldstrom versiegt. Eine feste EU-Liga umginge dieses lästige Hindernis weitgehend: Ein Großteil des Kuchens würde als fester Sockelbetrag, als eine Art Antrittsgeld, ausbezahlt und wäre ein sicheres Einkommen für die Vereine. Ein kleiner Teil könnte nach den Erfolgen verteilt werden. Das wäre die Schlagsahne obendrauf, aber nicht mehr lebensnotwendig. Bayern-Trainer Otmar Hitzfeld prophezeite schon früh: »Die Europaliga wird kommen. Die Macht der Vereine wächst, es sind riesige Wirtschaftsunternehmen geworden.« Selbst einen geschlossenen Teilnehmerkreis fand er in Ordnung: »Wenn ständig drei, vier Teams absteigen, werden wir keine geeigneten Investoren finden.« Noch aber ist es nicht so weit. Vielleicht auch deswegen, weil die Mehrheit der Fernsehzuschauer momentan mit der Anzahl der Fußballübertragungen zufrieden ist.

Lederhosen als Marketinggag und geschäftliches Erkennungszeichen

Ihre Einmaligkeit führen die Münchner auf eine Kombination aus Geschäftssinn, Folklore und Internationalität zurück, wie sie nur auf bayerischem Boden gedeihen kann. Dem Clubmanager geht es um Grundsätzliches: »Das Bayerische am FC Bayern ist ein wichtiger Faktor«, meint Hoeneß, »die Verbindung zwischen Bayern und dem Verein ist so eng, man könnte sagen, der FC Bayern, die Marke FC Bayern München, ist zu einem Synonym für das Land Bayern geworden. Der FC Bayern tut unendlich viel für dieses Land. Das macht uns selbstbewusst.« Der Betriebswissenschaftler Donald Scholz von der Fachhochschule München hat ausgerechnet, dass der FC Bayern für die Wirtschaft des Freistaats mit seinen zwölf Millionen Einwohnern wie ein Treibsatz wirkt: Neben den 135 fest angestellten Mitarbeitern des Clubs hängen 9500 Arbeitsplätze indirekt vom FC ab. Der Neubau des Stadions im Norden Münchens bringt 30 000 Jobs, wenn auch zeitlich begrenzt. Nach der Fertigstellung bleiben immerhin 2000 zusätzliche Arbeitsplätze. Selbst Münchens Oberbürgermeister Christian Ude von der SPD, bekennender Löwen-Fan, stellt klar: »Dass der FC Bayern einen bedeutenden Werbeträger und Wirtschaftsfaktor darstellt, weiß hierzulande jedes Kind.«

Die Verantwortlichen des Vereins haben im Bewusstsein der Öffentlichkeit geschickt folgende Formel verankert: FC Bayern München und der Freistaat Bayern sind eins. Diese Vision propagieren sie mit solcher Raffinesse, dass manche bereits verunsichert sind, wer eher da war – der Club oder König Ludwig mit seinen Nachfolgern bis hin zum Ministerpräsidenten. Das lenkt von einer wichtigen Tatsache ab: Die Mehrheit im Verein und der Spieler sind überhaupt keine Bayern. Die Eigengewächse mit Geburtsort innerhalb der Grenzen des Bundeslands sind im Gegenteil exotische Pflänzchen. Und strammen Freistaatlern sitzt ein Stachel im Fleisch: Der FC Bayern München verdankt seine Existenz ausgerechnet einem Preußen. Und wenn es für eingefleischte Traditionalisten eine genetisch bedingte Abneigung gibt, dann gegen die »Preißn«. Wobei das Preußenland für sie ebenso großzügig wie geographisch unkorrekt schon nördlich des Mains beginnt. Ein »Preiß« also, ein gewisser Franz John aus Berlin, verließ mit zehn Getreuen am 27. Februar 1900 protestierend eine Sitzung des Münchner Turnvereins (MTV) und gründete im Hinterzimmer des Gasthofs Gisela in der Frühlingsstraße den FC Bayern München. John wurde zum Ersten Vorsitzenden erkoren, der Monatsbeitrag auf eine Mark festgelegt, der Eintritt auf zwei Mark. Schon in der allerersten Mannschaft gab es nur zwei echte Bayern, der Rest waren »Zuagroaste«, also Nichtbayern. Der Mannschaftsführer Paul Francke etwa stammte aus Leipzig. Dafür wählten die Pioniere das bayerische Weißblau als Vereinsfarbe. Erst 1906 wechselten sie zum Markenzeichen Rot. Damals wie heute setzte der ach so bayerische Verein auf Frischblut jenseits der deutschen Grenzen: Der erste Spielerstar der jungen Bayern war ein niederländischer Legionär mit Namen Willem Hesselink, sozusagen Roy Makaays Amtsvorgänger. Dieser Hang zu Multikulti, vermischt mit Modernität und Folklore der bayerischen Provinz, blieb bis heute das Erkennungszeichen des FC Bayern München.

Der Verein treibt das gar auf die Spitze und nennt sein Maskottchen seit Anfang der 90er Jahre offiziell »Bazi«. Laut Duden ist der »Bazi« im bayerischen Sprachgebrauch ein »Gauner«, ein »Taugenichts«. Wenn man es netter formulieren will: ein Schlawiner. Diese Bedeutung kennen auch die Vereinsoberen. Dennoch tauften sie den Glücksbringer des Clubs voller Inbrunst so. Das demonstriert das Selbstbewusstsein des Managements, das im Zweifel nicht zu den bayerischen Heiligen betet, sondern auf bodenständige Vorbilder vertraut, die alles andere als zimperlich oder gar zaudernd sind.

Funktionäre und Spieler werden nicht müde, jedem ihre Zugehörigkeit zum Freistaat zu zeigen. Als inoffizieller Mitgliedsausweis dient die Lederhose. Die verknüpfen die Münchner Kicker mit ihrem Geschäftssinn, symbolisiert in ihrer FC Bayern München AG. Die optimale Kombination zweier Welten also – die Lederhosen AG. Oder, wie Hoeneß stolz seine Auftritte beschreibt: »Ich in Lederhose und mit Aktenkoffer.« Egal ob Oktoberfest oder Auftritte vor Fans, Trainer und Spieler werfen sich lustvoll in ihre Hirschlederne und paradieren darin wie Models auf dem Laufsteg. Für Uli Hoeneß ist sie »das Bekleidungsstück schlechthin, alle Neuen erhalten eine. Besonders die Jungen wie Roque Santa Crúz spüren die Anziehungskraft dieser Tradition.« Expräsident Willi Hoffmann führte das Bayern-Kennzeichen bereits vor 20 Jahren ein. Er bemühte sich um ein volkstümlicheres Erscheinungsbild – schon damals kämpfte der Verein gegen das Image, zu arrogant aufzutreten. Die Order hieß, bei formellen Ereignissen in München wie dem Saisonanfang haben die Spieler in Lederhosen zu erscheinen. Seitdem ist das so geblieben. Und alle Bayern-Hasser finden einen willkommenen Anlass, das Lied »Zieht den Bayern die Lederhosen aus« anzustimmen. Damit setzen sich die Münchner Profis schon äußerlich von ihren Kollegen in der Bundesliga ab: Keinem HSV-Spieler würde es wohl einfallen, in der Freizeit mit dem Streifenhemd der Seeleute und mit Schiffermütze zu erscheinen. Genauso wenig, wie sich die Jungs des SC Freiburg mit Schwarzwaldtracht vors Publikum wagen. Aber in Bayern gehen die Uhren eben anders.

Wobei fraglich ist, ob die Folklore-Dienstuniform wirklich die ideale Erkennungsmarke für einen Bayern-Kicker ist. Denn eigentlich stammt die Lederhose aus dem Fundus der Landbevölkerung, der Bauern. Für die war das Stück einfach, praktisch und – wegen des Materials – beinahe unverwüstlich. Ein weiterer Vorteil einiger Modelle ist der aufknöpfbare Hosenlatz, der den Männern sekundenschnelles Pinkeln erlaubt. Die Krönung im wahrsten Sinn des Wortes ist ein Trachtlerhut, auch abschätzig Sepplhut genannt, der einen Lederboy aus dem Süden erst richtig komplettiert. Dazu gehört ein Gamsbart, der aussieht wie ein zu groß geratener Rasierpinsel. Je nach Länge der Hose vervollständigen Kniestrümpfe und Haferlschuhe das Bild. Sich solche Auftritte vorzustellen braucht es für Norddeutsche wenig Einbildungskraft, auch wenn sie mit der weißblauen Historie nicht vertraut sind und den Bauern-Anzug allenfalls aus dem Regionalprogramm oder aus der Sendung »Der Bulle von Tölz« kennen.

Dabei verbindet den Arbeitsdress eines bayerischen Bauern mit der Ausgehkleidung des FC-Bayern-Kaders wenig. Die beiden Berufsgruppen haben darüber hinaus nichts gemeinsam. Abgesehen davon, dass beide an der frischen Luft ihrem Broterwerb nachgehen, könnten die Gegensätze kaum größer sein. Überdies dürfte die ländliche Tradition für einen Nichteinheimischen, etwa aus Karlsruhe, Peru, Bosnien oder Sömmerda, ungefähr genauso weit entfernt liegen wie der Planet Jupiter. Erschwerend kommt hinzu, dass wohl 90 Prozent des Bayern-Ensembles schon an der Dialekthürde, dem traditionellen »Oachkatzlschwoaf«-Aussprachetest scheitern. Solche Kleinigkeiten stören Uli Hoeneß wenig. Was für Brauchtumsfetischisten ein Graus ist, ist eine ausgemachte Stärke des FC Bayern München: Offenheit und Unvoreingenommenheit gegenüber Fremden – und Pragmatismus, wenn es ums Geld geht.

Früh übt sich – das geschäftstüchtige Trio an der Spitze des Vereins

Den nötigen Geschäftssinn haben Rummenigge, Hoeneß und Beckenbauer schon früh bewiesen.

Beckenbauer, Jahrgang 1945, lernte bereits als 20-Jähriger seine ersten Lektionen im Geldverdienen. Sein Lehrmeister und späterer Privatvermögensverwalter war Robert Schwan, langjähriger Manager des Vereins in den 60er und 70er Jahren und der direkte Vorgänger von Hoeneß. Mit Schwan leistete sich Beckenbauer als erster Bundesliga-Spieler einen eigenen Manager. Zuvor war der gebürtige Münchner bei der Allianz Versicherung in die Lehre gegangen und hatte für 450 Mark im Monat als Sachbearbeiter für Autoversicherungen gearbeitet, zuständig für die Vertragsendnummern sechs und sieben. Seinen ersten Werbevertrag mit einem Haarpomadehersteller über 1000 Mark zerriss Schwan: »Ein Butterbrot – wir verlangen angemessene Honorare. Es soll niemand glauben, die Fußballer seien schlechthin blöde.« Stattdessen besorgt der väterliche Freund ein Geschäft mit Knorr-Suppen. Autogrammstunden mit dem Kickerstar kosteten anfangs umgerechnet 150 bis 1500 Euro, danach bis zu 2500 Euro – die Stunde wohlgemerkt. Viele weitere Deals sollten folgen. Nicht alle jedoch stellten sich als erfolgreich heraus. Der Versuch beispielsweise, beim aufkeimenden Privatfernsehen ganz vorn mitzumischen, ging in die Hose. Beckenbauer sollte als eine Art Programmdirektor bei einem Minisender im Münchner Kabelpilotprojekt arbeiten. Der Plan sah vor, fünf Stunden Sport am Tag zu senden. Mit von der Partie sollten Christian Neureuther und Ehefrau Rosi sein. Ihr Job: Kommentare aus der Welt der alpinen Abfahrten und Slaloms. Björn Borg war für die Abteilung Tennis vorgesehen, Reinhold Messner für Beiträge rund ums Bergsteigen – so die Blaupause. Schon die Liste der potenziellen Mitarbeiter aus dem Who's who des

Sportolymps macht klar: Diese hochfliegenden Ideen hatten in der Pionierzeit des frei finanzierten Fernsehens wenig Erfolgsaussichten. Allein schon die Honorare für die Stars hätten Unsummen verschlungen. Ob dagegen Geld aus der Werbung in die Kassen geströmt wäre, bleibt ungewiss. Denn Beckenbauers erster Sololauf auf dem Parkett des Privat-TV endete mit einer Bauchlandung. Das Projekt platzte, der Unternehmer Beckenbauer stieg aus – gerade noch rechtzeitig: »Sonst hätten wir Millionen verloren«, erklärte sein Vermögensverwalter Schwan danach. Dennoch war die Idee eigentlich gut, nur ihrer Zeit voraus: Heute arbeiten Sender wie Eurosport oder DSF erfolgreich mit solchen Konzepten.

Beckenbauers sonstige erste Gehversuche in der Welt der Medien brachten ihn ebenfalls nicht voran. Seine Schallplatte »Gute Freunde kann niemand trennen« verstaubte in den Regalen. Und der Spielfilm »Libero«, mit Beckenbauer in der Hauptrolle, Klaus Löwitsch und Manager Schwan, als Scheich verkleidet, in den Nebenrollen, lockte nur wenige Zuschauer in die Kinos. Zu allem Überfluss war der Produzent klamm und konnte die zweite Hälfte der vereinbarten 100 000 Euro Honorar nicht aufbringen. Solche Fehler passieren dem Medienprofi Beckenbauer heute garantiert nicht mehr. Als fatal erwies sich auch die Idee, die Firma Rofa, kurz für Robert und Franz, zu gründen. Denn Schwan und Beckenbauer litten unter einer häufigen Form von Allergie – gegen das Finanzamt. Deshalb machten sie das, was heute unter Spitzensportlern wie Michael Schumacher oder Boris Becker gang und gäbe ist: Sie leiteten ihre Einkünfte auf ihre Gesellschaft in der schönen Schweiz um. Dort sind die Berge höher und die Abgaben niedriger als in Deutschland. Leider kamen die deutschen Behörden ihnen auf die Schliche. Die Konsequenz: Das Finanzamt München I leitete unter dem Aktenzeichen 142/75/16 ein Steuerstrafverfahren gegen Beckenbauer ein. Das machte ihn am

Ende um fast eine Million Euro ärmer und trug mit dazu bei, dass er kurzzeitig nach Amerika auswanderte. Aber ein Makel blieb durch die Affäre nicht zurück.

Auch Karl-Heinz Rummenigge, Jahrgang 1955, trainierte schon früh, mit Münzen und Scheinen umzugehen. Obwohl er eigentlich Lehrer oder Architekt hatte werden wollen, begann er in seiner Heimat Lippstadt nach der Mittleren Reife eine Lehre als Bankkaufmann. Sein Talent beförderte ihn schnell auf die Profikicker-Laufbahn. Er startete für 8000 Mark im Monat plus Prämien bei den Bayern. Als er, 310 Bundesliga-Einsätze und 95 Länderspiele später, zur Saison 1984/85 seinen Heimatverein verließ, lagen ganz andere Summen in der Luft: Er wechselte für die damalige Rekordsumme von 11,4 Millionen Mark zu Inter Mailand – gemäß der Devise »Man soll viel Geld nicht widerstehen«. Sein Gehalt in Italien wurde nur noch von dem Diego Maradonas übertroffen.

Uli Hoeneß, geboren 1952 in Ulm, stammt aus einer Metzgersfamilie. Unternehmerisches Denken lernte der Junge also schon aus eigener Anschauung kennen. Sein Abitur legte er mit einem Notendurchschnitt von 2,4 ab. Als er 1970 mit Amateurstatus zu den Bayern wechselte, fand die Vereinsführung einen Trick, ihn wie einen Profi zu bezahlen: Er wurde Büroangestellter in der Zentrale, offiziell zuständig für die Frankiermaschine. Solche kreativen Umwege sollte die Nachwuchskraft später selbst gern anwenden. Sein Gesellenstück lieferte er noch als aktiver Spieler: Er kannte einige Direktoren bei Magirus Deutz in seiner Heimatstadt Ulm. Die konnte Hoeneß dazu bewegen, sich als Trikotsponsoren zu engagieren – drei Jahre Laufzeit, für umgerechnet 380 000 Euro pro Saison. Dieses Geschäft war später seine Eintrittskarte für das Chefbüro des FC Bayern.

Dem Fleischerhandwerk ist Hoeneß bis heute treu geblieben: In Nürnberg betreibt er die Wurstfabrik Howe, benannt nach den Anfangsbuchstaben seines Namens und dem seines früheren Kompagnons Werner Weiß. Seine Firma produziert Wiener, Weißwürste und Nürnberger Rostbratwürste für Aldi. Mit 300 Mitarbeitern setzt Hoeneß im Jahr 25 Millionen Euro um. Das macht ihn unabhängig von seinem Gehalt als Angestellter seines Fußballclubs.

Hoeneß, der an seinem ersten Arbeitstag als Manager des FC Bayern brav mit Anzug und Schreibblock im Büro erschien und nichts zu tun vorfand, sollte seine Feuertaufe schnell mit ähnlichen Problemen erleben wie Beckenbauer: Präsident Neudecker hatte an Spieler Gelder gezahlt, die in seiner Buchhaltung so nicht auftauchten. Nun bedrängten die Steuerbehörden den Verein. Doch der junge Geschäftsführer verhandelte mit Bravour und regelte das Problem. So wie in den folgenden Jahren noch oft. Und da waren die Aufgaben und Schwierigkeiten noch größer. Hoeneß' erstes Gehalt betrug 10 000 Mark. Das war nicht sonderlich viel. Interessanter war die zusätzliche Abmachung mit dem Verein: Für jede Einnahme, die der Jungmanager zusätzlich hereinholte, durfte er 50 Prozent Provision kassieren. Eine Vereinbarung, bei der sogar gestandene Unternehmer rot geworden wären. Denn ein weiterer Werbevertrag, beispielsweise über eine Million Mark, spülte 500 000 Mark Bonus auf Hoeneß' Konto. Es spricht für den Berufswechsler, dass er nach einem Jahr von sich aus einsah: Ich koste den Club zu viel Geld. Hoeneß schlug ein höheres Grundgehalt vor bei nur noch fünf Prozent Provision. Der Präsident willigte ein. Eine andere Besonderheit blieb über 20 Jahre bestehen: Hoeneß hatte nie einen unterschriebenen Vertrag, arbeitete immer nur auf Basis eines Handschlags – typisch Bayerisch eben. Erst die neue Funktion als Vorstand der Aktiengesellschaft machte ein schriftliches Dokument nötig.

Wovon die Bayern träumen

Obwohl Beckenbauer, Rummenigge und Hoeneß den FC Bayern bereits jetzt hoch oben über allen anderen Bundesliga-Clubs schweben sehen, bleibt die Frage: Geht's noch ein Stück höher? Die höchsten Sphären sind längst noch nicht erreicht. Nur widerwillig räumen die Münchner ein, dass es noch Größeres als den FC Bayern gibt – zwei hell leuchtende Sterne: Real Madrid und Manchester United. »Real ist für uns ein großes Vorbild und schon von der Historie die Nummer eins der Welt«, bestätigt Rummenigge. »Der Verein hat eine unglaubliche Aura.« Schon als Hoeneß seine Managerkarriere begann, wollte er dem spanischen Verein nacheifern: »Real war das Nonplusultra, *der* Fußballclub schlechthin. Diese Uneinholbarkeit des Vereins wollten wir für den FC Bayern erreichen.« Der Vorstandsvorsitzende ergänzt: »Auch Manchester United ist ein Vorbild. Der Club wirtschaftet perfekt und tut gleichzeitig alles, um eine attraktive Mannschaft zu haben.« Als Bayern-Kultur der Zukunft gibt deshalb Rummenigge das Ziel vor: »Unsere Philosophie ist eine Mischung aus Real Madrid und Manchester United.«

Im direkten Vergleich fallen die Bayern merklich ab. Manchester, von den Fans liebevoll ManU genannt, schlägt die Münchner Konkurrenz in allen Kategorien. ManU holte in den vergangenen elf Jahren achtmal den britischen Meistertitel. In den letzten sieben Jahren erreichte der Club in jeder Saison zumindest das Viertelfinale der Champions League. Im Gegensatz zu den Deutschen, deren Umsatz im Geschäftsjahr 2002/03 im Vergleich zum Vorjahr von 176 Millionen auf 162,7 Millionen Euro schrumpfte, steigerten die Briten ihren Umsatz von 146 auf 173 Millionen Pfund und den Gewinn von 35 auf 50 Millionen (bei den Bayern sank er von 9,8 Millionen auf 400 000 Euro). Sogar eine Dividende zahlt ManU regelmäßig an seine Aktionäre. Dort sind die Werkzeuge aus dem Betriebswirtschaftsbaukasten, wie Customer Relationship Management – das Nutzen der Kundenbeziehungen – oder globale Markenführung, eine Selbstverständlichkeit. »Unsere Geschäftsstrategie zielt darauf ab, existierende und neue nationale Umsätze zu steigern und zugleich das riesige Wirtschaftspotenzial zu nutzen, das in der globalen Fan-Basis steckt«, erklärt der Verein. Lukrative Sponsorenverträge mit dem Mobilfunkanbieter Vodafone und dem Sportartikelproduzenten Nike verschaffen Manchester den Ruf, der reichste Verein der Welt zu sein. Über 50 Millionen Anhänger zählt ManU weltweit – ein Wert, von dem der FC Bayern nur träumen kann. Die Münchner haben 96 000 Mitglieder, die Briten 151 000. Bei ManU arbeiten 500 Angestellte, bei den Bayern 135. Selbst in Kleinigkeiten zeigt sich Manchester gewitzter: Bei jedem Heimspiel verkaufen sie 3700 Essen an die Fans, locken jährlich 230 000 Besucher ins hauseigene Museum.

Was Wunder, dass Superstar David Beckham von Manchester United zu dem zweiten Verein wechselte, der den FC Bayern so beeindruckt: Real Madrid. Die Spanier geben Unsummen aus, um die Elite der Fußballbranche einzusammeln. Die Namen zergehen Fans in aller Welt auf der Zunge wie warme Schokolade: Zinedine Zidane etwa, Luis Figo, Roberto Carlos, Ronaldo, Raúl oder Torhüter Iker Casillas. Der Verein gewann alles, was es zu holen gibt: 29-mal den spanischen Titel, neunmal siegte die Mannschaft in den europäischen Wettbewerben. »Real hat erkannt, dass es darum geht, den Verein zu einer Weltmarke zu machen, die wie Coca-Cola für ein Lebensgefühl steht«, analysiert die Unternehmensberatung Deloitte & Touche in einer Studie. Kein Verein schafft es so perfekt, den Mythos rund um das Spiel aufleben zu lassen und in klingende Münze umzuwandeln. »Wir sind der beste Fußballverein mit den meisten Anhängern weltweit«, sagt Real-Marketingchef José Angel Sánchez selbstbewusst. »Wir wollen eine Marke schaffen wie Ferrari, die 20 Jahre ohne Titel blieb und dennoch wie keine andere die Formel 1 verkörperte.« Als Transmissionsriemen fungieren die Stars: »Unsere Superhelden sind nicht Tom Cruise oder Batman, sondern Figo und Zidane.« Vereinspräsident Florentino Pérez hat Walt Disney als Vorbild, Donald Duck und Mickey Mouse. Er möchte die Welt »evangelisieren«, versteht Real als Unterhaltungskonzern. Den erdumfassenden Anspruch unterstreicht der Präsident durch Imagetouren selbst in abgelegene Länder wie China und Japan. Da guckt sich der FC Bayern was ab. Rummenigge und Hoeneß wollen nun auch in Asien durchstarten: »Japan ist ein wichtiger Markt geworden«, und die Münchner verstünden sich als Global Player.

Doch die Bayern sind noch meilenweit von Real Madrid entfernt. Die machen vor, wie clever man einen Spielereinkauf fürs Geschäft nutzen kann. Der Neuzugang Beckham im Sommer 2003 kostete Real 35 Millionen Euro Ablöse. »Eine kulturelle Ikone, ein Trendsetter mit hingebungsvollen Fans rund um den Globus«, jubelt Pérez. Das zeigt, womit die Geldmaschine befeuert wird: Show und Prominenz. Pérez kalkuliert, dass sich die Ablösesumme allein schon durch den Verkauf der Trikots mit Beckhams Rückennummer 23 amortisiert. Dieselbe Nummer trug auch die US-Basketballlegende Michael Jordan. Hier ist von 50 Millionen Euro Umsatz jährlich die Rede. Beckham-Ehefrau Victoria, ehemaliges Mitglied der Popgruppe Spice Girls, und die modischen Eskapaden des Paares treiben den Unterhaltungswert ins Unermessliche und wärmen die Herzen.

Die finanzielle Seite dagegen kalkuliert der spanische Verein kühl: Er hat sich die Persönlichkeitsrechte für die Werbung abtreten lassen und erhält dadurch 50 Prozent der Einnahmen des Kicker-Idols. 500 Journalisten besuchten die erste Pressekonferenz mit dem Engländer, 80 000 wollten das erste Training sehen – da wird selbst der publicityverwöhnte Hoeneß blass vor Neid. Ein »Affentheater«

und »Zirkus« sei das, giftete er in Richtung Madrid, und: »Ich weiß nicht, ob das, was die da machen, noch viel mit dem eigentlichen Sinn von Fußball zu tun hat.« Eine Frage, die sich der Bayern-Vorstand und seine Kollegen eigentlich auch selbst stellen könnten. »Wenn wir einen richtigen Zirkus aufziehen wollen, dann müssen wir auch Herrn Hoeneß verpflichten, er könnte doch wunderschön unser Spektakel repräsentieren«, konterte Real-Sportdirektor Jorge Valdano umgehend: »Hoeneß scheint wohl bei den Bayern dafür zuständig zu sein, dummes Zeug zu reden. Langsam wird er zu einem Spezialisten, denn es war ja nicht das erste Mal.« Und Valdano setzte noch eins drauf: »Wenn wir nebeneinander zwei Fußballstadien bauen würden, eines für Real Madrid und eines für Bayern München, und wir würden die Eintrittskarten zum selben Preis verkaufen. Wo würde man hingehen? Und wo würde Herr Hoeneß wohl hingehen?« Das saß. Eine Watsch'n ausgerechnet vom großen Bruder zu bekommen, den man so bewundert – das tut weh. Vor allem auch deshalb, weil Hoeneß und seine Kollegen alles daransetzen, Real Madrid auf dem Feld von Show, Klatsch und Tratsch zu überholen.

2 FC HOLLYWOOD – WARUM STARS UND KLATSCH GUT FÜRS GESCHÄFT SIND

Das Vorbild Real Madrid demonstriert, wie Manager mit intensiver Eigenwerbung und geschicktem Anheizen des Starrummels den Verein im Gespräch halten. Das zieht Aufmerksamkeit auf den Club und seine Veranstaltungen. Das macht den Namen zu Hause und über die Landesgrenzen hinaus bekannt. Ob David Beckham nun ein Haarzöpfchen trägt oder seine Frau Victoria im silbernen Abendkleid auftritt – alles ist Teil einer raffinierten Reklamemaschinerie. Nichts bleibt dem Zufall überlassen. Mit der Folge, dass Real der bekannteste Verein der Welt ist, Beckham der prominenteste Fußballer. Das alles lässt am Ende die Kassen klingeln.

Deshalb starren Rummenigge und Hoeneß mit einer Mischung aus Sehnsucht und Neid auf den übermächtigen Rivalen und dessen Erfolgsrezepte. Vor allem die Taktik, auf Prominenz und Show zu setzen, findet in München gläubige Jünger – wenn auch ihr Erfolg damit durchwachsen ist. Denn bisweilen gerät den Führungskräften des FC Bayern das Buhlen um Aufmerksamkeit außer Kontrolle – als ob der Böller, den man anzündet, unvermittelt in der eigenen Hand explodiert. Die Themen des öffentlichen Theaters sind die üblichen: Ab und zu darf es mal eine Tragödie sein. Am besten gehen Geschichten um Streit und Intrigen, um Sex und Frauen. Und da bieten die Jungs vom FC Bayern jede Menge Steilvorlagen.

Champion in der »Schnacksel-League«

Selbst Vorstandsvorsitzender Rummenigge trat unlängst unfreiwillig ins Rampenlicht. Er, der bisher so ziemlich der Einzige in der Bayern-Riege war, der sein Privatleben abschottete. Von dem keine Sexaffären bekannt waren. Und der sich deshalb als Vorbild unter seinen Angestellten hervortat. Ausgerechnet ihn beobachteten Reporter der Illustrierten *Aktuelle* beim Besuch der Freundin in München, einer 31-jährigen Frau aus Karlsruhe, blond, schlank, langhaarig. Ihr Name: Alexandra. Das Blatt vermerkte präzise wie ein Buchhalter: »4. November, 14.50 Uhr. Rummenigge besucht Alexandra. Er bleibt zwei Stunden und 40 Minuten.« Dann: »7. November, 15 Uhr. Rummenigge parkt seinen Wagen vor Alexandras Tür. Steigt mit einer Torte aus, die er seiner Geliebten bringt. Bleibt eine Stunde.« Weitere Notiz: »14. November, 17 Uhr. Er mit Alexandra aus dem Haus. Händchen haltend. Es fällt auf, dass er keine Krawatte mehr trägt.« Bereits seit dreieinhalb Jahren pflegen die beiden ihre heimliche Beziehung. Rummenigges Freundin war angeblich bei Reisen nach Japan, Paris und Mailand mit dabei. Sogar bei Ferien der Rummenigges auf Sylt wohnte die Frau unbemerkt in der Nähe, in einem Hotel in Kampen. Alexandra leitete bis zum Jahr 2000 ein Immobilienbüro, lebt jetzt in einem neuen Vierfamilienhaus, zahlt 1022 Euro Miete.

Verheiratet ist Rummenigge mit Martina Wehling. Die lernt der 17-jährige aufstrebende Kicker bei einem Besuch im Tanzlokal Strandcafé im heimatlichen Lippstadt kennen. Martina ist die Tochter des Wirtes. Er setzt sich zu ihr, lässt vor Aufregung seine Cola fallen. Martina: »Es war Liebe auf den ersten Blick.« Sie bricht die Schule drei Monate vor dem Abitur ab, fährt zu ihrem Karl-Heinz nach München. Im August 1978 treten die beiden vor den Standesbeamten. Trauzeugen sind Sepp Maier und Uli Hoeneß. Mit dem teilt Rummenigge bei Auslandsspielen das

Hotelzimmer. Vier Monate später kommt Sohn André zur Welt. In den mehr als 25 Jahren Ehe ziehen Karl-Heinz und Martina fünf Kinder groß. Die Betrogene reagiert enttäuscht. »Ich habe es geahnt. Eine Frau spürt so was.« Sie hatte ihren Gatten mehrmals zur Rede gestellt. »Aber er ist mir immer ausgewichen. Du bildest dir das ein, hat er gesagt, alles Blödsinn. Ich habe ihm Brücken gebaut. Wenn du einen Fehler gemacht hast, sei ehrlich, aber halt mich nicht so hin. Die Ungewissheit ist so schlimm.« Das nagt in der Frau: »Ich habe nichts falsch gemacht. Ich wüsste nicht, was. Ich war immer für ihn da. Ich frage ihn, aber da kommt nichts. Ich war schon so weit, dass ich meinem Mann gesagt habe: Ich kann nicht mehr, ich trenne mich von dir. Aber ich kann ja nicht gehen. Wegen der Kinder.« Martina Rummenigge kämpft weiter öffentlich für ihre Ehe: »Ich weiß, dass mein Mann ein Liebesverhältnis über einen längeren Zeitraum hatte, das inzwischen beendet ist«, erklärt sie gleich nach Bekanntwerden der Affäre. »Wir werden uns deshalb aber nicht trennen.« Sybille Beckenbauer schaltet sich ein: »Martina ist so eine tolle Frau. Es tut mir wahnsinnig Leid. Ich hoffe, dass sie sich die Zeit nimmt, richtig zu entscheiden.«

Willkommen im Club. Das war gleich die volle Packung Boulevard. Nun musste auch der AG-Chef Rummenigge gegen süffisante Geschichten ankämpfen. Die *Bild*-Zeitung kalauerte über den »Vorstandsvorsitzenden des FC Bayschlaf« – das FC könne auch für »Fremdgeh-Club« stehen. Das Blatt krönte den Verein zum »Champion in der Schnacksel-League« und fragte: »Liegt´s an der Münchner Föhn-Luft? Oder brauchen Erfolgreiche einfach mehr Sex?« Eine Anspielung auf die schier endlosen Amouren des FC-Bayern-Ensembles. Hoeneß beispielsweise, der unermüdlich für seinen Verein rackert, entspannte sich in New York mit einer bis dato unbekannten Tirolerin. Sie liefen gemeinsam durch den Central Park. Leider war im Hintergrund ein Fotograf mit von der Partie. Nach einer mehrmonatigen vorübergehenden Trennung kehrte Hoeneß zu seiner Frau Susi zurück. Oder Otmar Hitzfeld, der stets mit strengem Blick im Stil des Oberlehrers über das Wesen von Angriff, Verteidigung und Manndeckung dozierte. Die überraschte Öffentlichkeit erfuhr von der heißblütigen Brasilianerin Rosi im Leben des Bayern-Coaches. Die ließ nicht nur vor dem Trainer, sondern auch vor der Kamera die Hüllen fallen. Hitzfeld brach das Auswärtsspiel ab, sagte tschüss zu Rosi und schwor Ehefrau Beatrix ewige Treue. Und, und, und ... Aber davon später mehr.

Die Marketingidee hinter dem Boulevardtheater

Jeder Zeitungsleser ist mittlerweile an solche Geschichten um Liebe und Betrug gewöhnt. Während in der Vergangenheit jedoch vor allem Schauspieler und Königshäuser die Spalten der Gazetten füllten, drängen sich nun die Fußballer auf der Bühne und drohen Blaublütige und Leinwand-Adel in den Schatten zu stellen. Das ist eine relativ neue Entwicklung. Das Liebesleben von Uwe Seeler, die Eskapaden von Toni Turek – niemanden interessierte es früher, niemand berichtete darüber. Anders heute: Es ist ein Geschäft auf Gegenseitigkeit – zwischen den Fußballern und den Vereinen auf der einen Seite und den Medien auf der anderen, deren Leser und Zuschauer mehr wollen als nur Frontberichte vom Rand des Spielfelds. Der Kommerz fordert seinen Tribut.

Und das Bayern-Management tut alles, ein paar Scheite ins Feuer zu werfen. Kein anderer Bundesliga-Verein hält so viele Pressekonferenzen ab wie die Münchner. Fast täglich steht eine Veranstaltung mit den Medien auf dem Programm. Meist wechselt die Besetzung, neben den Club-Managern treten Spieler auf und auch der Trainer. Dazu die täglichen Interviewanfragen. Und zu fast jedem Pups im nationalen Fußballgeschäft geben die FC-Bayern-Vorstände ihren Kommentar ab. Der Hype steigert sich noch durch die Kontakte, die die fleißigen Sportreporter pflegen und die immer in eine exklusive Story fließen. »Ohne Klatsch würden wir nicht mehr auskommen«, sagt der FC-Bayern-Pressechef Markus Hörwick, »wir organisieren ja hier einen Teil der Showbranche.« Das Publikum weiß das zu schätzen und giert nach mehr.

Deshalb haben Beckenbauer, Hoeneß und Rummenigge das System FC Hollywood erfunden. Die Verbindung zwischen Show und Fußball. Wem dabei das Urheberrecht gebührt, ist unklar. Die meisten machen Beckenbauer als Initiator aus. Aber auch Hoeneß buchte ein Dauerabonnement für das Spiel mit den Medien. »Unser FC Hollywood ist nicht im Planungsstab entstanden«, erinnert sich Hoeneß, »die Transparenz hat sich entwickelt, und wir haben es laufen lassen.« Denn der Club »darf natürlich nicht zur grauen Maus werden«. Beckenbauer sah die finanzielle Seite der öffentlich ausgetragenen Kabale: »Natürlich hat die Unruhe die Neugier der Leute geschürt. Die kamen in Scharen zum Training und wollten wissen: Wo kracht's als Nächstes? Dann sind sie in die Bayern-Boutique gegangen und haben dort eingekauft.« Rummenigge: »Sowohl die Stadt München als auch das Umfeld unterstützen uns in Richtung FC Hollywood – das Image von München ist Glamour, Schickimicki. Das ist nicht negativ für den FC Bayern.«

Der Bayern-Star Paul Breitner hatte das bereits im Jahr 1980 vorhergesagt: »Fußball made in USA – das ist für uns Hollywood. Mickymaus, Glitzer und Glamour, das ist eine gut inszenierte Komödie. Darüber schmunzeln wir. Aber viele von uns haben es noch nicht kapiert, dass Fußball bei uns schon sehr bald genauso aussehen wird. Ja, unser Fußball muss so werden wie in Amerika. Die Operettenliga – das ist unsere Zukunft!« Breitner hat auf der ganzen Linie Recht behalten. Genauso ist es eingetreten bei den

Bayern. Der Begriff FC Hollywood machte bereits Karriere. Im Internet nennt sich eine Bayern-Hass-Seite danach, ein Amateurclub schmückt sich mit dem Titel. Er ist schlicht das Synonym für die Inszenierung, die die Bayern Woche für Woche abziehen.

Doch was treibt die Führung des FC Bayern an, sich ständig aufs Eis zu begeben und ihre Tänze aufzuführen? Warum sich nicht schlicht und einfach darauf konzentrieren, mit schönem Fußball die Fans zu begeistern und möglichst viele Siege zu verbuchen? Um das wirtschaftliche Kalkül dahinter zu verstehen, lohnt es sich, ein wenig in die Tiefen der Marketinglehre abzutauchen. Denn sowohl Rummenigge als auch Hoeneß glauben an die Kraft einer Marke. Die speist sich aus mehreren Quellen. Da ist erst einmal ein Name, der den Menschen sofort ins Gedächtnis springt und den sie mit einem Produkt verknüpfen. So wie Nivea-Creme, Sony-Walkman, Aspirin-Kopfschmerztabletten, Tempo-Taschentücher oder Haribo-Gummibärchen. Das schwebt Hoeneß vor, wenn er sagt: »Wir sind eine Marke wie Adidas, Boss, Coca-Cola oder Jil Sander.« Entsprechend sollen die Menschen den FC Bayern München als den Inbegriff des deutschen Fußballs assoziieren. Was natürlich ein vermessener Anspruch ist. Doch Hoeneß ist davon bis in die letzte Faser seines 100-Kilo-Körpers überzeugt: »Der FC Bayern ist das Aushängeschild des deutschen Fußballs.« In jeden Schädel möchte er hämmern: Fußball ist gleich FC Bayern und FC Bayern ist gleich Fußball – du sollst keinen Fußballverein haben neben mir, spricht der Herr.

Ein Name allein macht noch keine Marke, ein einprägsames Image gehört schon noch dazu. Erst wenn sich der Name mit einem Image verbindet wie der Mörtel mit dem Ziegel, erst dann ist das Ziel erreicht. Wobei das Bild, das den Konsumenten da hingemalt wird, selbstredend irgendwie positiv zu sein hat. Nicht unbedingt brav oder angepasst, aber doch menschlich und sympathisch. Denn die Lehrbücher sagen: Ich kaufe nur, was mir sympathisch ist. Ein solches Image hat einige Vorteile: Es erhöht das Produkt, es emotionalisiert und gibt einen Vertrauensvorschuss. Die Abnehmer vertrauen ihrer Vorstellung mehr als dem realen Produkt. Und sie verzeihen Fehler eher. Dieser Punkt mag den Bayern-Managern besonders gefallen haben.

Nun ist das mit dem Image beim FC Bayern so eine Sache. Die Attribute arrogant, großspurig, besserwisserisch kleben seit Jahrzehnten wie Kletten an den Vereinsmanagern. Weder Benefizspiele noch Spenden haben daran etwas ändern können. Das durchweg Positive mag sich partout nicht einstellen. Daran sind die leitenden Angestellten der Bayern-AG selbst mit schuld. Mit ihren ständigen Schmähreden und Angriffen gegen andere Bundesliga-Clubs und der vereinseigenen Dauervorstellung »Liebe und Hiebe« zerstören sie, was sie auf der anderen Seite mühsam aufzubauen versuchen. Es mag den Münchnern einfach nicht gelingen, sich an die elementaren Lektionen des Marketings zu halten – Hausaufgaben nicht gemacht. Von einem klaren Profil wie bei Coca-Cola kann keine Rede sein. Schon der Vergleich grenzt an Größenwahn. Den letzten Beweis dafür lieferte die jüngste Untersuchung der Hamburger Marketingagentur Sportfive. Deren Studie besagt: Nur 31 Prozent der Deutschen finden den FC Bayern München sympathisch, also mehr als zwei Drittel haben eine Abneigung gegen den Club – eine Ohrfeige für die hauseigenen Werbestrategen. Was noch schlimmer ist: Der Wert ist im freien Fall nach unten gesaust. Denn im Jahr 1997 fanden noch 46 Prozent der Deutschen den Club sympathisch. Mittelfristig schlägt das auf die Geldgeber, die Sponsoren durch. Wer möchte ständig in Verbindung gebracht werden mit einem Produkt, das überwiegend negative Vibrationen ausstrahlt?

Leg dich quer, dann bist du wer

Die dritte wichtige Komponente einer Marke ist der Bekanntheitsgrad. Nur was jeder kennt, existiert auch. Und das am besten wirkende Mittel ist immer noch die gebetsmühlenhafte ständige Wiederholung des Namens. So wie Kinder ein Gedicht auswendig lernen – durch Wiederholung. FC Bayern, FC Bayern, FC Bayern – je häufiger gedruckt oder gesendet, desto effektiver. Die Prominenz dient nicht nur der Eitelkeit der Betroffenen, sondern es steckt ein handfestes ökonomisches Interesse dahinter. Die Sponsoren zahlen letztlich für die Reichweite des Werbeträgers, also die Antwort auf die simple Frage: Wie viele potenzielle Kunden spreche ich an, wenn ich meinen Firmenschriftzug auf das Bayern-Trikot drucke, und was kostet mich das? Das lässt sich umrechnen in einen Geldbetrag pro tausend Kontakte. Dieser so genannte Tausenderpreis ist in der Werbebranche so etwas wie eine Währung und dient zur Kalkulation bei Verträgen. Je größer die Reichweite, desto besser das finanzielle Resultat für den Verein. Und zwar in doppelter Hinsicht: Die Sponsoren zahlen höhere Beträge, weil sie mehr Menschen erreichen. Und der FC Bayern spart Bares, das er sonst für Eigenwerbung ausgeben müsste. So gesehen geht die Strategie von Rummenigge und Hoeneß auf: 93 Prozent der Bundesbürger kennen den FC Bayern München. Das klingt nach einem phantastischen Ergebnis und ist es auch. Bloß fragt sich, ob dazu das Theater FC Hollywood notwendig ist. Denn gleichzeitig kennen genauso viele Deutsche Borussia Dortmund, immerhin 92 Prozent wissen etwas mit FC Schalke 04 anzufangen und 89 Prozent mit Bayer Leverkusen. Und die schenken sich das Bohei, das die Konkurrenten aus dem Süden veranstalten.

Beckenbauer: Der Altmeister im Club l'Amour

Bayern München bleibt stur auf seinem Weg. Das Prinzip FC Hollywood füllt das Bankkonto. Geradezu beispielhaft, und jetzt kommen wieder Sex und Amor ins Spiel, demonstriert das Präsident Franz Beckenbauer. Er ist der Großmeister der Eigenvermarktung und des Medienbusiness – wer möchte das bestreiten? Da wechselt er sogar regelmäßig die Seite und nutzt die Plattform als *Bild*-Kolumnist, als Premiere- oder ZDF-Kommentator. Und Einkommen bringt das selbstverständlich auch. Beckenbauers Leitsatz ist: »Sportler und Journalisten, das ist ein Geschäft auf Gegenseitigkeit.«

Die erste Probe auf der öffentlichen Bühne absolvierte Beckenbauer bereits als 17-Jähriger – wie sich's gehört mit einer Liebesgeschichte. Er lernte in seinem Job bei der Allianz die drei Jahre ältere Kollegin Ingrid Grönke kennen. Die Folge war ein uneheliches Kind namens Thomas. Das rief zu jenen Zeiten einen kleinen Skandal hervor. Beckenbauer, verrufen als Weiberheld und Hallodri. Der DFB wollte den talentierten Kicker aus der Jugend-Nationalmannschaft werfen. Doch die Funktionäre brauchten Beckenbauer für das Team. Deshalb musste der stürmische Teenie fortan in einem Zimmer mit dem Trainer Dettmar Cramer schlafen. Die Liebesabenteuer bremste das natürlich nicht. Diesmal erwartete die Angebetete Brigitte Schiller, Sekretärin der Sportschule Grünwald, ein Kind von dem Jung-Mann. An seinem 21. Geburtstag, dem Tag der Volljährigkeit, heiratete Beckenbauer seine Brigitte in Steinebach am Wörthsee bei München. Sie ist im achten Monat schwanger. Trauzeugen sind sein Manager Robert Schwan und Dettmar Cramer. Die Gruppe feiert bei Forelle in Aspik, Hummer und Roastbeef. Im Oktober wird Sohn Michael geboren. Der Bub Stefan folgt zwei Jahre später.

Auf Brigitte folgt die Sportfotografin Diane Sandmann.

Beckenbauer lernt sie 1977 bei der Hochzeit seines Freundes Schwan kennen. Der damals 54-jährige Schwan heiratete zum dritten Mal – die Braut war 27 Jahre jünger. Franz war Trauzeuge. Zuerst bleibt die Beziehung geheim. Dann klopft es am Vorabend eines Länderspiels in Paris an der Tür von Beckenbauers Hotelzimmer. Der Fußballer öffnet. Seine Frau Brigitte steht überraschend vor ihm. Sie ist ihm nachgereist. Doch Franz ist nicht allein, Diane ist bei ihm. Beckenbauer reagiert unüberlegt und schlägt seiner Frau die Tür vor der Nase zu. Der Eklat ist perfekt. Das Paar hat sich auseinander gelebt. Diane zieht schließlich in Beckenbauers Haus im österreichischen Kitzbühel ein, wo der Kaiser auf 200 Quadratmetern residiert. Das Gebäude bietet einen freien Blick auf Wiesen und Tannen. Im Inneren lädt eine Tiroler Stube zum Verweilen, ganz mit Zirbelkiefer ausgekleidet. Ein Kruzifix aus dem 18. Jahrhundert wacht über den Raum, ein Kachelofen spendet wohlige Wärme. Die Hochzeitsglocken jedoch bleiben stumm. Diese Beziehung sollte zwölf Jahre halten.

Das Ende kommt mit einer neuen Frau: Sybille Weimer, Sekretärin beim DFB. Diesmal verfolgen die Medien die Vorgänge bereits mit Aufmerksamkeit. Beckenbauer lässt sich Anfang 1990 von seiner Frau Brigitte scheiden. Sybille trennt sich vier Monate später ebenfalls offiziell von ihrem Noch-Ehemann. Am Ostersonntag des gleichen Jahres heiraten Franz und Sybille. Trauzeugen sind sein Bruder Walter und ihr Bruder Heinz. Es gibt Gänseleberterrine, Seeteufelmedaillons, gefüllte Wachteln, danach die Weltmeisterschaft. Am 8. Juli spielen Beckenbauer und seine Mannschaft im Endspiel von Rom 1:0 gegen Argentinien, durch ein Elfmetertor von Andi Brehme. Die Deutschen jubeln mit ihrem Teamchef über die gewonnene Weltmeisterschaft.

Diese Station im Leben des Franz Beckenbauer lief mit der entsprechenden öffentlichen Anteilnahme ab. Jetzt gab es kein Halten mehr: Eine gedruckte Wohnzimmergeschichte hier, ein Foto des glücklichen Paares dort – die Leser verschlangen die Geschichten um den Fußballhelden Beckenbauer und seine Schritte auf den Liebespfaden. Die Entrüstung hielt sich in Grenzen. Denn zum einen war der Fußballer bereits zur Ikone stilisiert. Zum anderen zeigten die Schwächen: Er ist auch nur ein Mensch – und das schätzt das Publikum. Damit schien Ruhe eingekehrt bei den Beckenbauers. Der Hausherr widmete sich seinen Verpflichtungen gegenüber dem FC Bayern, den Sponsoren und der WM 2006, die er nach Deutschland holte. Das bestimmte sein Image, seine Auftritte in den Medien.

Bis zum Herbst 2000. Da kam heraus, dass der Kaiser eine heimliche Kaiserin hatte. Pikant dabei: Die Gerüchte über eine neue Liaison kursierten bereits monatelang, vertrauliche Informationen flossen in die Redaktionsstuben, aber die Medien druckten die Geschichte nicht. Bis der Ballon platzte. Beckenbauer hatte bei einem Betriebsausflug nach Hamburg, bei dem die gesamte Geschäftsstelle des FC Bayern mit von der Partie war, die 21 Jahre jüngere Sekretärin Heide Burmester kennen gelernt. Dieses Näherkommen war so innig, dass im August 2000 Sohn Joel Maximilian das Licht der Welt erblickte. Noch immer blieb die Beziehung im Verborgenen; erst einige Wochen später berichtete ein Regionalblatt darüber. Das Gewitter folgte mit Schlagzeilen wie »Beckenbauer: Uneheliches Baby?« Der Kaiser war schließlich zu einer gewundenen Erklärung bereit, nachdem er sich seiner Ehefrau Sybille anvertraut hatte: »Ich hätte auch nicht gedacht, dass das Leben für mich noch so eine Überraschung bietet.« Die betrogene Gattin trennte sich 2002 offiziell von ihrem Mann.

Im Herbst 2003 ist die Familien- und Medienidylle wiederhergestellt. Beckenbauer legt die Heimlichtuerei ab und präsentiert sich erneut als frisch gebackener Vater – zum fünften Mal. Der jüngste Nachwuchs des Beckenbauer-Clans heißt Francesca Antonie. Stolz präsentiert der Papa seinen Wonneproppen, 2470 Gramm schwer, 47 Zentimeter groß, der Öffentlichkeit: »Sie ist ja so zart, ganz zerbrechlich. Da muss man aufpassen, dass man nicht zu doll drückt.« Mutter Burmester ergänzt: »Francesca ist wahnsinnig pflegeleicht, sie ist wirklich ganz brav. Man hört kaum, wenn sie mal schreit.« Der dreijährige Bruder Joel sagt über die kleine Prinzessin: »Mami, das ist aber eine süße Puppe.«

So lieben die Leser ihren Franz – ganz umhüllt von Zuckerwatte. Das Taschentuch zum Greifen nah, um die Tränen der Rührung abzutupfen. Die Werbepartner freut's. Das Bild ist wieder makellos. Ein kleiner Fleck vielleicht bleibt bestehen. Mit solchen Geschichten hat sich Beckenbauer ganz nach oben auf die Prominentenleiter katapultiert: Mit 98 Prozent Bekanntheitsgrad ist er der berühmteste deutsche Sportler. Zumindest fast: Rennfahrer Michael Schumacher schlägt ihn mit 100 Prozent. Sein Bruder Ralf und Tennisspielerin Steffi Graf bringen es wie Beckenbauer ebenfalls auf 98 Prozent. Nur bei den Sympathiewerten, und das gefällt den Sponsoren weniger, fällt der Kaiser dramatisch ab: Nur 29 Prozent der Deutschen haben ihn in ihr Herz geschlossen. Steffi Graf bringt es immerhin auf 52 Prozent Sympathie.

Kahn: Der Rambo und das »Party-Luder«

Ein einziges Mitglied der Bayern-Truppe kommt auf ähnliche Werte wie Beckenbauer. Oliver Kahn schafft es fast ebenso häufig ins Fernsehen und in die Presse. Er ist 97 Prozent der Bundesbürger bekannt. Nur 20 Prozent mögen ihn. Die Zahlen beweisen, Wiederholung und ständige Medienpräsenz machen sich beim Promi-Bonus bezahlt, wenn auch nicht bei der Zuneigung. Für Personen gilt das Gleiche wie für Marken: Je häufiger der Name oder das

Bild erscheint, desto berühmter ist die Figur. Und das Beste ist die Kombination von Person und Vereinsnamen. Da haben die Marketingleute gleich zwei auf einen Streich. Wenn der Kicker so raffiniert auftritt wie David Beckham, lassen die Sponsoren vor Begeisterung die Champagnerkorken knallen.

Bayern-Torwart Kahn erfüllt die Voraussetzungen bestens. So scheint es zumindest. Millionenschwere Werbeverträge für Tabac-Rasierwasser, Bridgestone-Reifen und Lion-Schokoriegel beweisen es. Der Nationaltorwart, Jahrgang 1969, startete seine Laufbahn im Jahr 1976 in der Jugendmannschaft des Karlsruher SC. Für den Verein hatte bereits Vater Rolf als linker Läufer gespielt. Erst als Oliver ein Torwart-Set des Modells »Sepp Maier« geschenkt bekommen hatte, stellte er sich ins Tor. Den ersten Einsatz in der Bundesliga absolvierte er 1987. Gleich im ersten Spiel hielt er alles, der KSC gewann 4:0 gegen den 1. FC Köln. Offiziell Amateur, erhielt Kahn umgerechnet rund 500 Euro plus Leistungszulagen. 1994 wurde er zum besten Tormann der Bundesliga gewählt.

Hoeneß und Rummenigge holten ihn zur Saison 1994/95 für 2,3 Millionen Euro Ablöse nach München, als Ersatz für Raimond Aumann. Als Motivation für seinen Wechsel sagte der ehrgeizige Sportler, der an der Fernuniversität Hagen studiert hatte: »Wenn der Boris Becker jedes Turnier gewinnt, ist das toll, gewinnt er Wimbledon, wird er unsterblich. Die zehn, 15 großen Spiele kriegst du auf Dauer nur in München. Alle, die groß waren, sind in den entscheidenden Spielen klasse gewesen.« Oliver Kahn hat seine Ziele mittlerweile erreicht. Er ist die unbestrittene Nummer eins unter den deutschen Keepern. Auch bei der Selbstvermarktung zeigte er herausragende Erfolge: Als erster Bundesliga-Kicker richtete er im März 1997 eine eigene Website im Internet ein: www.kahn.de.

Sein Image als Raubein und aggressiver Kämpfer hat er sich hart erarbeitet. Unvergessen, wie er beim Auswärtsspiel der Bayern gegen Dortmund ein Tor kassierte und in der Folge mit gestrecktem Bein in Richtung Stephane Chapuisat sprang, was aussah, als ob Bruce Lee zum Karateangriff ansetzte. Oder wie er Thomas Brdaric von Bayer Leverkusen mit eisernem Griff am Genick packte. Oder den Dortmunder Heiko Herrlich fast in den Hals gebissen hätte. Oder seinen Mannschaftskollegen Andreas Herzog schüttelte wie einen Cocktailshaker. Funktionäre wünschten Kahn »in den Käfig«. Kabarettist Harald Schmidt verglich den Torwart mit einem Gorilla und witzelte: Wenn Kahn aus dem Tor renne, springe Otmar Hitzfeld auf und rufe den Gegnern zu: »Der tut nichts. Der will nur spielen.« Gegner sangen im Stadion »Da steht ein Affe im Tor, ja ja ein Affe im Tor, der ist so hässlich« und bewarfen Kahn mit Bananen. Aber der Betroffene ließ sich nichts anmerken. Wobei er später einräumte: »An manchen Vorfällen, die dazu geführt haben, dass etwa diese Affenlaute von den Rängen kommen, dieses Uh-Uh-Uh, war ich ja selbst beteiligt.«

Unerschütterlichkeit und Selbstvertrauen hat er in seinen harten Trainings gelernt. Viele halten den Welttorhüter der Jahre 1999, 2000 und 2002 für verbissen und fanatisch. Als Rückhalt der Mannschaft zeigte er bei der WM 2002 Spitzenleistungen. Das schien der Höhepunkt der Figur Oliver Kahn zu sein: Er war ein nationales Idol, ein Held, ein lebendiger Beweis für »Leistung lohnt sich wieder«. Mit diesem Bild hätte der Sportler fortan gut leben können. Er hätte die Popularität auch zum Wohl des eigenen Bankkontos abschöpfen und neben seinem Jahreseinkommen von rund fünf Millionen Euro ein ordentliches Taschengeld obendrauf verdienen können. Aber der Reiz des FC Hollywood war stärker. Wieder sind es die Themen Sex und Frauen, die einen neuen Akt im öffentlichen Leben eines Bayern-Akteurs bestimmen. Und sein Styling. Er schmiert sich Gel ins Haar, trägt plötzlich Prada-Schuhe, eine Gucci-Sonnenbrille und Hemden vom Edelschneider Baldessarini, kommt mit einem Ferrari zum Training. Das trägt ihm einen Rüffel von Uli Hoeneß ein. Audi hatte sich beschwert. Schließlich sind die Spieler verpflichtet, die Marke des Ingolstädter Herstellers zu fahren. Bei Thomas Gottschalk sitzt Kahn neben Jennifer Lopez auf der Couch. Er wird Stammgast in den Szene-Diskotheken, feiert dort bis 5.30 Uhr in der Frühe. In einem dieser In-Lokale lernt er Verena Kerth kennen, eine lebenslustige blonde Frau, die gern mit Piratenkopftuch auftritt und in der Münchner Disko P1 bedient. Sie ist zwölf Jahre jünger als Oliver. Das Techtelmechtel unter den Augen anderer Diskobesucher bleibt nicht lange geheim. Soll es wohl auch nicht. Der Medienprofi weiß: »Mein Leben mit den Paparazzi ist ja schon Normalität. Es ist zur Gewohnheit geworden, dass man auf Schritt und Tritt hinter mir her ist.« Also berücksichtigt er bei solchen Aktionen die öffentliche Resonanz gleich mit.

Wie sehr Kahn seine Außenwirkung kontrolliert, zeigen die Details. So versuchte er sich abzugewöhnen, nach dem Spiel seinen geliebten Kaugummi – immer weißen Wrigley´s Spearmint – zu kauen. Begründung: »Kaugummi kauen sieht vor der Kamera nicht gut aus.« Vorhang auf, Spot an, hier kommt der Star. Alles Teil eines Imagewandels? Schließlich hat Kahn extra einen Mann engagiert, der ihn in solchen Dingen berät. Als Teenieliebling wie ein David Beckham ist er offensichtlich eine Fehlbesetzung. Das aufgefrischte Bild: der Titan, der sich um nichts kümmert, der sein Umfeld einfach ignoriert? Geradezu trotzig schleudert er den Journalisten entgegen: »Ich muss mich vor diesen Leuten nicht rechtfertigen, denn ich führe mein Leben so, wie ich es für richtig halte.«

Nur ging der Imagewandel gründlich in die Hose. Kahn übersah die Wirkung seines Liebesverhältnisses. Vor allem die fatale Symbolik: Er traf sich in aller Öffentlichkeit mit Verena, dem »wilden Party-Luder«, während seine Ehefrau Simone zur Entbindung des zweiten gemeinsamen

Kindes in der Klinik lag. Kahn wiegelte ab, an dem Verhältnis sei nichts dran. Es sei Schluss, die Ehefrau wäre wichtiger. Sprach sich mit Simone aus. Bayern-Fans erzürnte zudem, dass ihr Olli die Meisterfeier Ende April schwänzte. Die Kicker feierten im Münchner Lokal des Gourmetkochs Alfons Schuhbeck. Hoeneß und Rummenigge versuchten Kahn auf seinem Handy zu erreichen. Vergebens. Ausgeschaltet. Um ein Uhr nachts wechselte die aufgedrehte Truppe in die Disko P1. Dort trafen die Deutschen Meister auf ihren Torwart. Der trank dort mit Simone und seiner Ex-Freundin Verena.

Solche Szenen überspielt er mit gemeinsamen Besuchen von Straßencafés mit seiner Gattin in der Münchner Innenstadt. Und, Ablenkung oder nicht, wie aus heiterem Himmel schwirren Gerüchte durch die Luft, Kahn wolle ins Ausland wechseln. Manchester United mache ein Angebot. Andere Vereine seien ebenfalls interessiert. Der Trick, damit den Medien andere Themen zu bieten, funktioniert bloß nicht richtig. Schon bald ist klar: Kahn bleibt beim FC Bayern. Es wäre auch ziemlich unglaubwürdig, dass gerade derjenige Spieler den Arbeitgeber wechselt, der sich am meisten mit seinem Heimatverein identifiziert. Als selbst dieses Täuschungsmanöver nichts hilft, greifen die Bayern-Macher zu ihrer wirklich allerletzten Waffe und stoßen eine Moraldiskussion an. Kahn prangert »eine gnadenlos perverse Doppelmoral« an. »Wenn man das alles einmal so hautnah erlebt, beginnt man sich zu fragen, ob in unserer Gesellschaft alles mit rechten Dingen zugeht.« Und, wie zur Rechtfertigung: »Für mich ist ein Seitensprung kein Kavaliersdelikt. Moral und Ethik spielen durchaus eine Rolle in meinem Leben.« Man müsse vielmehr die Leute verurteilen, die in sein Leben eindringen. Uli Hoeneß dreht gleich voll auf: »Dieser Voyeurismus ist pervers.« Und, ganz der entrüstete Apostel: »Diese Scheinheiligkeit unserer Gesellschaft kotzt mich an.« Bleibt die Verwunderung, wer hier scheinheiliger ist – die Öffentlichkeit oder ein Clubvorstand, der gerade mit der Öffentlichkeit am besten verdient. Wie zum Beweis lässt Hoeneß seine Drohung, keine Kamerateams vom Fernsehen mehr aufs Trainingsgelände zu lassen, bald wieder fallen. Das hätte sich dann doch geschäftsschädigend ausgewirkt.

Die Pseudodebatte hatte ungefähr genauso viel Wirkung wie eine Bischofspredigt im Swingerclub. Zudem konnte Kahn die Harmonieshow mit seiner Ehefrau nicht lange durchhalten. Schon ein paar Wochen später war er wieder in wilden Knutschszenen mit Verena zu sehen. Obwohl ihm Rummenigge riet: »Er darf das nicht provozieren. Er soll mal weder seinen Ferrari auf dem Bürgersteig parken noch ins P1 gehen. Dann wird er auch nicht beobachtet.« Sehr richtig. Wie sich im Nachhinein herausstellte, weiß Rummenigge, wie man sich mit der Liebsten ins Geheime zurückzieht. »Wir können ihm nicht vorschreiben, was er macht«, sagte Hoeneß, »aber so kann es nicht weitergehen. Wir müssen mit ihm sprechen. Wir werden ihm raten, dass es in der jetzigen Situation besser wäre, wenn er das alles etwas zurückfährt.« Selbst Otmar Hitzfeld legte eins drauf: »Es wäre klug, wenn Kahn sich jetzt aus der Öffentlichkeit zurückziehen würde.« Sogar Ministerpräsident Edmund Stoiber, Vorsitzender des Beirats, erkundigte sich, ob der Torwart »wieder die Kurve kriegt«. Und am schlimmsten von allem: Die japanischen Werbepartner wurden unruhig; es gäbe »Klärungsbedarf«, teilte Kahns privater Manager mit. Adidas-Chef Herbert Hainer, dessen Unternehmen Kahn ebenfalls unter Vertrag hat, äußerte sich ebenfalls negativ: »Dass er mit privaten Geschichten vor allem sein eigenes Image beschädigt hat, steht außer Frage.« Der Konzernlenker mag nur einen Athleten als Werbefigur, der »Siegeswillen, Durchsetzungsvermögen, Glaubwürdigkeit« ausstrahlt. »Und er darf nicht von einer Affäre in die nächste stolpern.«

Das saß. Ein unhaltbarer Elfmeter für den Tormann. Kahn knickt ein. Schließlich geht es ums Geschäft, um sein Bankkonto. Seine Vorgesetzten raten ihm zu dosierten, aber regelmäßigen Korrekturen seines Auftretens in der Öffentlichkeit. Quasi in homöopathischen Dosen, damit es den Fans nicht auffällt. Erster Schritt auf dem Weg zur Besserung sind Fotos des Keepers mit seiner Tochter Katharina-Maria. Und der rührende Kommentar: »Meine Kinder sind das Wichtigste, was es gibt.« Kahn zieht von zu Hause aus, zeigt medienwirksame Reue: »Es ist keine einfache Zeit für mich. Ich versuche die Dinge zu verarbeiten. Dieses Alleinsein im Hotelzimmer ist eine schwierige Situation.« Frau Simone leitet derweil nach 17 Jahren Zusammensein die Trennung ein und bereitet ihren Auszug aus der gemeinsamen Villa in Grünwald bei München ein. Sie gibt Interviews, mit Aussagen wie: »Als er mir teilweise nicht in die Augen schauen konnte, habe ich gewusst, dass irgendetwas nicht stimmt.« Die Eheleute verbringen gemeinsame Tage auf einer Luxus-Yacht vor Sardinien. Boulevardzeitungen liefern wie immer die passende Begleitmusik. Es wirkt wie eine perfekt gemalte Familienszene in Öl. Bloß Farbe und Beiwerk sind etwas daneben geraten. Denn Freundin Verena erscheint ebenfalls auf dem Schiff, erklärt: »Mit Olli und mir läuft es gut.« Was die *Bild*-Zeitung zu der Frage treibt: »Läuft Kahn jetzt Liebes-Amok?«

Der erste Anlauf zum Imagelifting ist gescheitert. Rummenigge knöpft sich den Delinquenten nochmals vor. »Wir haben ihm klar gemacht, dass er als Erstes sein Privatleben ordnen soll, wenn er will, dass Ruhe einkehrt. Er muss selbst wissen, ob er in Zukunft mit seiner Frau zum Essen geht oder mit seiner Freundin.« Den Managern schwebt vor, Kahn künftig als lieben, attraktiven Star zu positionieren, mit einem Wort, als ideale Werbefigur. Der Sinneswandel des impulsiven Torwarts manifestiert sich in einer neuen Frisur. Das Gel ist weg. Olli bringt sogar ab und zu mal ein Lächeln zustande. Und es kommt noch dicker: Zusammen mit Trainer-Gattin Beatrix Hitzfeld engagiert er sich nun für drogenabhängige Kinder. »Das ist gut für sein Image«, sagen Otmar Hitzfeld und Hoeneß unisono. Kahn in der ungewohnten Rolle als Gutmensch, als Kämpfer für die Benachteiligten dieser Gesellschaft. Man stellt sich den geläuterten Torwart vor, wie er in einem Heim Jungs auf Drogenentzug den Kopf tätschelt, wie er Essen austeilt, Verbände an den Einstichstellen wechselt. Die Wirklichkeit sieht so aus: Kahn spielt Golf. Selbstverständlich für einen guten Zweck. Die Einnahmen aus den Spenden des Golfturniers fließen in eine Stiftung.

Zugleich präsentiert der Promi-Keeper fortan nur noch seine Verena. Die Liebesschlacht ist entschieden: Die Ehefrau hat verloren. Sie verlässt endgültig das gemeinsame Haus. Olli stellt seine neue Flamme Vater Rolf in Karlsruhe vor. Das Paar bezieht die Kahn'sche Familienvilla in Grünwald. Verena macht es dem großen Vorbild nach – und gibt Interviews. Da erfahren Leser enthüllende Sachen à la »Ich möchte mich einfach nur wohl fühlen. Das kann an einem Tag in Jeans und Käppi sein, an einem anderen mit Rock oder einem Kleid«. Aber die Freundin verrät der staunenden Welt auch, dass sie ihren Olli »mein Engelchen« nennt und beide gern Robbie Williams hören. Hoeneß freut sich: »Jetzt wird alles gut.«

Nur seine Statements feuert Kahn nach wie vor ohne Schalldämpfer ab. Die Drückeberger der Nationalmannschaft beschimpft er als »Weicheier«: »Vor fünf Jahren wären die Spieler zu Fuß für ein Spiel gegen Italien eingelaufen. Bei uns bleiben Spieler zu Hause, nur weil der Zeh am linken Fuß wehtut.« Überhaupt scheint der Tor-Titan es mit den primären Geschlechtsmerkmalen zu haben. Nach einer 0:2-Niederlage gegen Schalke 04 forderte er von seinen Kollegen: »Eier! Wir brauchen Eier!« Nach einer weiteren schwachen Vorstellung tobt er: »Wir sind kein Debattierclub, sondern ein Fußballverein. Wir müssen uns endlich wieder auf das Fußballspielen konzentrieren.«

So kennen und lieben die Fans ihren Kahn – als Haudrauf, der gern mal ausrastet. Für seine Finanziers von der werbetreibenden Industrie ist das schon schwieriger. Die Idee eines teutonischen Gegenstücks zu David Beckham – forget it. Ein weiteres Handikap lastet auf dem Welttorwart: Er ist weit über 30 Jahre alt und hat damit als Werbeidentifikationsfigur eigentlich das Verfallsdatum erreicht. Denn sowohl Fußballfans als auch die Käufer von T-Shirts, Sportschuhen, Handys oder Lebensversicherungen sind in der Mehrheit deutlich unter 30 Jahre alt. Als wichtigste Zielgruppe hat die Industrie Kinder und Jugendliche im Visier. Die verfügen bereits über genügend Taschengeld für eigene Käufe. Wo das nicht reicht, müssen die Eltern einspringen. Und am wichtigsten: Die Kids und die Teenies sind die Konsumenten von morgen. Die will man möglichst heute schon einfangen. Deshalb überrascht es kaum, dass Vereinsmanager und Sponsoren nach einer neuen Identifikationsfigur suchen.

Ballack: Interner Zoff mit den Kollegen

Die besten Chancen, das Vakuum zu füllen, besitzt derzeit Michael Ballack. Geboren 1976 in Görlitz in der damaligen DDR, ging der Sohn eines Ingenieurs nach Stationen bei BSG Motor Fritz Heckert Karl-Marx-Stadt und FC Karl-Marx-Stadt zum Chemnitzer FC. Dort erhielt er 1995 seinen ersten Profivertrag, spielte in der zweiten Liga und in der Regionalliga. Im Jahr 1997 wechselte der Mittelfeldspieler zum 1. FC Kaiserslautern. Schon zwei Jahre später machte er sich auf zu Bayer Leverkusen. Seit dem Sommer 2002 verstärkt Ballack das Team des FC Bayern, sein Vertrag mit den Münchnern läuft bis Juni 2006.

Erst vergangenes Jahr verpflichtete ihn Adidas neben Kahn als zweiten Einzelspieler und stattete ihn mit einem Extrareklamevertrag aus. Er bringt alle Voraussetzungen für eine große sportliche Karriere mit. Affären sind ihm bislang fremd. »Er ist ein Superspieler«, lobt Hoeneß, »aber bei uns muss er zum Weltstar werden.« Schon der Vermarktung wegen. Als Twen ist Ballack im besten Alter für die Teenies. Die anderen Alternativen des FC Bayern euphorieren so wenig wie eine Schokoladenzigarette: Sebastian »Basti« Deisler, geboren 1980, ursprünglich für diese Rolle auserkoren, fällt wegen seiner Gesundheitsprobleme aus. Jüngling Bastian Schweinsteiger ist außer durch gelegentliche Diskobesuche bisher nicht sonderlich aufgefallen. Und Mehmet Scholl, Jahrgang 1970, der jahrelang als *Bravo*-Poster die Schlafzimmer Zahnspangen tragender Mädchen zierte, ist unverkennbar aus den Kinderhosen herausgewachsen. Auch der japanische Unterhaltungselektronikproduzent Sony schloss eine Werbepartnerschaft mit Ballack. Das Abkommen läuft über drei Jahre, das Volumen beträgt rund 1,8 Millionen Euro.

In seiner Zeit bei Bayer Leverkusen galt der 1,89 Meter große Jüngling noch als Schnösel, als verwöhnter Profi und selbstgefälliger Yuppie, der Dolce & Gabbana oder Ralph Lauren zu seinen besten Freunden erklärte. Wie schon bei Olli Kahn half nur eine Schönheitsoperation am Image. Im Gegensatz zum Bayern-Torwart engagierte Ballack sogar zwei Berater, die sich ums Finanzielle und das neue Bild des Michael B. kümmerten. Die malten den Kicker für die Werbekunden als »seriös, aber jung und frech« und als »jungen Kaiser«. Gemeint war, dass Ballack wie der junge Beckenbauer spielt. Was Leverkusen-Fans bei schwachen Vorstellungen zu der bissigen Bemerkung veranlasste, Ballack sei eher »Beckenbauer für Arme«.

Doch der Profi hat seine Lektionen verinnerlicht. Beim FC Bayern ergatterte er den Titel »Fußballer des Jahres«. Die Scheuheit der Vergangenheit legte er ebenso ab wie seine Distanziertheit. »Jetzt tritt er offen und selbstbewusst auf, ohne arrogant zu wirken«, freut sich Vorstand Hoeneß und skizziert die vermarktungstechnische Wunschvorstellung: »Wir brauchen einen Spieler mit

Ecken und Kanten. Einen, der seine Meinung vertritt und dazu steht, auch wenn es Gegenwind gibt. Aber keinen, der bis morgens in der Disko rumhängt.«

Der junge Kaiser tut sein Bestes, den Vorstellungen gerecht zu werden. Er kündigte an, sich auf dem Platz, in den Spielen, »Autorität und Respekt zu verschaffen«. Das zielt auf seine neue Aufgabe als künftiger Kapitän. Denn bisher wirkt er zu glatt und farblos. Und er will als Spielmacher in die Fußstapfen seines Vorgängers Stefan Effenberg treten. Doch da kommt der Karrieremensch sich und anderen ins Gehege. Und da der Rummel – natürlich – öffentlich stattfindet, dürfen sich die Zaungäste an neuen Episoden aus dem Hause FC Hollywood erfreuen. Denn leider schwanken die Leistungen des Bayern-Wunderkindes noch ein bisschen zu stark. Der Streit in der Mannschaft beginnt nach einem blamablen Spiel gegen den 1. FC Nürnberg im DFB-Pokal, das die Münchner im Elfmeterschießen 7:6 für sich entscheiden, obwohl Ballack und Jeremies Elfmeter verschießen und es Ballack sogar gelingt, aus nächster Nähe den Ball über das leere Tor des Gegners hinauszukicken.

Der aufgestaute Unmut macht sich Luft. Im Mittelpunkt stehen Ballack und Kahn. Es ist ein Duell Jung gegen Alt, des Aufsteigers gegen den Etablierten, des Noch-nicht-Kapitäns gegen den amtierenden. Wie immer beim FC Bayern tragen sie den Hahnenkampf vorrangig über die Medien aus. Was sollen Aussprachen im Vereinsheim oder in der Umkleidekabine – man hat ja einen öffentlichen Verstärker, der alle Töne aus der Zentrale in der Säbener Straße zum Gebrüll anschwellen lässt. Als beispielsweise Kahn die krankfeiernden deutschen Fußballer rüde angeht, hält Ballack dagegen: »Solche Vorwürfe sind zu pauschal. Oliver soll doch die Spieler nennen, die er meint. Er kann doch gar nicht wissen, was den betreffenden Spielern wirklich fehlt.« Das wirkt wie ein Fehdehandschuh. Der nächste Schlag ins Kontor des Bayern-Kapitäns lässt nicht lange auf sich warten. Als der die »undisziplinierte Spielweise« seines Kameraden Owen Hargreaves kritisiert, echot Ballack: »Oliver hat selbst Fehler gemacht, ich hätte mehr Fingerspitzengefühl erwartet.«

Aber Ballack gerät auch unter Feuer von anderen. Der Bayern-Abwehrspieler Willy Sagnol bemängelt lautstark, »dass wir keinen wahren Leader haben.« Er trauert Ballacks Vorgänger nach. »Wir haben die Lücke richtig gespürt, die Effenberg hinterlassen hat.« Den könne Ballack »überhaupt nicht« ersetzen. Das ist nicht gerade die elegante französische Art. Eher wirkt es wie eine Rauferei im Bierzelt. Und Effenberg selbst, bekannt für seine Handgreiflichkeiten, tritt ordentlich nach: »Ich sehe Ballack nicht als Spielmacher. So einer kann kein Spiel lenken, den Rhythmus bestimmen oder das Spiel öffnen«, giftet der Ex-Bayer per Ferndiagnose. »Wenn Ballack mit diesem Druck nicht umgehen kann, muss er wieder zurück nach Leverkusen.«

Ob das Dreigestirn Beckenbauer, Rummenigge und Hoeneß in solchen Situationen dazwischenfährt und Ruhe verordnet? Weit gefehlt. Wie bei einer Wirtshauskeilerei üblich, krempeln sie die Ärmel hoch – und mischen kräftig mit. »Ballack muss mehr zeigen, er ist unser Spielmacher«, verlangt etwa Rummenigge nach dessen mäßiger Performance gegen Celtic Glasgow in der Champions League. Ballack reagiert auf solche Zurechtweisungen verschnupft: »Wenn wir Fehler machen, muss man am Platz umso mehr reden. Aber man muss sich nicht nur anpflaumen.« Selbst Verteidiger Jens Jeremies erklärte vor den Fernsehkameras: »Sind in einer echten Krise.« Als die Bayern gar vor heimischer Kulisse in der Champions League gegen Lyon 1:2 verloren, schaltete sich auch noch Beckenbauer ein: »Man spürt die Unzufriedenheit in der Mannschaft. Irgendetwas stimmt da nicht.« Der Kaiser ist erzürnt über den internen Zoff. »Die Mannschaft spielt nicht miteinander. Das ist alles Stückwerk.« Oliver Kahn schüttelt seine Teamkollegen: »Viele sind zu arg mit sich selbst beschäftigt. Sie sind verkrampft.«

Via Fernsehen im Sportstudio holt Hoeneß seinen Schlagring heraus und zieht seinem Mittelfelddirigenten eins über: »Im Moment ist Ballack nicht fit, und deswegen spielt er nicht gut. Er kann nicht laufen.« Ein Foul gegen den Wonderboy – erst Streicheleinheiten und dann öffentliche Hiebe. Ein Regisseur hätte sich keine bessere dramatische Steigerung einfallen lassen können. Das ist wirklich hollywoodreif. Der Übervater verstößt den Ziehsohn. Den Showdown bleibt Ballack nicht lange schuldig: »Ich kann seine Äußerungen nicht verstehen. Hoeneß liegt in seiner Wortwahl gehörig daneben.« Den Allmächtigen direkt anzugreifen ist schon mutig.

Und als ob Ballack noch eine Zugabe spendieren wollte, stieß er indirekte Drohungen gegen die Bayern-Vorstände aus: »Wenn sie der Meinung sind, dass ich der Mannschaft nicht helfen kann, sondern ihr schade, muss man mir das sagen – ganz offen, nicht über die Öffentlichkeit.« Das zeugt von echtem Medienprofessionalismus. Erst selbst Presse und TV zur öffentlichen Darstellung nutzen und dann gerade dieses Vorgehen verurteilen, wenn´s andere tun. Nicht einmal vor dem Äußersten schreckt Ballack zurück: »Wenn sie nicht mit mir zufrieden sind – ich bin der Letzte, der sich in den Weg stellt«, schleuderte er den Vorständen der Lederhosen AG entgegen.

Kein Zweifel, der exzellente Fußballer hätte keine Probleme, einen anderen Arbeitgeber zu finden. Ausländische Clubs könnten ebenfalls die geforderte Ablösesumme aufbringen. Aber das war schon klar, bevor sich der Krieg im Bayern-Lager hochschaukelte. Und wieder, welch wundersamer Zufall, erscheinen just zu diesem Zeitpunkt angebliche Kaufangebote wie die Karnickel aus dem Zylinder. Es ist zu lesen, Real Madrid sei an Ballack interessiert. Der russische Öl-Milliardär Roman Abramovich, Mehrheitsaktionär des britischen Vereins FC Chelsea, habe ebenfalls Kaufbereitschaft signalisiert. Geld spiele keine Rolle, der Unternehmer klaubte in den vergangenen Jahren Topkicker für über 150 Millionen Euro aus aller Welt zusammen. Aber wie schon so oft, fällt die Inzenierung in sich zusammen wie Salzburger Nockerln an der frischen Luft. »Ballack steht nicht zum Verkauf«, beeilt sich Hoeneß zu erklären. »So viele Ölquellen kann der Herr Abramovich gar nicht finden, um uns Ballack abspenstig zu machen.« Plötzlich hatte der Bayern-Vorstand Kreide gefressen: »Ich sehe gar keinen Ansatz für einen Krach.«

Und alle fassen sich an den Händen und haben sich wieder lieb. Das Drehbuch des FC Hollywood, so scheint es, besteht aus ständigen Wiederholungen einiger elementarer Handlungsstränge. Das Vorbild ist offensichtlich »Gute Zeiten, schlechte Zeiten«. Da müssen die Mitglieder des FC-Bayern-Ensembles zu lange vor der Glotze gesessen haben. In der Serie küssen und schlagen sich auch alle. Erst das Drama des Streits und der Trennung, dann Versöhnung und Knutscherei. Und nach fünf Folgen kommt das Dakapo. Die hohen Einschaltquoten beweisen: Einfach gestrickte Plots finden eine riesige Anhängerschar. Das ist ganz im Sinne des FC Bayern München.

Effenberg: Hiebe und Liebe – von jedem eine große Portion

Die Rangeleien mit und um Ballack können nicht das Manko des Mittelfeldspielers verdecken: Die »Ecken und Kanten«, die Hoeneß zwecks besserer Vermarktung einfordert, fehlen dem Fußballer einfach. Nicht mal zu einer kleinen Sexaffäre reichte es bislang. Obwohl der Verein dafür genug Vorbilder bereitstellt. Da sehnen sich die Bayern-Manager nach Spielertypen wie einem Stefan Effenberg oder einem Lothar Matthäus zurück, die den Ruhm des FC Hollywood begründeten und für Furore in den Medien sorgten. Selbstverständlich – in alter Tradition – gewürzt mit jeder Menge Sex und Liebe. Aber auch Prügeleien gehörten zum Repertoire.

Stefan Effenberg beispielsweise kann nicht so leicht von seinem einstigen Münchner Verein lassen. Obwohl er in der Operettenliga von Katar im Nahen Osten vorübergehend als Spieler und Fußballentwicklungshelfer arbeitet, zwischen Kamelen, Wüstensand und Muezzin, erfreut er seine deutschen Anhänger mit regelmäßigen Kommentaren zum Zustand der Bundesliga und der Nationalmannschaft («zählt nicht zu den Top-Favoriten«) im Allgemeinen und des FC Bayern im Besonderen. Beim Streit in der Mannschaft etwa ruft er den Spielern aus der Ferne zu: »Das müssen sie sich ins Gedächtnis rufen: Es geht nur miteinander.« Das ist der alte Bayern-Kapitän Effenberg, wie ihn die Münchner lieben. Auch sonst bleibt er seinem Image als Provokateur und Querschläger treu: Ende 2003 musste er 100 000 Euro Strafe zahlen, weil er einen Polizisten »Arschloch« genannt hatte. Der hatte Effenberg in der Nähe von Braunschweig gestoppt, nachdem der Fußballer in einem Baustellenbereich zu schnell gefahren war. Effenbergs Darstellung, er habe nur »Schönen Abend noch« gewünscht, mochte das Amtsgericht Braunschweig nicht folgen.

Lange Jahre spielte der Kicker geradezu den Prototypen des FC-Hollywood-Rabauken, immer für ein paar Schlagzeilen gut, immer dafür zu haben, für den Münchner Club die Werbetrommel zu rühren. Dabei glich das Verhältnis von Effenberg und FC Bayern München eher einer rasanten Achterbahnfahrt und weniger einer stillen Romanze. Der gebürtige Hamburger, Jahrgang 1968, war schon als Knirps ein Fan des Münchner Vereins. Der Bub kaufte sich ein Bayern-Trikot mit der Rückennummer elf – der Nummer, die damals Karl-Heinz Rummenigge trug. Später, bei einem Besuch in der bayerischen Landeshauptstadt, als er das Olympiastadion besichtigte, erwarb der Teenie einen Satz Bettwäsche vom FC Bayern. »Ein Hamburger, der in Bayern-Bettwäsche schlafen wollte. Mein Bruder kriegte beinahe einen Anfall«, erinnert sich Effenberg. »Aber für mich war es das Größte überhaupt.«

Im März 1990 rief ihn Uli Hoeneß abends privat an. Effenberg spielte damals für Borussia Mönchengladbach: »Stefan, wir wollen dich gern verpflichten – du bist der richtige Mann für uns.« Das schmeichelte dem Profikicker: »Beim FC Bayern zu spielen war mein Traum, solange ich denken kann.« Bloß gab es ein Problem: Effenberg konnte nicht aus seinem Vertrag aussteigen. Der mit allen Wassern gewaschene Hoeneß riet zu einer Zermürbungstaktik – nicht gerade der Gentleman's Way. Effenberg rannte nun alle paar Tage in die Geschäftsstelle der Borussen und jammerte Manager Helmut Grashoff vor, wie unzufrieden er wäre. Schon damals zeigte er ein beträchtliches Schauspieltalent. Grashoff winkte ab: »Junge, geh mir nicht auf die Nerven!« Doch bei einer Ablösesumme von umgerechnet 2,2 Millionen Euro wurde der verschuldete Verein am Ende schwach. In einem Düsseldorfer Hotel unterschrieb Effenberg den Vertrag mit den Bayern. Die Laufzeit betrug vier Jahre, das monatliche Grundgehalt 5000 Euro plus Leistungsprämien – alles in allem summierte es sich auf 120 000 Euro im Jahr. Das ist im Vergleich zu heute ein Taschengeld.

Gleich bei seiner Ankunft in München lernt Effenberg den Verein als FC Hollywood kennen. »Während in Gladbach einmal in der Woche ein Journalist auf dem Hof stand, waren es beim FC Bayern täglich fünf, sechs, die alle ihre Geschichte brauchten.« Der aufstrebende Star lernt schnell, aber nicht schnell genug. »Es gehört viel mehr Show dazu, es muss Leben in die Bude«, beschreibt er seinen Job bei den Bayern, »die Fans wollen Typen und gute Unterhaltung.« Seine direkte, unverblümte Art und der Hang, gelegentlich auszurasten, reizen die anderen. Das Strahlemann-Image war schnell verwelkt. »Ein Stefan Effenberg als Bad Boy war immer eine Schlagzeile wert – das ist bis heute so«, meint der Spieler im Rückblick. »Ich redete, was mir gerade gefiel, und ich lehnte mich mitunter zu weit aus dem Fenster. Ich hatte eben eine große Schnauze.« Und wenn er über andere Bundesliga-Clubs Sätze ausspuckte wie »Die anderen sind zu blöd, um Meister zu werden«, dann war das die perfekte Vorlage für Nicht-Bayern, sich ein neues Hassobjekt zu wählen.

Innerhalb des FC Bayern liefen einige Dinge quer. So vermutete der Sportler, sein Mannschaftskollege Klaus Augenthaler habe es auf ihn abgesehen und das Gerücht verbreitet, Effenberg habe dem Trainer Jupp Heynckes im Übungslager in Nürnberg Prügel angedroht. Effenberg dementierte: »Mehr als einmal fetzten wir uns, aber verprügeln wollte ich ihn nie.« Auch die Mannschaft war alles andere als aus einem Block geschnitzt. Es erinnert fatal an die heutige Situation, wenn Effenberg erzählt: »Wir brachten unsere Leistung, wurden jedoch besonders von den Älteren nicht wirklich ins Team aufgenommen. Zu viele Grabenkämpfe. Nach Niederlagen stichelte jeder gegen jeden.« Eine zeitlose Zustandsbeschreibung des FC Bayern München. Genauso wie die Fixierung der FC-Bayern-Athleten aufs Finanzielle. »In München gibt es 16 Spieler, die sind gleich gut, alle wollen spielen und die Prämien kassieren«, sagt Effenberg. »Ich spiele wie alle anderen in erster Linie Fußball, um Geld zu verdienen. Was zählt, ist die Kohle, klarer Fall. Also kann derjenige, der meine Position haben will, nicht mein Freund sein. Denn der will an mein Geld, folglich muss ich mich wehren.« Geld regiert die Welt – das gilt auch für das begrenzte Universum des FC Bayern München.

Effenbergs erstes Gastspiel an der Säbener Straße, sportlich nicht sonderlich erfolgreich, endet 1992. Er wechselt nach Italien zu Florenz, kommt im Jahr 1994 zurück zu seiner ersten Wirkungsstätte bei Gladbach. Im selben Jahr macht er sich in der Fußballgeschichte unsterblich. Bei einem Weltmeisterschaftsspiel in den USA zeigt er dem Publikum den Stinkefinger. Der damalige Bundestrainer Berti Vogts schickt ihn daraufhin nach Hause. Das Bild des pöbelnden, arroganten Kickers ist geboren. Das schreckt die Manager eines gewissen Münchner Clubs wenig – im Gegenteil. 1998 rufen Hoeneß und Hitzfeld an: »Junge, komm zum FC Bayern München.« Wieder trifft sich der Spieler in einem Düsseldorfer Hotel mit Hoeneß und Rummenigge. Dann ist alles klar. Der Vertrag läuft drei Jahre. Effenberg ist zurück in seiner Traumstadt München. Und legt gleich so los, wie es die Manager vom einem Showstar erwarten. Kaum ein paar Wochen im Dienst, erwischt nämlich eine Polizeistreife den Spieler nach einer Feier im Hofbräuhaus am Steuer seines Wagens. Die Alkoholprobe ergibt 1,07 Promille. Der Führerschein ist weg. Der Blondschopf wischt den Vorfall beiseite: »Tagtäglich werden Leute erwischt, die zu viel getankt haben.« Das Medienecho ist gewaltig und überdeckt tagelang den sportlichen Part des FC Bayern. Aber das sind die Leser ja gewohnt.

Ein weiteres Medienhighlight liefert Effenberg während des Oktoberfests 2000. Nachdem die Bierzelte geschlossen haben, zieht der bereits angestochene Kicker mit seinen Kumpels in die Diskothek P1 weiter. Dort kommt es zu einem Vorfall, den die Zeitungen mit der Schlagzeile »Effenberg hat Frau geschlagen!« ausschlachten. Für die nächsten Wochen bleibt dies *das* Gesprächsthema der Fußballwelt. Effenberg behauptet, die Diskobesucherin habe ihm ein Glas Champagner ins Gesicht geschüttet. Daraufhin, so seine Aussage, »habe ich die Frau wahrscheinlich mit meinen Händen gestreift, während ich sie hochriss«. Mehrere Zeugen sprechen dagegen von einem Schlag. Das ist nun nicht gerade die Publicity, die die Bayern-Manager wünschen. Effenberg muss im Restaurant Käfer antanzen, vor ein Tribunal von Vizepräsident Fritz

Scherer, Hitzfeld und Hoeneß. Die sind misstrauisch und fordern Aufklärung. Der exzentrische Spieler tobt: »Entweder ihr glaubt mir, oder ich habe irgendwann wirklich die Schnauze voll von diesem ganzen Mist. Diese Lügerei geht mir total auf den Sack.« Effenberg muss 10 000 Mark Geldstrafe in die vereinsinterne Kasse zahlen. Das ist noch der harmlose Teil. Die Frau erstattet Anzeige. Der Strafantrag beläuft sich auf 400 000 Mark. Schließlich einigt sich der Anwalt des Spielers mit der Gegenseite auf einen Vergleich. Effenberg zahlt 147 000 Mark, der Strafantrag wird zurückgezogen. Die Frau erhält 22 000 Mark Schmerzensgeld.

Die Vereinsoberen halten ihren Pressefrontmann zu fast allem fähig. Nach der Affäre Daum und dessen Kokainkonsum sind die Manager des FC Bayern sichtlich angeschlagen und nervös. Durch Hitzfeld bitten sie Effenberg im Wintertrainingslager 2001 in Spanien zum peinlichen Verhör in die Hotelsuite. »Pass auf, Stefan«, beginnt Hoeneß, »es gibt da ein paar Gerüchte in München. Unangenehme Gerüchte. Es heißt, du sollst Drogen nehmen.« Effenberg glaubt zuerst an einen Witz – die eigenen Vorgesetzten, die ungeprüft jede Latrinenparole als Wahrheit nehmen. Das zeigt, wie selbst bei den scheinbar so souveränen Bayern-Managern die Nerven blank liegen. Keine Spur von Vertrauen in die Spieler. »Wir würden gern einen Haartest machen«, sagt Hoeneß. Effenberg muss zum Haartest. Aber die Hysterie ist grundlos – der Befund zeigt keine Spur von Drogenmissbrauch.

Eine mehrmonatige Verletzungspause Effenbergs läutete schließlich das Finale ein. Die Zeitungen fragten: »Brauchen die den Effenberg überhaupt noch?« Als der Kicker nach Monaten wieder ein Spiel in Bremen mitmachte, verloren die Bayern 0:1. Das heizte die Diskussion weiter an – in der Öffentlichkeit und im Verein. »Ein richtiges Affentheater begann«, berichtet Effenberg über diese Zeit und fügt frustriert hinzu: »Ich weiß schon lange, dass es so etwas wie Dankbarkeit im Fußball nicht gibt. Jeder Spieler sieht auf sich, und die Erfolge von gestern zählen heute nichts mehr.« Es zeichnete sich ab, dass der Vertrag des Kapitäns nicht verlängert werden würde. Der Abschied drohte. Besonders Rummenigge stellte im Hintergrund die Weichen. »Killer-Kalle, wie er bei uns Spielern hieß, war dafür bekannt, dass er einem selten die Meinung offen ins Gesicht sagte, sondern oft nur hintenrum andern erzählte, was er von einem hielt«, ärgert sich Effenberg noch heute.

Vor seinem Weggang bereicherte Effenberg aber noch die Tradition des FC Bayern als Club L'Amour um eine besonders schlagzeilenträchtige Variante. Wieder geht es um den klassischen Konflikt Ehefrau contra Geliebte. Die Ingredienzien garantieren monatelange Medienpräsenz des Münchner Vereins. Seine langjährige Ehefrau Martina hatte der Fußballer im März 1989 kennen gelernt. Der 21 Jahre alte Jungprofi heiratete seine Liebe im Dezember desselben Jahres in Mönchengladbach. Martina brachte ihre Tochter Nastassja mit in die Ehe. Im Juni 1990 kam Sohn Etienne Noel zur Welt. Es folgte die gemeinsame Tochter Ann-Kathrin. Martina regelte bald alle geschäftlichen Dinge ihres Mannes.

Als seine Frau im Frühjahr 2002 für den geplanten Umzug nach Amerika in Florida unterwegs ist, trifft sich Effenberg mit Claudia Strunz. Sie ist die Gattin seines Mannschaftskameraden Thomas Strunz. Claudia hatte Thomas erst ein Jahr zuvor geheiratet. Martina und Claudia kennen sich durch ihre Kontakte beim FC Bayern. Claudia, ein Fotomodel, wohnt in Köln und reist regelmäßig beruflich nach München. Zwischen ihr und Effenberg funkt es. Sie treffen sich regelmäßig heimlich in Hotels. Stefan schenkt Claudia ein Lederband mit Herz als Glücksbringer, trägt selbst ein Lederband mit Kreuz. Das Turteln geht über Wochen. Effenberg schickt seiner Angebeteten eine SMS aufs Handy: »Es war eine tolle Nacht. Es war wunderschön. Die ganze Zeit starre ich die Tüte mit deinem Gesicht an. So habe ich dich wenigstens ein bisschen bei mir. Stefan.« Dumm nur, dass der gehörnte Ehemann Thomas Verdacht schöpft, das Handy seiner Frau kontrolliert und auf die verräterische Liebesnachricht stößt. Strunz ruft Effenberg an: »Du Schwein hast mir meine Frau geklaut. Wenn du noch mal anrufst, passiert was!«

Effenberg gesteht seiner Frau die Beziehung. Die Ehe mit Martina liegt in Scherben. Frau Effenberg zieht nach Florida, Herr Effenberg lässt seine Möbel aus der Münchner Wohnung von einer Spedition einlagern. Die Affäre droht bekannt zu werden. Da greift der Sportler auf seine jahrelange Medienschulung beim FC Bayern zurück und organisiert ein Fernsehinterview, in dem er seine neue Leidenschaft Claudia bekannt gibt. Im Januar 2003 lässt Martina Effenberg ihrem Mann, der mit Claudia in Florida Urlaub macht, von einem Sheriff den Scheidungsantrag zustellen. Im Februar unterschreibt der Sportler die Dokumente. Das Kapitel Martina ist abgeschlossen. Effenberg zelebriert Hollywoodauftritte ganz im Stil des FC Bayern. In einem Buch breitet er Interna aus, erotische Fotos von ihm und Claudia erscheinen in vielen Medien. The Show must go on. Aber die Bayern wären nicht die Bayern, meldete sich nicht Uli Hoeneß zu Wort. »Ich hoffe, dass der Stefan genug Geld hat, um sie ewig mitfinanzieren zu können. Zuerst schmiss sie sich dem verheirateten Strunz an den Hals. Als dann das Geld ein bisschen weniger wurde, ging sie zu Stefan Effenberg.« Das sind wirklich von Herzen kommende Glückwünsche des Bayern-Vorstands an das neue Paar. Von solchen Gemeinheiten hat Hoeneß noch mehr auf Lager. Kostprobe: »Ein Münchner Koch hat für die Familie die Weihnachtsgans vorbereitet. Als er sie dann geliefert hat, hat er gefragt: ›Frau Strunz, soll ich Ihnen erklären, wie die Gans jetzt fertig zubereitet wird?‹ Da hat sie geantwortet: ›Nicht mir – ihm!‹«

Bei solchen Liebesbeweisen des Uli Hoeneß wundert es

kaum, dass Effenbergs Zeit beim Verein abläuft. Den idealen Vorwand für die Trennung liefert stilgerecht ein Interview, das Effenberg im Frühjahr 2003 dem *Playboy* gibt. Darin fordert der Bayern-Kicker, Menschen, die faul und arbeitslos sind, die Unterstützung zu kürzen. Der Eklat ist da. Die Medien stürzen sich darauf: ein Fußballmillionär, der Arbeitslosen gute Ratschläge geben will und keine Ahnung vom Thema hat. Prompt nimmt Hitzfeld ihn aus dem Spiel. Effenberg tritt bis zu seinem Abschied nicht mehr auf dem Rasen an. Die Feigheit der Vereinsoberen enttäuscht selbst den Medienprofi: »In dieser Situation hätte mir mehr Unterstützung gut getan, stattdessen gab es Distanz und eine Suspendierung.«

Matthäus: »Loddar« und der Krieg gegen die Vereinsmanager

Die schlagzeilenträchtigen privaten Dribblings des Stefan Effenberg wurden allenfalls von *einem* Teamkollegen übertroffen: Lothar Matthäus. Wie zwei Gegenspieler in demselben Stück bestritten sie ihre Aufführungen zum höheren Ruhme des FC Bayern. Dabei steht »Loddar« seinem Gegenüber an Unterhaltungswert keineswegs nach. Effenberg hatte schnell seinen Lieblingsfeind gefunden. »Er war ein absoluter Experte darin, überall seine Klappe aufzureißen«, erklärt Effenberg im Rückblick. »In München war er dafür bekannt, dass er beste Kontakte zu den Zeitungen hatte, besonders zu einem Journalisten. Sie hatten wohl nicht gerade ein Liebesverhältnis, aber irgendetwas kurz davor. Aber nachweisen, dass Lothar unsere undichte Stelle war, konnte ihm aus der Mannschaft niemand.« Gemeint ist Matthäus' Publikation »Mein Tagebuch«, in der ein Kessel Buntes aus dem Privatleben und dem Innenleben des Clubs zu finden war. Ansonsten findet Effenberg für seinen Konkurrenten nur

Attribute wie »Pantoffelheld«, »echter Verpisser« oder »Lautsprecher«.

Dabei zeigte Matthäus erst jüngst, dass er in Sachen Amouren seinen Kontrapart Effenberg gar noch überholt hat. Lothar heiratete im zarten Mannesalter von 42 Jahren die zehn Jahre jüngere Serbin Marianna Kostic. Die Blitzhochzeit nach nur vier Monaten fand in Belgrad statt. Dort trainierte Matthäus den Verein Partizan Belgrad. Lothar hatte die blonde Frau in einem Restaurant in der Stadt gesehen: »Wir unterhielten uns. Ich fand sie irre attraktiv. Sie gab mir ihre Handynummer. So fing es an.« Das ist Futter für die Boulevardpresse. »Wir sind füreinander geschaffen. Es war Liebe auf den ersten Blick. Ich bin sicher, ich habe jetzt die Frau fürs Leben. Marianna spricht vier Sprachen. Wir unterhalten uns auf Englisch.« Seiner Verbundenheit zu seiner alten Fußballheimat wegen feierte er Anfang 2004 nochmals – offiziell und öffentlich – in München. Mit seiner dritten Ehe und vierten Langzeitbeziehung hat sich Matthäus auch noch auf diesem Gebiet den Titel des Ausnahmespielers beim FC Bayern München geholt.

Die Titel- und Rekordsammlung des Athleten ist legendär: 1990 und 1991 Weltfußballer des Jahres, 1990 Europas Fußballer des Jahres, 1990 und 1999 Deutschlands Fußballer des Jahres, 464 Bundesliga-Spiele, davon 302 für die Münchner. Dazu gehen, bislang unerreicht, 146 Länderspiele auf sein Konto. Er nahm an fünf Weltmeisterschaften und drei Europameisterschaften teil, holte, bis auf die Champions League, alle Meistertitel. Der gelernte Raumausstatter, Jahrgang 1961, startete sein Fußballerleben beim fränkischen FC Herzogenaurach. Im Jahr 1979 wechselte Matthäus in die Bundesliga zu Borussia Mönchengladbach. Das erste Mal dockte er 1984 beim FC Bayern an. Vier Jahre später wechselte er zu Inter Mailand. Zur Saison 1992/93 kehrte der verlorene Sohn nach München zurück. Amtszeit Nummer zwei begann – ähnlich wie bei

Effenberg. Sie war begleitet von vielen Auseinandersetzungen, vor allem mit Matthäus' Intimfeind Jürgen Klinsmann, und endete im Frühjahr 2000. Zumindest formell. Das Hickhack mit dem Verein reichte jedoch bis weit ins Jahr 2003.

Genauso legendär wie die sportlichen Erfolge sind die rhetorischen Glanzleistungen des Loddar, die in den Annalen des Clubs einen festen Platz einnehmen. Die besten Bonmots sind längst Klassiker und machen selbst Harald Schmidt Konkurrenz. Beispiele: »Außer, dass wir schlecht gespielt haben, hat alles gestimmt.« – »Schiedsrichter kommt für mich nicht infrage, schon eher etwas, was mit Fußball zu tun hat.« – »Wir sind eine gut intrigierte Truppe.« – »Ein Lothar Matthäus lässt sich nicht von seinem Körper besiegen, ein Lothar Matthäus entscheidet selbst über sein Schicksal.« – »Wir dürfen jetzt nicht den Sand in den Kopf stecken.« – »Ein Wort gab das andere – wir hatten uns nichts zu sagen.« – »Ich hab gleich gemerkt, das ist ein Druckschmerz, wenn man drauf drückt.« – »Jeder, der mich kennt und der mich reden gehört hat, weiß genau, dass ich bald Englisch in sechs oder auch schon in vier Wochen so gut spreche und Interviews geben kann, die jeder Deutsche versteht.« Bei solch überbordendem Entertainertalent ist es verständlich, dass Matthäus zum Liebling der Medien avancierte. Der weiß, was er seinem Verein schuldig ist: »Hollywood gehört seit 25 Jahren zum FC Bayern, das wird sich nicht von heute auf morgen ändern.«

Seinen Beitrag leistet der Kicker hingebungsvoll. Vor allem auf dem Gebiet von Liebe und Sex lässt er den Club und das Publikum an allen Höhen und Tiefen teilhaben. Seine erste Flamme ist Silvia Götzfried. Mit ihr ist Lothar elf Jahre verheiratet. Aus der Ehe gehen zwei Kinder hervor. 1992 lässt sich das Traumpaar scheiden. Seine Kriterien für die Frauenwahl beschreibt er einmal so: »Ich bin kein Typ für One-night-Stands. Ich möchte eine Frau erobern und nicht nur abschleppen. Ich achte auf die Optik. Das ist wie bei einem Schaufenster. Wenn die Auslage nicht schön ist, geht man weiter.« Das trifft auch auf Matthäus' nächste Leidenschaft zu: Lolita Morena. Die Italo-Schweizerin macht mit eigenen Fernsehshows von sich reden. Die beiden haben einen gemeinsamen Sohn und gehen seit dem Jahr 1999 getrennte Wege. Matthäus: »Lolita ist meine beste Freundin.«

Wie Effenberg fängt Lothar danach eine Affäre an, wie sie für den Münchner Verein typisch ist. Er liiert sich mit Maren Müller-Wohlfahrt, der Tochter des FC-Bayern-Arztes Hans-Wilhelm Müller-Wohlfahrt. Das entwickelt sich zu einem schwierigen Verhältnis. Zwar gibt es keinen eifersüchtigen Ehemann und Fußballkollegen. Dafür aber einen bestimmenden Vater und aktiven Medizinbetreuer. Der Senior kann sich Loddar nicht als Schwiegersohn vorstellen, hält nichts von der Freundschaft, redet auf seine Tochter ein. »Die Beziehung zu Maren ist daran gescheitert, dass ihr Vater eine sehr wichtige Rolle in ihrem Leben spielen wollte und deswegen gegen mich intrigiert hat«, beschreibt Matthäus das Zusammensein mit Maren. »Wenn meine Partnerin sich gegen solche massive Einflussnahme nicht wehren kann, hat die Beziehung keine Zukunft. Wenn ich gewusst hätte, welchen Einfluss ihr Umfeld auf sie hat, hätte ich lieber nichts mit ihr angefangen.« Der Sportler hält die Beziehung fünf Jahre durch. Die ersten beiden Jahre müssen die Verliebten ihr Verhältnis sogar vor den Eltern verbergen. Im Jahr 2001 ist es für immer vorbei. »Maren war bis zum Schluss sehr stark von ihrem Vater abhängig«, sagt Matthäus. »Ich würde fast sagen, dass das Verhältnis zwischen Vater und Tochter Züge einer Liebesbeziehung hatte.« Solch öffentliches Nachtreten bietet dem Publikum eine volle Dosis Klatsch und Tratsch und unterstreicht Matthäus' Begabung für starke Sprüche.

Der Spieler steigert sich sogar noch. Seinen früheren

Arbeitgeber Bayern München bereicherte Lothar Matthäus im Frühsommer 2003 mit einer besonders originellen Variante des Dauerbrenners FC Hollywood: einem Frontalangriff, der sich schnell zu einer medienwirksamen Schlammschlacht entwickelt, bei der alle Akteure ihre Meisterschaft unter Beweis stellen. Der Konflikt schaukelt sich bis zum Justizverfahren hoch. Die allmächtigen Bayern-Bosse von einem ehemaligen Angestellten vor Gericht gezerrt – das ist ein bisher nicht da gewesener Affront. Und wieder mal geht´s um das liebe Geld, genauer: um eine halbe Million Mark. Der Rahmen dafür könnte aus den Kulissen des »Königlich Bayerischen Amtsgerichts« geschnitzt sein: Als Bonbon für den langjährigen Bayern-Star organisiert der Verein kurz nach dessen finalem Servus das obligatorische Benefizspiel zugunsten Bedürftiger. Der heißt in diesem Fall Lothar Matthäus. Eigentlich wollte der Kicker zwei Veranstaltungen. Der DFB habe ihm nämlich ebenfalls ein Match zugesichert. Dann aber verzichtete der Millionenkicker gönnerhaft: »Zwei Abschiedsspiele sehen geldgierig aus.« Die Partie am 26. Mai 2000, Deutschland gegen den FC Bayern, mit Gaststar Diego Maradona im Olympiastadion endete 1:1.

Welche Summen bei solchen Abschiedsspielen über den Tisch gehen, zeigen die Gerichtsdokumente. Danach betrugen die Einnahmen 9,5 Millionen Mark. Davon erhielt der Sportpensionär Lothar nach Berechnungen des Vereins 3,9 Millionen – von einer solchen Zusatzrente können die meisten Deutschen nur träumen. Die Differenz, so die Vereinsmanager, sei für Unkosten und Steuern draufgegangen. Das bezweifelte Matthäus und forderte gerichtliche Akteneinsicht.

Wie immer bei solchen Diadochenkämpfen gibt es eine Vorgeschichte. Als Matthäus Ende 2002 wieder einmal sein Mundwerk nicht bremsen kann und über die mangelhaften Leistungen der Bayern-Equipe lästert, schlägt Uli Hoeneß via Fernsehen zurück – das ist bekanntlich seine Spezialität. »Solange Rummenigge und ich bei Bayern etwas zu sagen haben, wird Matthäus nicht einmal Greenkeeper in unserem neuen Stadion.« Die Replik ist nicht von schlechten Eltern. Matthäus reagiert sauer. Er legt seine Ehrenmitgliedschaft beim Verein »auf Grund der verbalen Attacken des Managers vom FC Bayern« nieder. Seine Abschiedsgeschenke, unter anderem eine Uhr, schickt der beleidigte Exkicker an die Geschäftsstelle in der Säbener Straße. »Ich lasse mich nicht von Uli Hoeneß in aller Öffentlichkeit beleidigen und lasse mir nicht den Namen kaputtmachen«, schimpft Matthäus. »Gerade wegen meiner Verdienste gegenüber dem FC Bayern muss ich mir das in dieser Form nicht gefallen lassen.« Gong. Ende der Runde eins.

Runde zwei läutet eben die Klage des Enttäuschten ein, aktenkundig unter der Kennziffer AZ 12/0/23094/02. Wieder entrüstet sich Hoeneß über die Majestätsbeleidung: »Noch hat er die Möglichkeit zu verhindern, dass der Prozess stattfindet. Wir möchten Lothar die Möglichkeit geben, den größten Fehler seines Lebens zu verhindern. Wir sind hier alle völlig fassungslos.« In Runde drei bietet Rummenigge freiwillig die Akteneinsicht an. »Dann kann er entscheiden, ob er den Prozess damit beendet oder weiterführt.« Der Vorstandsvorsitzende lockt und peitscht. Er »kann sich ein normales Verhältnis vorstellen«, wenn Matthäus alles stoppt. Andernfalls gebe es ewigen Liebesentzug. Schließlich könne der Verein nicht den Eindruck stehen lassen, »als wenn wir beschissen hätten«. Runde vier geht an Matthäus. Er setzt das Verfahren vorübergehend aus – aber nicht lange.

Nachdem die bloßen Fäuste nicht reichen, holt Hoeneß mit dem Knüppel aus und unterbindet jedes Friedensangebot: »Es kann nicht sein, dass wir uns auf einen Vergleich einigen wollen. Ein Gespräch kann nur so aussehen: Er sagt, dass er einen Fehler gemacht hat. Dann ist die Sache erledigt.« Das nennt man Aufforderung zur bedingungslosen Kapitulation. Der Bayern-Manager kann sich gar nicht einkriegen über die Anmaßung des ehemaligen Kapitäns. Der will tatsächlich in die heilige Kasse des Clubs greifen – da hört der Spaß auf. »Anstatt sich bei uns mit einer fünfseitigen Zeitungsanzeige zu bedanken, weil wir dafür gesorgt hatten, dass er 3,9 Millionen Mark netto erhielt statt die Hälfte, verklagt er uns nun. Ich weiß nicht, was ihn treibt. Es ist, als greife er mit einem Luftgewehr fünf Panzer an.«

Der Prozess ist für den 24. Juli 2003 angesetzt. Der frühere Bayern-Libero erklärt kurz davor, ihm gehe es nicht ums Geld, »das wird falsch hingestellt, und das macht der Uli. Das ist seine Masche. Vor Gericht aber kann er nichts mehr sagen, was nicht der Wahrheit entspricht. Deswegen freue ich mich auf den Termin.« Der Ex-Bayern-Trainer Udo Lattek warnt den Kicker: »Wer sich mit dem FC Bayern anlegt, ist zweiter Sieger. Bayern hat eine Riesenmacht und kann Leute vernichten.« Hoeneß warnt in Rambo-Manier auch gleich noch den zuständigen Richter: »Wenn der FC Bayern in diesem Fall auch nur zehn Cent bezahlen muss, dann zweifle ich an der Legitimität der deutschen Justiz.« In der bayerischen Übersetzung lautet die Unverfrorenheit so: Wenn der Verein verurteilt wird, ist das Rechtssystem falsch. Dann müssen die Gesetze neu geschrieben werden – zu einer Lex FC Bayern.

Nach den monatelangen öffentlichen Gefechten freut sich das Publikum auf das Finale. 25 Fotografen, 20 Journalisten und zehn Kamerateams vom Fernsehen balgen sich im Sitzungssaal 28 im Landgericht München I um die besten Plätze. Matthäus steht wie in besten Zeiten wieder im Scheinwerferlicht – schon allein das war den ganzen Zirkus wert! Nachdem der Richter in der Verhandlung viel heiße Luft abgelassen hat, bleiben lächerliche 7500 Euro übrig. Die streitenden Parteien einigen sich auf einen Vergleich. Der FC Bayern zahlt die Summe – trotz gegenteiliger Ankündigungen von Hoeneß. Die publikumswirksame Gratiswerbung für den FC Hollywood war diese Summe sicherlich wert.

Wie in jedem Komödienstadl gehen die Hauptpersonen nicht ohne Happyend von der Bühne. Der Tonfall schaltet zügig von schrill auf moderat. Die Zuschauer, denen noch das Geifern in den Ohren klingt, stellen sich auf die veränderte Situation ein: »Vor Gericht war ich wie von Sinnen«, zeigt Büßer Matthäus die nötige Demutshaltung, um sich seinem Club wieder zu nähern, »dieses Gefeilsche war Kinderkram.« Kontrahent Rummenigge stimmt den Blues an. »Einsicht ist der erste Weg zur Besserung. Wenn die Wunden verheilt sind, kann man darüber reden«, sagt der Vorstandsvorsitzende salbungsvoll und verkündet das Schlusswort wie der Prediger in der Kirche: »Kommt Zeit, kommt Rat.« Der Vorhang fällt. Applaus für die gelungene Aufführung.

Und die anderen Aktiven? Nun, viele versuchen es den großen Vorbildern des FC Bayern nachzumachen und ordentlich was fürs eigene Image zu tun. Beispielsweise Martin Demichelis, genannt Micho, der neue Abwehrstar aus Argentinien. Er erklärte kurz nach seiner Ankunft in Deutschland jedem, der es hören wollte oder nicht, dass er sich besonders auf das Autofahren hierzulande freue und ein Steak den Weißwürsten vorziehe. Roque Santa Crúz freut sich auf seinen jüngsten Nachwuchs und sagt: »Ich möchte mindestens noch drei Kinder.« Und Sammy Kuffour probiert etwas Ähnliches und hält den Fotografen sein Baby vor die Linse. »Irgendwie sieht er bisschen wie Zidane aus«, meint der Vater voller Hingabe, »aber ganz klar, dass er Abwehrspieler wird wie ich.« Und so weiter, und so weiter.

Bloß machen die Beispiele klar: Das reicht heute im Mediengeschäft längst nicht mehr. Wer Kultstatus erreichen will, muss sich anstrengen. Dazu gehören eine Portion Selbstentblößung, ein paar Skandale und Affären. Freunde unter den Journalisten helfen auf jeden Fall. Und viele wirklich gute Auftritte. Dieter Bohlen hat da die Messlatte hoch gelegt. Aber das Seniorteam des Münchner Ensembles – Beckenbauer, Hoeneß und Rummenigge – schlägt ihn allemal. Genauso, wie die alten Recken auch in der Kunst der Intrige und der internen Grabenkämpfe geschult sind. Die fechten die Beteiligten am liebsten hinter den Kulissen aus. Die Geschichte des FC Bayern zeigt, mit welcher Inbrunst sich die Clubmanager diesen Themen widmen.

3 MACHTKAMPF AN DER SPITZE

Neben der Glitzerwelt der Fußballstars im Scheinwerferlicht gibt es eine eher verborgene Seite des FC Bayern München: die ständigen Reibereien und Auseinandersetzungen innerhalb der Führungsclique des Vereins. Mal wirkt es wie Fingerhakeln, mal wie zehn Runden im Boxring. Die Beteiligten versuchen die Vorgänge im Dunkeln zu halten. Das gelingt nicht immer – dafür sorgen die Mechanismen des FC Hollywood. Meist geht es dabei um Geld, Macht und Einfluss. Nie sind die Scharmützel ein Dauerzustand. Wenn die Kombattanten ihre blutigen Nasen verbunden haben, verziehen sie sich eine Weile beleidigt in ihre Ecke. Dann schütteln sie sich wieder die Hand und setzen sich gemeinsam an den Tisch, um Schafkopf zu spielen.

Die Frage, wer seinen Kopf am Ende durchsetzt, ist elementar für den Verein. Das bestimmt den Kurs des FC Bayern: Welche Spieler kauft oder verkauft man, welche Werbepartner holt man mit ins Boot, wofür gibt man Geld aus? Hier schälen sich drei routinierte Kämpfer heraus: Vorstandsvorsitzender Rummenigge, sein Stellvertreter Hoeneß und Präsident Beckenbauer. Alle anderen sind Staffage oder Opfer.

Oft bricht die demonstrativ zur Schau gestellte Einigkeit der drei Bayern-Granden beim ersten Anlass auseinander. Wie beispielsweise bei der Negativserie der Kicker im Herbst vergangenen Jahres. Erst in der Champions-League ein 0:0 gegen Celtic Glasgow; der FC Bayern landete auf dem letzten Platz seiner Gruppe. Da jubelte Hoeneß, als ob er persönlich gerade ins Finale der Weltmeisterschaft gekommen wäre: »Das ist der Beginn einer Serie! Wir gehören auf Platz eins!« Dabei hatten die Fußballstars bis dato nur eins von fünf Spielen gewonnen, nämlich das Heimspiel gegen Celtic Glasgow zu Beginn der Champions League. Das entschied Makaay vier Minuten vor dem Abpfiff mit einer Flanke zum 2:1. Ganz dicke kam es beim Bundesliga-Treffen mit dem Tabellenletzten 1. FC Köln vor heimischer Kulisse im Olympiastadion. Schon beim 1:1-Pausenstand meinte ein schlecht gelaunter Präsident Beckenbauer: »Ein Heimspiel gegen Köln musst du einfach gewinnen – da gibt es kein Wenn und Aber.« Und nach dem 2:2-Endstand stand dem Kaiser der Zorn ins Gesicht geschrieben. Zuerst versuchte er es mit Sarkasmus: »Wir müssen alle mal wieder in die Kirche gehen.« Dann ging er massiv Manager Hoeneß und dessen Gerede vom »Befreiungsschlag« an: »Das ist alles nur Augenwischerei!« Der Eklat war da. Beckenbauers Wut über die großen Sprüche war berechtigt. Die Kicker lieferten eine schwache Leistung ab. Trainer Hitzfeld: »Wir haben uns blamiert.« Später versuchte Hoeneß abzuwiegeln. Der Franz habe das ganz anders gemeint. »Er wird jetzt benutzt, um Keile bei uns reinzutreiben.«

Aber die steckten längst im Fleisch. Im Sommer 2003 etwa hatte Beckenbauer wegen der internen Reibereien lamentiert: »Ich bin schon ein bisschen amtsmüde. Es macht keinen richtigen Spaß mehr.« Und weil er gerade am Austeilen war, beschwerte er sich über die »Unbeherrschtheit« im zwischenmenschlichen Umgang mit Hoeneß und Rummenigge. Die gegenseitigen Vorwürfe seien »unnötig wie ein Kropf« gewesen. Die AG-Vorstände ließen ihren Präsidenten bei wichtigen Entscheidungen außen vor. »Man fühlt sich überflüssig«, sagte Beckenbauer. »Das Tagesgeschäft läuft an mir vorbei.« An anderen Tagen war der Präsident ganz der Alte und zog wieder gegen die Bayern-Vorstände vom Leder – wenn er etwa Spielerkäufe kritisierte oder den Tatbestand aufspießte, dass zu wenig für den Nachwuchs getan werde. Im Fall Matthäus, der sein Gerichtsverfahren gegen den FC Bayern betrieb, setzte sich Beckenbauer intern für eine gütliche Einigung ein. Doch davon wollten die Bosse der Aktiengesellschaft nichts wissen. Hoeneß skizzierte die Differenzen zu Beckenbauer: »Ich weiß oft nicht, was er denkt und fühlt. Und umgekehrt. Wir leben in verschiedenen Welten. Manchmal habe ich das Gefühl, er entwickelt eine innere Distanz zum Verein.«

Rebellion und Intrigen – die Konstante in der Bayern-Historie

Die Animositäten und die Lust an Streit und Duell sind beim FC Bayern offenbar genetisch bedingt. Zumindest trifft das für die Vereinsoberen zu. Das zeigte sich schon früh. Sucht man genauer nach den Wurzeln und Erklärungen für das heutige Verhalten, stößt man auf die 70er Jahre. Jenes Jahrzehnt war in mehrfacher Hinsicht die bis heute prägende Periode des FC Bayern, der Club selbst spricht von den »goldenen Jahren«. Auf sportlichem Feld war der Club nie so erfolgreich wie damals: Er holte als erster deutscher Verein im Jahr 1974 den begehrten Europacup der Landesmeister, ebenso wie in den beiden folgenden Jahren. In der Phase 1971/72 bis 1973/74 gewannen die Bayern dreimal hintereinander die Deutsche Meisterschaft, 1971 zudem den DFB-Pokal und im Jahr 1976 den Weltpokal. Dazu ist eigentlich noch der Titel der Weltmeisterschaft der Deutschen im Jahr 1974 zu zählen. Im Endspiel in München gegen Holland spielten nämlich sechs Bayern-Kicker auf dem Platz: Sepp Maier, Georg

»Katsche« Schwarzenbeck, Paul Breitner, Gerd Müller, Uli Hoeneß und Franz Beckenbauer. Die Nationalmannschaft als verkleinerte Ausgabe der Bayern-Equipe. Zum 2:1-Sieg steuerte Breitner ein Elfmetertor bei und Müller versenkte den Ball mit einem Drehschuss zum Endstand. Diese Spielerpersönlichkeiten, gemeinsam mit Kollegen wie Karl-Heinz Rummenigge, prägten in den 70ern auch den Verein und verschafften dem Club einen bislang nie da gewesenen Bekanntheitsgrad über die Grenzen Deutschlands hinaus, von dem der FC Bayern bis heute profitiert. Später meint der Clubmanager Hoeneß über diese Zeit: »Wenn ich bei einem Auswärtsspiel sehe, dass die Hälfte der Zuschauer bei Toren des FC Bayern jubelt, dann steht für mich fest: Die Basis dafür wurde mit den Europacupsiegen in den 70ern gelegt. Ohne internationale Erfolge und ohne Tradition kein aktuelles Merchandising.«

Damals fand das Trio Beckenbauer, Hoeneß und Rummenigge zusammen, das sich im Lauf der Jahre immer wieder zu Fehden hinreißen ließ. Die 70er prägten deren entscheidende Zeit als aktive Spieler. Das zeigte sich schon äußerlich: Ganz im Stil der Zeit liefen die drei Twens mit langen Haaren herum, trugen Schlaghosen, besuchten ausgiebig Diskotheken – eine Spaßgesellschaft im Kleinen. Auch das lose Mundwerk war ihnen zu Eigen. Und die Lust, sich aufmüpfig zu gebärden, bei den Oberen anzuecken, eine kleine Revolution anzufachen. Hoeneß im Rückblick: »Wir waren natürlich auch ein Teil dieser 68er-Generation, die sich gegen das Establishment auflehnte – und gegen verkrustete Strukturen im Verein.« Bis heute kokettiert Hoeneß mit seiner Rollenbeschreibung als »Abteilung Attacke«. Die Geisteshaltung der Auflehnung, des Sich-nichts-gefallen-Lassens löste in den 70ern tatsächlich den wichtigsten Umsturz in der Geschichte des FC Bayern aus – mit weit reichenden Konsequenzen für Hoeneß, Beckenbauer und Rummenigge.

Alles begann mit den Vorbereitungen zur Weltmeisterschaft 1974. Die Profis treffen sich im holsteinischen Trainingslager in Malente. Bundestrainer Helmut Schön und die Funktionäre des Deutschen Fußball-Bundes bestehen auf hartem Drill. Was sie darunter verstehen, spüren die Spieler schnell am eigenen Leib. Zwei Mann müssen sich ein Zimmer teilen. Bettruhe ist um 22.30 Uhr. Zur Zerstreuung am Abend dienen Tipp-Kick-Spiele, zwei Tischtennisplatten und Flipperautomaten. Was noch schlimmer ist: Sieben Wochen lang herrscht Ausgangssperre. Ehefrauen, Freundinnen, Sex – verboten. Die Kicker werden unruhig. Sepp Maier und Uli Hoeneß setzen sich einfach über die Regeln hinweg und hauen in der Nacht heimlich ab. Zur schlechten Stimmung trägt bei, dass Geschichten die Runde machen, nach denen der brasilianische Fußballverband seinen Spielern bei einem WM-Sieg jeweils 100 000 Mark versprochen haben soll. Die deutsche Truppe sollte dagegen nur 30 000 Mark erhalten. Das bringt vor allem die Bayern-Abgesandten auf die Palme.

Breitner und Hoeneß fordern 100 000 Mark. Mannschaftskapitän Beckenbauer will ebenfalls mehr, bespricht sich mit seinen Kollegen. Das bislang Undenkbare geschieht: Die Kicker machen Rabatz. Beckenbauer trägt den verdutzten Funktionären die Forderung vor: 100 000 Mark für jeden. Die DFB-Verantwortlichen rasten aus, Verhandlungsführer Hans Deckert tobt: »Das ist Erpressung, schändlich für deutsche Sportsmänner. Ich habe gedacht, ich wäre hier unter sauberen jungen Männern. Und nun solche Unverschämtheiten.« Bundestrainer Schön fällt in diesen Chor ein: »Ich höre nur Geld, Geld, Geld. Merkt ihr denn nicht, wie das unser ganzes kameradschaftliches Verhältnis zerstört? Ihr könnt mit einer Million Mark oder noch mehr nicht Weltmeister werden, wenn ihr es nicht auch in einer anderen Beziehung seid, in spielerischer und moralischer!« Deckert bietet nun 50 000 Mark, »oder alle Spieler können die Koffer packen und nach Hause fahren.«

Das ist eine ernste Drohung. Formell hätte der DFB das Recht, die Männer nach Hause zu schicken und eine Ersatzmannschaft aufzustellen. Für viele Spieler wäre damit die Chance für immer vorbei, an einer Weltmeisterschaft teilnehmen zu können. Beckenbauer und seine Mannschaftskameraden bleiben hart und kontern: »Okay, wir reisen ab, nicht ein Spieler wird dableiben.« Das Ganze sei sowieso ein »Kasperltheater«. Das sitzt. Der Poker im Sitzungssaal der Sportschule Malente geht weiter – bis zwei Uhr morgens. Nach einer Abstimmung unter den Spielern, die 11:11 ausgeht, einigen sich die Kontrahenten auf 70 000 Mark Prämie. Helmut Schön beschimpft Breitner als »Revoluzzer« und »Maoisten«. Der packt daraufhin seine Koffer und will auf der Stelle abreisen: »Ich bin weg, mit dem arbeite ich nicht mehr zusammen.« Hoeneß, Netzer und Müller überzeugen den aufgebrachten Kumpel, seine Entscheidung rückgängig zu machen.

Der Coup ist gelungen: Erstmals präsentierten sich die Kicker nicht als willfährige Sportler, die nichts anderes im Kopf haben als Tore zu schießen und zu gewinnen. Sie begehrten vielmehr gegen die da oben auf und setzten sich durch. Damit etablierte sich ein neues Modell des Berufsspielers: Vorbei die Zeiten, in denen die jungen Männer nur um der höheren Ehre willen in die Schlacht zogen, den Ruhm des Vaterlands auf dem Rasen zu mehren. Von jetzt an geht es um knallharte Geschäftsinteressen, um den Verteilungskampf an den Geldtöpfen. Die Sportler zeigen sich selbstbewusst in einer neuen Rolle als Manager der eigenen Interessen, als Unternehmer ihrer ganz persönlichen Ich-AG. Der Geist der 70er Jahre machte diesen Durchbruch möglich. Nicht zufällig sind es die Bayern-Spieler, die als Rädelsführer voranschreiten und clever zum eigenen Vorteil die Strippen ziehen. Gerade Hoeneß und Beckenbauer werden die kommenden Jahre ihre in den 70ern gemachten Erfahrungen und Techniken auch jenseits des Fußballstadions immer wieder nutzen, wenn es darum geht, sich für den FC Bayern einzusetzen – oder sich auf Kosten des anderen durchzusetzen.

Die nächste Konfrontation ließ nicht lange auf sich warten. Das Kriegsbeil mit den Autoritäten war nicht begraben. Im Gegenteil. Schon beim Siegesbankett nach der gewonnenen Weltmeisterschaft am 7. Juli 1974 im Münchner Hilton-Hotel kommt es zum nächsten Eklat. Und wieder sind Hoeneß und Beckenbauer die Anführer des Aufstands. Die beiden betreten den Festsaal, ausgerüstet mit Davidoff-Zigarren und dem offiziellen DFB-Anzug. Die Frauen der Spieler fehlen noch, nur Susi Hoeneß ist da. Die Gruppe nimmt an ihrem Tisch Platz, die Kellner servieren die Vorspeise. Plötzlich, so erinnert sich Beckenbauer, erscheint ein Ober und sagt zu Susi Hoeneß: »Ich muss Sie leider bitten, den Saal zu verlassen.« Ihr Gatte schäumt: »Wer hat das gesagt?« »Herr Deckert hat angeordnet, dass die Spielerfrauen, pardon die Damen, nicht hier platziert werden dürfen.« »Dann soll er zu mir kommen«, zischt Hoeneß. Deckert tritt an den Tisch und befiehlt mit Blick auf Susi: »Keine Frauen! Sie haben doch die Einladung gelesen.« »Aber da sind ja auch andere Frauen«, protestiert Uli Hoeneß und zeigt auf die Frauen am Pressetisch und an den Plätzen der Funktionäre. Deckert wird wütend: »Das sind die Damen der Offiziellen, das ist etwas ganz anderes. Hier herrscht noch Zucht und Ordnung. Maßen Sie sich nicht Rechte an, die Ihnen nicht zustehen!« »Halten Sie doch die Luft an.« Hoeneß erhebt sich mit seiner Frau, verlässt den Saal. Beckenbauer folgt. Auch einige holländische Spieler schicken sich an zu gehen. Beckenbauer drischt auf die Offiziellen ein: »Ihr seid durch und durch Feierabendfunktionäre. Bei uns, beim FC Bayern, hätten euch die Leute längst zum Teufel gejagt.« Und aus seiner Abneigung gegen den DFB macht er keinen Hehl: »Es sind viele Leute dabei, die von Tuten und Blasen keine Ahnung haben. Beim DFB sind zu viele Amateure am Werk. Die Leute sind einfach nicht mehr zeitgerecht. Die können sich ein Verhältnis zwischen Profis und Amateuren, also eine Zusammenarbeit mit uns, überhaupt nicht mehr vorstellen.« Die Aversion gegen den DFB und Sportfunktionäre sollten Beckenbauer und Hoeneß auch die kommenden Jahrzehnte pflegen, als sie sich schon längst aus dem aktiven Dienst verabschiedet hatten und in ihren neuen Managementfunktionen arbeiteten.

Hoeneß contra Beckenbauer: Wie alles anfing

Die 70er Jahre lieferten zudem das Material für einen Schwelbrand beim FC Bayern, der sich bis in diese Tage immer wieder mal zu einem Großfeuer entwickelt. Im Mittelpunkt stehen wieder Beckenbauer und Hoeneß. Die Wurzeln ihrer Reibereien und Kleinkriege sind in jenen Tagen zu finden. Ausgangspunkt war die Kritik des WM-Kapitäns Beckenbauer an der miesen Leistung einiger Spieler, namentlich von Hoeneß, im Spiel gegen die DDR. Jürgen Sparwasser schoss für die Ossis das historische Tor zum 1:0-Sieg. Als Konsequenz schickte Bundestrainer Schön Hoeneß vorübergehend auf die Ersatzbank. Das wurmte den ehrgeizigen Sportler. Zurück in München, begannen jahrelange Sticheleien Hoeneß' gegen Beckenbauer. Der erinnert sich an diese Zeit: »Bei Hoeneß hatte sich wohl die Idee festgesetzt, ich würde ihm seine Karriere nicht gönnen, ihn nicht zu groß werden lassen wollen beim FC Bayern und in der Nationalelf.« Der Jungstar suchte sich Verbündete wie den Bayern-Trainer Udo Lattek. Beckenbauer: »Hoeneß, Breitner und Lattek bildeten eine verschwörerische Allianz. Eine spöttische Bemerkung beim Essen, eine kleine Bösartigkeit beim Training, die Luft hatte plötzlich einen giftigen Geruch. Manches bekamen wir nicht gleich mit. So hatte sich ein Damenkränzchen gebildet, Udo Latteks Frau führte Regie. In diesem Kreis wurde dann besprochen, wie ungerecht es doch bei den Bayern zuginge, alle drehe sich nur um Beckenbauer, Müller und Maier. Wie viel mehr Geld die drei verdienen würden, viel mehr als ihre Männer. Und dann erst dieser Robert Schwan, ein Tyrann und Diktator, der nur im Sinn hätte, sich und Beckenbauer die Taschen zu füllen.«

Im Jahr 1974 holte der Clubmanager Schwan einen jungen, hoffnungsvollen Sportler in die bayerische Landeshauptstadt, der später verschiedene wichtige Rollen spielen sollte: Karl-Heinz Rummenigge. Der bekam den Zwist zwischen den Fraktionen gleich live mit – eine gute Schule für seinen späteren Job. Zu dieser Zeit sah sich Beckenbauer einer Phalanx von Gegnern gegenüber: »Ich hörte den Spott heraus, ich sah die Blicke, die Lattek mit Uli Hoeneß und Paul Breitner wechselte. Ich wusste: Es gibt Ärger. Ich fühlte mich wie in einem Rudel von Wölfen. Ich stellte mir vor, dass es dort so sein müsste: Die Jungen sind es leid, die Führung des Leittiers zu akzeptieren.«

Aus heutiger Perspektive sehen die Beteiligten die Vorgänge in milderem Licht. Doch damals eskalierte das Gefecht zwischen den Kolonnen. Beckenbauer stellte schon zu der Zeit unter Beweis, dass er nicht nur auf dem Rasen ein Könner ist, sondern auch den Untergrundkampf und das Networking glänzend beherrscht. Und der Kapitän schlug zurück, präziser gesagt, ließ zurückschlagen – dank seiner guten Beziehungen zu Schwan und dem damaligen Clubpräsidenten Wilhelm Neudecker. Das Opfer hieß Udo Lattek. Am 2. Januar 1975 legte ihm der Verein seine fristlose Kündigung auf den Tisch. Obwohl die Cluboberen noch wenige Tage vorher mit ihm vereinbart hatten, noch bis Saisonende zusammenzuarbeiten. Lattek, Freund eines guten Tropfens, hatte unfreiwillig selbst die Kündigungsgründe geliefert: In einem Düsseldorfer Hotel rastete er aus und klatschte eine Obstschale an die Wand. In Liechtenstein beförderte er eine Hotelangestellte in den Swimmingpool. Das Nachtreten konnte sich Beckenbauer nicht verkneifen. Sein persönliches »Servus« formulierte er so: »Lattek war bei uns nur Kofferträger, der hat doch nie den Mund aufgemacht beim Vorstand.« Beckenbauer machte seinen Einfluss geltend, damit sein Freund Dettmar Cramer Nachfolger von Lattek wurde. Cramer hatte den Kicker als jungen Nationalspieler betreut und war Beckenbauers Trauzeuge. Auch Paul Breitners Tage beim FC Bayern waren gezählt: Neudecker verkaufte ihn für umgerechnet eine Million Euro an Real Madrid. Breitner meinte zum Abschied frustriert: »Nie wieder München!« Ein Versprechen, das er schon zur Saison 1978/79 brach – er kehrte in die Isarmetropole zurück und bildete mit Rummenigge in der Folge das Bayern-Traumpaar auf dem Spielfeld, bekannt unter dem Kürzel »Breitnigge«.

Diese Scharmützel sollten jedoch nicht das Ende, sondern erst der Auftakt, die Generalprobe sein für den weit größeren Umsturz beim FC Bayern. Denn gestählt im Umgang mit Aufstand und Intrigen waren die Beteiligten mittlerweile. Und das Klima der 70er Jahre ließ solche Kabale wie in einem Treibhaus gedeihen. Wie immer gestalteten sich die Ereignisse zur Gaudi der Beobachter als eine Mischung aus Drama und Provinzposse. Diesmal ging der Angriff gegen den allmächtigen Boss des Clubs, Wilhelm Neudecker. Der gelernte Maurer hatte sich ein kleines Imperium als Bauunternehmer erarbeitet, bevor er 1962 die Präsidentschaft des FC Bayern übernahm. Ein typisches Produkt des Wiederaufbau-Deutschlands, zupackend, pragmatisch, ein Mann, der sich selbst als »demokratisch-autoritär« bezeichnete. Wobei das demokratische Feigenblatt den Eigensinn und die Willkürherrschaft kaum kaschieren konnte. Immerhin legte Neudecker das Fundament für einen zeitgemäßeren FC Bayern. Er war der Erste, der den Club nach unternehmerischen Prinzipien regierte und nach der Vorgabe, dass »nur durch harte Arbeit ein Dauererfolg möglich ist«. Im Jahr 1966 führte

Neudecker das Amt eines Technischen Direktors ein, eines fest angestellten Managers, der sich um alle finanziellen und organisatorischen Belange des Vereins kümmerte. Das war damals eine innovative Leistung, erledigten doch bisher in anderen Bundesliga-Clubs ehrenamtliche Spielausschussvorsitzende oder Obmänner diesen wichtigen Job.

Als ersten Manager des FC Bayern München und als ersten bezahlten Bundesliga-Manager überhaupt holte der Baulöwe Robert Schwan. Der erklärte, er habe vom Fußball »überhaupt keine Ahnung«, legte aber sogleich flott los. Schwan stammte aus dem Münchner Schlachthofviertel, hatte als Kind Architekt werden wollen. Der Vater arbeitete als Eisenbahnbeamter. Die Familie musste sich ein Plumpsklo mit sechs Parteien teilen, statt Toilettenpapier gab´s alte Zeitungen. Die Mutter war »der einzige Mensch, den ich aufrichtig verehrt habe«, erzählte er häufig. Nach dem Krieg verdiente Schwan sich sein Geld als Schwarzhändler und Verkäufer von Gemüse am Viktualienmarkt. Danach wurde er Versicherungskaufmann und Direktor. Bei den Bayern fiel der Mann mit Schiebermütze und Dunhill-Pfeife durch sein starkes Ego auf, das die meisten Personen um ihn herum als irgendwie doofer einstufte – und dies den Betroffenen auch gern mitteilte. Dazu paarten sich bei ihm die Lust am Granteln und Streiten und der Hang zu lockeren Sprüchen wie »Ich leide an meiner Intelligenz« oder »Ich kenne nur zwei intelligente Menschen: Schwan am Vormittag und Schwan am Nachmittag.«

Klar, dass dieser Charmebolzen nicht gerade zum Klassenliebling in München avancierte. Später räumte er ein, kaum jemand hätte ihn nett gefunden, er sei ein »Schlitzohr« gewesen. »Vielen fallen schlimmere Worte für mich ein.« Diktator Schwan scheuchte die Spieler in Luxushotels, damit sie lernten, sich in feiner Gesellschaft zu bewegen. Er zog die ersten lukrativen Geschäfte an Land, für den Club und besonders für seinen Schützling Beckenbauer. Diese Liaison, die bereits 1966 begann, sollte sich bis zu Schwans Tod im Jahr 2002 hinziehen. Eine Freundschaft entwickelte sich, die darin gipfelte, dass Schwan und Beckenbauer zusammen ein Haus in Kitzbühel nutzten und der Manager sich um alle geschäftlichen Angelegenheiten des Kaisers kümmerte. Seine Provisionen aus diesen Deals trugen Schwan den Beinamen »Mister 20 Prozent« ein. 1977 vermittelte er Beckenbauer nach Amerika, zu Cosmos New York, einer Tochter des Medienkonzerns Warner. Das brachte 1,4 Millionen Mark ein – ein Fünftel davon wanderte in Schwans Taschen. Was Wunder, dass der geschickte Manager die Betreuung des Fußballidols zu seinem Ganztagsjob machte. Das versetzte Bayern-Präsident Neudecker so in Rage, dass er bei einem Gespräch im Münchner Restaurant Käfer seinem Technischen Direktor den Laufpass gab. Zugleich vollzog der Vereinspräsident einen spektakulären Trainerwechsel. Bayern-Coach Dettmar Cramer gab, nach fünf Niederlagen in Folge und dem Abrutschen auf den 16. Tabellenplatz, im Herbst an den Ungarn Gyula Lorant von Eintracht Frankfurt ab. Zu dem Zeitpunkt ahnte Neudecker noch nicht, dass sich schon bald auch über ihm dunkle Wolken zusammenbrauen würden.

Der Vorhang zum entscheidenden Akt hebt sich in der Saison 1978/79. Trainer Lorant läuft bei den selbstbewussten Bayern-Kickern auf, kann sich nicht durchsetzen. Besonders Uli Hoeneß und Paul Breitner sticheln ständig gegen den Coach, unterlaufen seine Ordern. Wegen Hoeneß' Knieproblemen mag Lorant ihm keinen Stammplatz in der Truppe zusichern. Verärgert wechselt Hoeneß zum 1. FC Nürnberg. Breitner treibt die Eskalation auf die Spitze. Als sich die Bayern-Elf bei Fortuna Düsseldorf eine 1:7-Klatsche abholt, vermutet Lorant – zu Recht – eine Intrige gegen ihn: »Ich habe meinen Spielern ausdrücklich verboten, dass sie alle auf Abseits spielen. Das geschah gegen alle Abmachungen.« Breitner und Rummenigge wirft er vor: »Sie haben sich hängen lassen.« Neudecker nimmt ebenfalls Partei für Lorant und gegen die Mannschaft: »Einige Bayern-Spieler verloren absichtlich Meisterschaftsspiele besonders hoch, um ungeliebte Trainer auszuschalten.«

Als der Trainer kurz danach wegen einer Krankheit ausfällt, beißt der Leitwolf Breitner zurück: »Wir werden beweisen, dass wir Herrn Lorant ohne weiteres entbehren können.« Das ist starker Tobak von dem aufmüpfigen Spieler. »Der deutsche Fußball muss jetzt von einigen Terroristen gesäubert werden«, tobt Neudecker. Respektlosigkeit gegenüber Autoritäten hasst er. Aber ihm bleibt keine andere Wahl: Im Dezember 1978 beurlaubt er Lorant. Die offizielle Sprachregelung lautet: gesundheitliche Probleme. Der Mann kehrt nie mehr an seinen Arbeitsplatz in München zurück. Assistent Pal Csernai übernimmt vorerst die Mannschaft. Damit »Zucht und Ordnung« wieder einkehren, guckt sich Neudecker Max Merkel als neuen Trainer aus. Das ist, als hätte der Präsident eine Granate gezündet. Die Spieler sind außer sich vor Wut. Keiner will den Neuen, alle bevorzugen Csernai. Diskussionen mit Neudecker bringen nichts.

Der Tonfall wird härter. Selbst DFB-Präsident Hermann Neuberger schaltet sich in die Auseinandersetzung ein: »Die Anstellung von Direktoren ist Sache der Gesellschafter, nicht der Angestellten. Das schreibt auch das Betriebsverfassungsgesetz nicht anders vor.« Als im März 1979 Merkel dennoch engagiert werden soll, stellt Kapitän Sepp Maier klar: »Der wird bei uns kein Trainer!« Eine offene Kriegserklärung. Neudecker versucht zu beschwichten, verspricht, bei guter Leistung dürfe Csernai Chefcoach bleiben. Doch bei einem Auswärtsspiel bekommen die Spieler via Fernsehen mit: Merkel wird doch geholt. Im Flugzeug auf dem Rückweg nach München diskutieren die Spieler. Das Votum ist klar für Csernai und gegen Merkel. Maier ruft Neudecker an und stellt die Machtfrage: »Wir haben soeben abgestimmt – wir sind einstimmig gegen Merkel, alle 16 Spieler.« Schon allein eine Abstimmung seiner Angestellten – verdammte Demokratie! – wirkt für Neudecker wie ein rotes Tuch. Er schreit ins Telefon: »Sie Anarchist, Sie reden ja wie ein Gewerkschaftsboss.« Breitner legt in einem Gespräch mit dem Präsidenten nach: »Herr Neudecker, Sie können den Merkel präsentieren, aber ohne die Mannschaft.« – »Das ist Aufstand, das ist Aufruhr«, antwortet Neudecker erregt. Breitner: »Wie immer Sie meinen. Sie haben uns belogen, mit so einem Grattler will ich nichts mehr zu tun haben. Am besten, Sie treten zurück.« Einen Tag nach der denkwürdigen Demonstration von Geschlossenheit und Widerspenstigkeit seiner Untergebenen, am 19. März 1979, legt Wilhelm Neudecker seine Ämter nieder. »Mit einem solchen Kapitän und dieser Mannschaft kann ich nicht weiterarbeiten«, erklärt der erzürnte Bayern-Herrscher angesichts der Verschwörung. »Die Mannschaft hat sich gegen Merkel und damit auch gegen meine Person ausgesprochen. Der Vereinsführung auf diese Weise das Handeln einzuschränken, kann von mir nicht geduldet werden. Deshalb ziehe ich meine Konsequenzen.« 17 Jahre Präsidentschaft beim FC Bayern sind Geschichte. Schatzmeister Willi O. Hoffmann übernimmt das Steuer. Im Juli 1979 fängt Uli Hoeneß als Vereinsmanager bei seinem alten Arbeitgeber an. Mit 27 Jahren ist er der jüngste in der Bundesliga. Neudecker hatte ihn, als eine seiner letzten Amtshandlungen, noch im Februar aus Nürnberg zurückbeordert.

Die neuen Schlachten: Wer wird Vereinspräsident?

Die Revolte hatte Erfolg. Die widerspenstigen Spieler fegten die alte Riege weg. Damit wanderte zugleich ein überholtes System der Vereinsführung in den Mülleimer. Der neue Typus des nüchtern kalkulierenden Profis hatte sich durchgesetzt. Es geht seitdem knallhart um die eigenen Interessen und um die Moneten – und nicht mehr nur um Siege auf dem Rasen. Bei den Ränken um die Macht hinter den Kulissen verhielten sich die Bayern-Kicker abgeklärt. Und die ehemaligen Aktiven empfahlen sich nunmehr für höchste Aufgaben im Management. Beim FC Bayern sind die Auswirkungen des Umsturzes bis heute lebendig. Das Trio Hoeneß–Beckenbauer–Rummenigge hat sich damals gefunden und die ersten Schlachten ausgetragen. Die Clique der 70er dominiert eindeutig das Feld in der Vereinszentrale in der Säbener Straße 51.

Nachdem Hoeneß & Co. die Kämpfe zu ihren Gunsten entschieden hatten und nach und nach selbst an den Schaltstellen der Macht Platz nahmen, kehrte Ruhe ein. Zumindest schien es eine Weile so. Das änderte sich erst, als das Trio wieder zusammenfand. Nach seiner aktiven Zeit kehrte Rummenigge im Jahr 1991 nach München zurück und wechselte in das Präsidium des Vereins. Dazu gesellte sich die Lichtgestalt Beckenbauer. »Sie sollten mich eigentlich zurechtstutzen«, erinnert sich Hoeneß an die Mission der Heimkehrer. Der erfolgreiche Kaiser sprang sogleich als Trainer ein. Er löste im Januar 1994 den glücklos agierenden Erich Ribbeck ab, der seit 1992 die Mannschaft trainierte. Ribbeck hatte nach Hoeneß' Meinung zu wenig getan, um die Truppe voranzubringen. Die Spieler zeigten sowieso wenig Respekt vor ihrem Coach. Hoeneß handelte und feuerte Ribbeck. An seiner statt richtete es – wieder einmal – Beckenbauer. Am Ende der Saison hielten die Bayern die Meisterschaftsschale in ihren Händen. Der Franz ließ den FC Bayern wieder im alten Glanz erstrahlen. Die Club-Funktionäre hofften auf Zugaben. Der Keim für einen neuen Machtkampf war gelegt.

Beckenbauer, damals noch nicht so mit Ehrenämtern überhäuft wie heute, konnte sich einen repräsentativen Job als Präsident seines Heimatvereins gut vorstellen. Aber einfach plump den Finger heben und sagen: Ich will's werden – das kam für den Profi nicht infrage. Das Ganze musste geschickter in die Wege geleitet werden. Vor allem türmten sich gleich mehrere Hindernisse vor einer Kaiserkrönung auf. Das größte und offensichtlichste war die Person Fritz Scherer. Der Wirtschaftsprofessor war der amtierende Präsident des Clubs. Und das seit 1985. Damals hatte Schatzmeister Scherer Willi O. Hoffmann abgelöst, der seit 1979 regiert hatte. Scherer zeigte nicht die geringsten Ambitionen, freiwillig abzudanken und seinen Thron zu verlassen – auch nicht für einen Franz Beckenbauer.

Die anderen Hindernisse waren Hoeneß und Rummenigge. Die beiden Herren machten sich selbst Hoffnungen auf den prestigeträchtigen Job. Denn die Stimmung kippte gegen Scherer, ein Wechsel an der Spitze lag in der Luft. Rummenigge überlegte, direkt auf der Hauptversammlung gegen Scherer anzutreten. Das wäre eine noch nie da gewesene Kampfansage gewesen. Denn solche Dinge pflegten die Bayern bislang hinter verschlossen Türen zu behandeln. Die verfahrene Situation löste am Ende der bayerische Ministerpräsident Edmund Stoiber, Verwaltungsbeiratsvorsitzender beim FC Bayern. Er schlug Beckenbauer als so genannten Kompromiss für das Präsidentenamt vor. Die Streithähne akzeptierten widerwillig. Vor allem für Scherer bedeutete es eine Degradierung, auch wenn er die Niederlage zu kaschieren suchte: »Unter Franz Beckenbauer zu arbeiten ist für mich kein Abstieg.« Wollte Scherer beim Club bleiben, blieb ihm nichts anderes übrig, als die Kröte zu schlucken. Die Alternative hieß: die Brocken ganz hinzuwerfen. Scherer wird Vizepräsident. Dafür scheidet Kurt Hegerich aus dem Präsidium aus. Und Beckenbauers Nachfolger als Trainer wird Giovanni Trapattoni.

Wer glaubte, damit gäben die Betroffenen Ruhe, der irrte sich. Die nächste Runde begann im Jahr 2000. Im Herbst stand wieder die Präsidentenwahl an. Beckenbauer hatte in seiner unnachahmlichen Art angedeutet, nicht mehr anzutreten. Prompt meldet sich Hoeneß und bringt Rummenigge ins Spiel: »Sollte Franz wirklich nicht mehr kandidieren, wird Karl-Heinz Rummenigge Präsident.« Hoeneß selbst gibt sich bescheiden: »Ich bin mit meiner Rolle zufrieden.« Das Thema löst sich in Wohlgefallen auf: Der Kaiser stellt sich einer neuen Wahlperiode. Im Jahr 2003 folgt dieselbe Zeremonie: Erst zaudert Beckenbauer, dann lässt er sich bitten und zum Schluss wieder wählen. Die anderen schauen zu.

Der nächste Showdown ist in nicht allzu weiter Ferne. Der Termin ist das Jahr 2006. Nach der Weltmeisterschaft in Deutschland will Beckenbauer – endgültig – von seinen Posten zurücktreten. Bereits jetzt scharren die Nachfolger in den Startlöchern. Hoeneß verkündet, ebenfalls 2006 definitiv seinen Vorstandsposten niederzulegen. Er wolle sich einen »perfekten Abgang« verschaffen: »Vielleicht gehe ich in den Aufsichtsrat und werde Präsident des Gesamtclubs.« Damit meldet Hoeneß klar seinen Anspruch auf das höchste Vereinsamt an. Rummenigge hat sich noch nicht geoutet. Dafür bleibt ihm noch Zeit.

Eine andere Bayern-Persönlichkeit offenbart ebenfalls seine Karriereambitionen: Oliver Kahn. Er bringt sich als Hoeneß-Nachfolger ins Gespräch: »Das ist sicherlich eine reizvolle Aufgabe.« »Kahn kann ich mir wunderbar vorstellen«, bekannte Hoeneß bereits im Jahr 2001. »Er hat die gleiche Liebe zu den Bayern, identifiziert sich total. Wir haben es ihm angeboten.« Doch aus dem Deal wurde vorerst nichts. Die Begeisterung bei den Vereinsoberen für diese Nachfolgeregelung kühlte seither merklich ab. Hoeneß vor kurzem: »Wir haben vereinbart, dass wir Ende 2004 darüber reden.« Das Rennen ist wieder offen.

Teilen und Herrschen: Zoff mit den Trainern

Es ist klar, wer oben am Olymp wohnt: die drei Allmächtigen. Nur die Positionen untereinander stehen regelmäßig auf dem Prüfstand. Die internen Reibereien ziehen die Grenzen neu und verschieben die Gewichte – mal hat der eine Oberwasser, mal der andere. Doch es gibt noch eine Macht im Verein: den Trainer. Der ist zwar hierarchisch niedriger angesiedelt als die AG-Vorstände Hoeneß und Rummenigge und der Vereinspräsident Beckenbauer. Aber der Coach sitzt an einer wichtigen Gelenkstelle zwischen den Vereinsoberen und der Mannschaft. Seine Arbeit entscheidet maßgeblich über den sportlichen Erfolg des FC Bayern. Ohne diesen Erfolg keine guten Geschäfte.

Die Funktion zwischen Spieler und Leitung des Vereins umreißt das Minenfeld, in dem sich der Trainer bewegt. Er will das Sagen über das Team haben. Er stellt Forderungen an das Management, welche Kicker neu verpflichtet werden sollen und auf wen man verzichten kann. Zugleich muss der Trainer seine Truppe bei Laune halten, eine homogene Elf schmieden, die Talente fördern und aus jedem Bestleistungen herauskitzeln. Die Kicker im Gegenzug neigen dazu, sich gegen die Allmacht des Trainers aufzulehnen. Kritik und Beschwerden sind die Begleitmusik. Oft brechen die potenziellen Konflikte auf. Bleiben gar die Siege aus, kommt es zu Machtkämpfen. Und da der Sündenbock bekanntermaßen kein Herdentier ist, bleibt in der Regel der Trainer auf der Strecke. Die Bayern weisen auf diesem Feld eine ungute Historie aus. Manchmal gibt nicht die schlechte Leistung den Ausschlag, sondern persönliche Animositäten.

Der Münchner Verein hat seine liebe Not, sich die Richtigen herauszupicken. Der Job des Trainers war und ist in München traditionell ein Schleudersitz. Andere Bundesliga-Vereine sind auch schnell mit Entlassungen bei der Hand. Aber in keinem Club geht es so hemdsärmelig zu wie beim FC Bayern. Allein seit dem Aufstieg in die Bundesliga im Jahr 1965 hat der Verein 17-mal den Coach gewechselt. Ob sie Zlatko Cajkovski oder Branko Zebec heißen, ob Udo Lattek, Detmar Cramer, Pal Csernai oder Reinhard Saftig – ihre Karriere beim FC Bayern war von sehr begrenzter Dauer. Besonders heftig waren die Rauswürfe in den 90er Jahren, als das Dreigestirn Hoeneß, Rummenigge und Beckenbauer das Zepter übernahm.

Als Erster bekam das Jupp Heynckes zu spüren, der in der Saison 1987/88 seine Arbeit in München aufgenommen hatte. Jahre später, als er zu Real Madrid wechselte, meinte er im Rückblick: »Real ist eine Nummer größer als Bayern München. Aber wer es bei den Bayern vier Jahre ausgehalten hat, kann dem Druck bei jedem Club der Welt bestehen.« Heynckes holte 1988/89 und in der darauf folgenden Saison die Meisterschale nach München. Aber im Jahr 1991 kippte die Stimmung. Der Club verlor mehrere Heimspiele. Im DFB-Pokal musste sich der FC Bayern gar dem Zweitliga-Verein FC Homburg geschlagen geben – eine Schmach und Schande. Ein Teil der Bayern-Fans machte seiner Wut im Stadion mit Sprechchören Luft. Der damalige Präsident Scherer schrieb in der Hauspostille *Bayern-Magazin*: »Die Zuschauer auf der Südtribüne und die von der Haupttribüne haben sich lautstarke Duelle wegen Trainer Jupp Heynckes geliefert.« Das besorgte Vereinsoberhaupt rief zu »Besonnenheit« auf: »Hier müssen wir zusammenhalten.«

Bloß hielten sich die Vereinsmanager nicht an ihre eigenen Vorgaben. Der Sargnagel war eine 1:4-Niederlage gegen Stuttgart vor eigenem Publikum. Hoeneß feuert Heynckes – was er im Nachhinein bereut. Der Vorgang zeigt: Erfolge der Vergangenheit zählen nicht, Druck von außen kann eine Verabschiedung auslösen.

Der Nachfolger Søren Lerby, eine immer gut aufgelegte, sympathische Person und ehemaliger Bayern-Kicker, erwies sich als katastrophaler Fehlgriff. Seinen neuen Beruf als Trainer übte der Däne beim FC Bayern vom 9. Oktober 1991 bis 10. März 1992 aus – der Negativrekord. Nachdem es Niederlagen hagelte, musste das Trio Hoeneß, Rummenigge und Beckenbauer schon wieder eine Auswechslung vornehmen. Der nächste Versuch hieß Erich Ribbeck. Am Ende der Saison verbuchte »Sir Erich« den zehnten Tabellenplatz – für den Edelclub mit den hohen Ambitionen des Managements eine Pein. In der Saison 1992/93 schaffte es Ribbeck immerhin bis zur Vizemeisterschaft. Das war sicher keine schlechte Leistung. Aber unter den kritischen Augen eines Franz Beckenbauer, Top-Spieler und Top-Trainer, verblasste das zum Jahresende 1993. Der Münchner Club war an Position Nummer zwei – eine gute Ausgangssituation für die Meisterschaft. Aber in der Mannschaft rumorte es. Die Spieler meuterten gegen Ribbeck. Beckenbauer und der Coach lagen sich in den Haaren. Das Armdrücken ging wie erwartet aus: Ribbeck musste seinen Platz räumen, die Lichtgestalt höchstpersönlich übernahm die Traineraufgabe. Und wie König Midas, der alles zu Gold machte, was er anfasste, so holte Beckenbauer tatsächlich den Meistertitel.

Ende Juni 1994 verschwand Franz Midas wieder ins Vereinspräsidium, wo er die Fäden zog, um seine Machtübernahme vorzubereiten. Für ihn übernahm zur Saison 1994/95 Giovanni Trapattoni das Amt. Der Italiener, des Deutschen nur bedingt mächtig, brachte den Duft der großen weiten Welt in den Münchner Club. Aber sonst nichts. Es bewegte sich wenig: sechster Platz am Ende in der Bundesliga. Beckenbauer hielt die Verpflichtung für »gescheitert«. Trapattoni signalisierte, wieder in seine Heimat Italien zurück zu wollen. Wohl nicht ganz freiwillig, er registrierte beim FC Bayern »eine Art von Verhalten und Gewohnheiten, die für mich völlig unbekannt, völlig unfassbar waren. Das war noch schlimmer als meine sprachlichen Probleme.« Wieder ein Fehlgriff. Denn in dem kurzen Wirken Trapattonis war an sinnvolle Aufbauarbeit mit der Mannschaft nicht zu denken. Die Antwort auf die Probleme hieß Otto Rehhagel.

Der Trainer hatte eine lange Erfolgsbilanz beim Rivalen Werder Bremen. 14 Jahre hatte er für den Club gearbeitet, zweimal die Meisterschaft in der Bundesliga gewonnen, den Europapokal und den DFB-Pokal geholt. Seinen Arbeitsbeginn in München im Sommer 1995 intonierte er mit großen Sprüchen à la »Mister 1000 Volt ist gegen mich ein Schwachstrom-Elektriker«. Und in Anspielung auf das Trio Hoeneß, Rummenigge, Beckenbauer: »Bisher gehörten drei zur Elefantenrunde, jetzt kommt ein großer Elefant dazu.« Eine groteske Fehleinschätzung, wie sich schon bald zeigen sollte. Im Spiel um die Herrschaft im Verein waren die Bayern dem norddeutschen Neuling haushoch überlegen. Später räumte Rehhagel ein, er habe die Schwierigkeiten nicht vorhergesehen. Sein Freund, der Theaterintendant Jürgen Flimm, prognostizierte ein Scheitern an der Münchner Arbeitsstelle wegen »zu viel CSU, Loden und Medien«. Beckenbauer meinte später über Rehhagel: »Er ist halt von Bremen nach Hollywood gekommen.«

Das merkte Rehhagel gleich beim ersten Kontakt mit dem Bayern-Management. Er unterschrieb den Vertrag in Hoeneß' Privathaus. Schon einen Tag später konnten es die Leser in der Presse »Wort für Wort«, so Rehhagel, nachlesen. Zu seiner Frau Beate sagte er: »Hier müssen wir mit allem rechnen.« Wohl wahr. Tausende von Schaulustigen besuchten sein erstes öffentliches Training mit der Mannschaft, wo so klingende Namen wie Oliver Kahn, Lothar Matthäus und Jürgen Klinsmann antraten – der Name vom »Dreamteam« machte die Runde. Die ständige Präsenz der Medien irritierte den Autokraten Rehhagel sichtlich. Besonders Beckenbauer mischte sich als eine Art Übervater ständig in die Personalentscheidungen ein – sei es im direkten Gespräch oder via Fernsehen in seiner Rolle als TV-Kommentator. Da kritisierte Beckenbauer die eigene »Schülermannschaft« und meinte doch den Coach. Oder: »Die sollen froh sein, dass ich nicht mehr Trainer bin.« Rehhagel konterte: »Ich lasse mich nicht als Fußmatte benutzen, ich bin kein Arschkriecher.«

Der Eklat bahnte sich an. Die Kicker-Stars moserten über das angeblich veraltete Übungsleitersystem des Bremers, einige drohten mit dem Wechsel in einen anderen Verein. Klinsmann verkündete, »der FC Bayern bringt nur 50 bis 60 Prozent seines Potenzials«. Hoeneß, Rummenigge und Beckenbauer bereiteten im Hintergrund bereits die Ablösung Rehhagels vor. Der äußere Anlass war schnell gefunden. Nach einigen verlorenen Matches nutzten die Vereinsoberen eine 0:1-Niederlage im Heimspiel gegen Hansa Rostock. Nicht einmal die kurze Zeit bis zum offiziellen Saisonende und dem Finale im UEFA-Cup wollte das Trio abwarten. Und, welch Zufall, im selben Atemzug mit dem Rausschmiss benannte es den Nachfolger – Trapattoni. Bis zu dessen erneuter Ankunft dirigierte wieder Beckenbauer von der Trainerbank aus die Truppe. Doch zu mehr als zum Vizemeister hinter Borussia Dortmund reichte es diesmal nicht. Trapattoni holte in der folgenden Saison die Meisterschaft. Doch schon 1998 war klar, dass der Italiener mit dem heftigen Temperament nur vorübergehend Quartier bezogen hatte, auch wenn er in Deutschland nach der 0:1-Niederlage gegen Schalke mit seiner legendären Spielerkritik »Flasche leer« und »Ich habe fertig« Fußballgeschichte schrieb.

Sein Nachfolger Otmar Hitzfeld hält nun bis heute den Marshallstab in der Hand. Der ehemalige Trainer von Borussia Dortmund stabilisierte die Truppe und führte sie zu neuen Erfolgen und Siegen. Seine bisherige Amtszeit über sechs Saisons ist rekordverdächtig – auch wenn Udo Lattek in seinen zwei Perioden beim FC Bayern Mitte der 70er und Mitte der 80er Jahre insgesamt länger Sold von den Münchnern bezogen hatte. Man sollte meinen, dass Hitzfelds Leistungen uneingeschränkten Beifall vom Bayern-Vorstand und von Präsident Beckenbauer finden. Weit gefehlt. Im Herbst 2002 droht selbst ihm die Entlassung. Das fordert Beckenbauers Manager Robert Schwan ganz öffentlich, andere hinter vorgehaltener Hand. Anlass ist das frühe Ausscheiden in der Champions League nach einer 1:2-Niederlage gegen La Coruña. Rummenigge giftet über den »schwarzen Tag für den FC Bayern« und den »Alptraum«: »Nach fünf sowohl sportlich als auch finanziell sehr erfolgreichen Jahren ist das ein herber Rückschlag.« Hitzfeld geht in Hoeneß' Büro in der Säbener Straße, am Ende des Flurs im zweiten Stock, nimmt auf einem Korbsofa Platz. Das Thema ist der bevorstehende Rauswurf. Hoeneß: »Es war sehr emotional. Wir sprachen über alles, über Fußball, über den Sinn des Lebens. Ich habe ihm versichert: Wir werden nie hinter deinem Rücken mit anderen Trainern verhandeln. Wenn es nicht mehr geht, reden wir zuerst mit dir.« Hitzfeld erhält eine Gnadenfrist. Das Blatt wendet sich beim Spiel gegen Borussia Dortmund, den Meister der vergangenen Saison. Die Bayern gewinnen vor heimischer Kulisse 2:1. Hitzfelds Kopf ist gerettet, der Machtkampf beendet – vorerst.

4 WAS KOSTET DIE WELT – SPIELER ALS WARE

Der wirtschaftliche Erfolg des FC Bayern beruht auf geschickter Selbstinszenierung – und auf sportlichen Topergebnissen. Ohne die Fähigkeit, immer wieder große internationale Turniere zu gewinnen oder in der Bundesliga auf dem ersten Tabellenplatz zu stehen, blieben die Münchner nur ein Provinzverein. Zwei Faktoren bestimmen den Erfolg auf dem Rasen: der Trainer und die Spieler. Die Kicker sind wegen der hohen Gehälter und Ablösesummen der wertvollste Vermögensgegenstand der Bayern. Doch es braucht mehr, damit aus der Startruppe eine eingeschworene Mannschaft wird, die Spiele für sich entscheidet. Das macht das Geschäft mit den Sportlern so kitzelig. Ein Einkauf entpuppt sich als schwacher Kicker – und schon gehen Millionenbeträge flöten. Ein Schnäppchen, das sich zum Aufsteiger entwickelt – bestens. Kann der Verein einen solchen Angestellten später vor Ablauf des Vertrags an einen anderen Verein weiterreichen, lässt sich mit diesem Verkauf ein schöner Gewinn erzielen. Die Profis sehen das gelassener als früher. Die Loyalität gilt heute dem eigenen Geldbeutel und nicht dem zeitweiligen Arbeitgeber. Der langjährige Bayern-Torwart Sepp Maier charakterisiert die Lage nüchtern: »Berufsfußball ist ein riskanter Job. Wer am Ende seiner Laufbahn kein halber Krüppel ist, hat verdammtes Glück gehabt. Aber unsere Arbeit ist auch ein wirtschaftliches Risiko: Wenn es ein

Spieler in seinen zehn, höchstens zwölf aktiven Jahren nicht schafft, für den Rest seines Lebens auszusorgen, ist er angeschmiert.«

Das haben die Spieler nicht immer so gesehen. In der Aufbruchsstimmung nach dem Zweiten Weltkrieg galt es als besondere Ehre, in der Nationalmannschaft spielen zu dürfen – notfalls sogar umsonst. Die Vereinskicker beim FC Bayern bekamen 320 Mark Grundgehalt im Monat – und waren stolz darauf. Geld war kein Thema. Noch nicht. Das sollte sich jedoch rasch ändern. Die Weltmeisterschaft 1954 mit ihrer Massenbegeisterung zeigte, welche wirtschaftliche Kraft in der Sportart liegt. Die 60er Jahre initiierten nach dem Start der Bundesliga und dem Aufkommen des Fernsehens den großen Aufschwung. Der brachte in der Folge den Berufsspieler hervor, der nichts anderes mehr macht, als den ganzen Tag den Ball zu treten. Und nicht, wie die Spieler der 50er Jahre, Fußball als Nebensache betreibt und ansonsten einem Hauptberuf nachgeht. Und dennoch boten sich die Bundesliga-Clubs dem Betrachter damals noch als Traditionsgebilde dar, die ihre organisatorischen Wurzeln in den Turn- und Sportvereinen hatten: Präsidentschaft, Geschäftsstelle, Spielerbetreuung – alles umwehte ein Hauch von Amateurhaftigkeit und Provinzdenken, als hätte der selige Turnvater Jahn noch sein Händchen im Spiel.

Die Zeit des Aufschwungs war jedoch auch eine Zeit des Umbruchs. Das Gleichgewicht verschob sich zugunsten der Kicker. Fortan sollten sie das wichtigste Gut im Fußballbusiness sein, und nicht mehr die Verwalter in den Verbänden. Schließlich waren es die Sportler, die für volle Stadien sorgten, für ein Millionenpublikum vorm Fernseher. Viele der Fußballgrößen erlangten Prominentenstatus und fanden einen Platz in der Glamourwelt der Adeligen und Kinosternchen. Entsprechend stieg mit der Zeit der Marktwert der Profis.

Trennung auf Bayerisch: ein Servus und ein Tritt

Heute regiert das Business. Der erzwungene Abgang von Giovane Elber im Sommer 2003 machte das überdeutlich. Der Spieler war bei den Fans überaus beliebt. Als er im November für Olympique Lyon im Münchner Olympiastadion das entscheidende 2:1 gegen Bayern München schoss, verabschiedete ihn das heimische Publikum nach seiner Auswechslung mit Standing ovations. Auch bei den Mannschaftskameraden kam seine fröhliche, unbeschwerte Art gut an. Nur Rummenigge und Hoeneß hatten ein Problem: Anhänger schön und gut – aber im Jahr 2004 lief der Vertrag mit Elber aus. Danach hätte der Kicker ablösefrei wechseln dürfen. Da war es wirtschaftlich gesehen klüger, vorher noch einen Schnitt zu machen und über vier Millionen Euro Ablöse zu kassieren. Zumal der Spieler mit 31 Jahren nach Fußballermaßstäben schon zu den Senioren zählte. »Ich bin Torschützenkönig geworden, habe geholfen, dass der FC Bayern Deutscher Meister und Pokalsieger wird – und zwei Monate später bin ich auf einmal nicht mehr gut genug«, wunderte sich Elber. »Ich habe weder vom Trainer noch vom Verein die nötige Rückendeckung bekommen. Es gibt im Fußballgeschäft in Deutschland keine Dankbarkeit mehr. Erfolge sind Momentaufnahmen, die interessieren den Verein morgen nicht mehr.« Solidarität zwischen den Kickern vermisst Elber ebenso: »Es gibt keine Freundschaften, nur Arbeitskollegen.« Lediglich Michael Ballack und Oliver Kahn sprangen dem Kollegen bei. Kahn: »Ich würde mir überlegen, einen Spieler wie Elber abzugeben«, so der Torwart, aber »das Geschäft ist gnadenlos.«

Beim Abservieren verdienter Spieler zögerten Hoeneß, Rummenigge und Beckenbauer nie. Da zählen die Leistungen der Vergangenheit nicht mehr. Andere Kriterien gewinnen die Oberhand. Die Beispiele sind zahlreich.

Etwa das Bayern-Urgestein Klaus Augenthaler, heute Trainer beim Erzrivalen Bayer Leverkusen. 16 Jahre rackert der Spieler für den FC Bayern, bleibt noch fünf Jahre als Co-Trainer. Dann ziehen seine Freunde und Vorgesetzten urplötzlich die Reißleine und komplimentieren ihn von einem Tag auf den anderen vor die Tür. Der Spieler, Inbegriff eines Bayern und prominenter Vertreter der Lederhosenfraktion, ist maßlos enttäuscht, spricht von einem »Schlag ins Gesicht«: »Den Abschied aus München habe ich mir anders vorgestellt. Schließlich habe ich einiges getan für diesen Verein. Für mich war der FC Bayern immer alles, da kann ich jetzt nicht einfach die Tür zumachen. Für mich gab es nur den FC Bayern. Ich habe sogar rot-weiß gedacht, jetzt muss ich mir einen anderen Verein suchen.« Sein neuer Arbeitgeber wurde der österreichische Erstligist Grazer A.K.

Auch der Brasilianer Paulo Sergio, Weltmeister von 1994, der zur Saison 1999/2000 für sechs Millionen Euro Ablöse zu den Bayern wechselte, bekommt die nüchterne Spielerpolitik des Vereins bald zu spüren. In seiner ersten Saison in München glänzt er mit 13 Toren in der Bundesliga und sieben Treffern bei der Champions League. Doch in der Saison 2001/02 muss der Kicker verletzungsbedingt lange aussetzen. Zuerst bricht er sich den Mittelfuß, später leidet er unter einem Bandscheibenvorfall. Nach der Saison verlässt Sergio auf Druck von Hoeneß und Rummenigge den Verein – sie verlängern seinen Vertrag nicht. Der Brasilianer geht daraufhin in die Vereinigten Arabischen Emirate.

Der Schweizer Mittelfeldspieler Ciriaco Sforza erlebte ebenfalls die unangenehmen Seiten des FC-Bayern-Business. Bereits in der Saison 1995/96 spielte er für die Münchner, beendete aber schnell wieder sein Engagement. Im Jahr 2000 der zweite Anlauf Sforzas. Er startet erneut beim FC Bayern und tritt mit der Rückennummer zehn auf – der bisherigen Nummer von Lothar Matthäus. Das bringt ihm kein Glück. Schon zu Beginn vermutet der Spieler: »Man versucht, mich fertig zu machen.« Er spricht von »unnötigen Provokationen« und »Hetzjagden«. Beckenbauer mosert, Sforza habe Probleme im direkten Duell. Die Vorstände nehmen den Spieler im Frühjahr 2002 aus dem Kader, lassen ihn auf der Tribüne sitzen. »Es entsteht Wut in dir«, formuliert Sforza die Demütigung, »ich will nicht jammern, aber es tut weh.« Er vermutet eine gezielte Strategie: »Es kann doch nicht sein, dass man auf einmal nicht mehr gut genug ist. Da muss etwas anderes dahinter stecken.« Obwohl sein Vertrag bis Juni 2003 läuft, machen die Bayern-Manager Sforza klar, dass sie ohne ihn planen. Frustriert kehrt der Kicker nach Kaiserslautern zurück.

Oder der Fall Mario Basler. Dessen Ende kommt im Herbst 1999 nach einer Tour in eine Regensburger Pizzeria. Dort geraten der Nationalspieler und sein Bayern-Kumpel Sven Scheuer mit anderen Gästen in Streit und werden handgreiflich. Präsident Beckenbauer suspendiert die beiden vom Dienst. »Hätten wir nicht eingegriffen«, erklärt Rummenigge, »wäre die Gemeinschaft kaputtgegangen.« Der Spieler erfährt von seinem Rauswurf in der Kabine der Münchner Balljungen im Olympiastadion. Er meint daraufhin erzürnt: »Die Bayern feuern dich sogar auf der Toilette!« Er sieht den wahren Grund für seine Entlassung nicht in seinen Eskapaden: »Es lief eine Kampagne gegen mich. Ich denke, dass ich dem Präsidium zu unbequem war.« Lebemann Basler wechselt daraufhin zum 1. FC Kaiserslautern. Als Kulturschock empfindet der Spieler die neue Umgebung: »Ich komme zum Training und es ist kein Journalist da. Ich steige unbemerkt aus dem Auto, während in München schon einer mit einer Kamera auf dem Beifahrersitz saß.«

Bis dahin war der in Neustadt an der Weinstraße Geborene einer der besten Botschafter des FC Hollywood gewesen. »Entertainment kommt von mir auf den Platz, die

Zuschauer wollen unterhalten werden«, tönte »Super-Mario«. Schon mit seinen Sprüchen reizte er die Umwelt. »Ich bin ein Weltstar, und du bist eine Null«, warf Basler einem Zecher bei einer Kneipentour an den Kopf. Vielleicht waren ihm da schon die Lobeshymnen zu Kopf gestiegen. Udo Lattek nannte den Exzentriker den »vielleicht schon letzten Künstler in der Bundesliga«. Für Werder-Manager Willi Lembke war er »das Genie«.

Seine Karriere startet der Sohn eines Maschinenschlossers und einer Postangestellten beim Zweitligisten Rot-Weiß Essen. Schon damals schickt der Trainer den jungen Spieler mit dem Talent zu artistischen Schüssen bisweilen nach Hause, wenn er zu stark nach Alkohol riecht. Bei Werder Bremen spielt Basler in der ersten Liga. Im Jahr 1996 wechselt er nach München. Dort ist er nur einer unter vielen Stars, neben Matthäus, Kahn oder Babbel. Oft ist Basler auf dem Platz nicht fit, das demonstrativ öffentliche Zigarrenrauchen und die vielen Weißbiere fordern ihren Tribut. Dazu gesellt sich eine notorische Abneigung gegen das Training. Umso intensiver übt der Spieler seine Fähigkeiten beim Zocken. Er ist gern gesehener Gast in Spielcasinos, verliert größere Summen in Landgasthäusern und Bars oder beim Wetten auf der Galopprennbahn Baden-Baden. Die Leidenschaft für Hochprozentiges und das Feiern wird sein ständiger Begleiter. Die Medien sichten Basler in Kneipen wie dem Michelangelo in Landshut oder dem Absolut in Olching bei München, wo er Longdrinks testet. Die Gratis-Weißbierlieferungen des Sponsors Erdinger lässt Basler links liegen: »Bei mir hat eine Kiste schon mal sechs Wochen gereicht. Es gibt Spieler, die öfter nachbestellen.« Der Partygänger taucht in Hamburg auf, stößt mit dem Sänger Udo Lindenberg an, zeigt sich in den Szenelokalen in Berlin und Frankfurt. Zwei Tage vor dem Lokalderby gegen Unterhaching macht Basler im Münchner Maximilian's die Nacht zum Tag und verlässt erst gegen 2.30 Uhr morgens das Etablissement. Bei einer

Geburtstagsfeier des Kumpels Dietmar Hamann bearbeitet Basler einen Spieler der Regionalliga-Mannschaft des FC Bayern mit den Fäusten. Dafür erhält der Delinquent eine Geldstrafe von 10 000 Euro.

Um Argumente für einen Rauswurf zu finden, greifen Hoeneß und Rummenigge zu einer höchst ungewöhnlichen Methode: Sie engagieren einen Privatdetektiv. Das ist nicht gerade das Bild des fürsorglichen Arbeitgebers, das die Vereinsoberen so gern malen. Der Schnüffler folgt Basler auf seinen Ausflügen an die Theken Deutschlands, listet akribisch Aufenthaltsdauer und Zahl der Getränke auf. Nach dem Skandal in Regensburg recherchiert Hoeneß höchstpersönlich bei der Polizei. Auch Zeugen wie den ehemaligen Bayern-Profi Hans Dorfner vernimmt der Manager über die Vorfälle in der Trattoria da Fernando. Sünder Basler muss vor das Bayern-Tribunal. Er verliest eine Aussage, wonach er Opfer eines pöbelnden Gastes geworden sei. »Ein dreister und impertinenter Auftritt«, donnert Rummenigge. Hoeneß spricht von der Spitze des Eisbergs, die da sichtbar werde. Der Bayern-Vorstand verfolgt den Entlassenen noch im Jahr 2003, mehr als drei Jahre nach den Vorfällen, mit seiner Häme. Anlässlich Baslers neuen Jobs an der Seite Effenbergs als Kicker in Katar lästert Hoeneß: »Ich weiß, dass man da öffentlich keinen Alkohol trinken darf. Da wird er Probleme kriegen.« Wer so einen Chef hat, braucht keinen Feind mehr.

Kicker: Die wichtigsten Quellen zum Geldverdienen

Es zeigt sich, die obersten Vermögensverwalter der Bayern gehen mit ihrem wichtigsten Gut, den Kickern, nicht immer pfleglich um. Vielleicht liegt eine Entlassung in der höheren Logik, den Rest der Truppe zu beruhigen und zu besseren Leistungen anzustacheln. Da wirkt das öffentliche Statuieren eines Exempels manchmal Wunder. Es ist und bleibt aber das riskanteste Spiel beim Managen des Münchner Vereins. Denn der entscheidende Kostenfaktor ist der Mannschaftskader. Der schlägt beim FC Bayern ordentlich zu Buche – genau wie bei jedem anderen Club in Europa. Laufende Gehälter und Ablösesummen steigen Jahr für Jahr.

Geradezu überirdisch wirken Transfersummen wie die 73 Millionen Euro, die Real Madrid für Zinedine Zidane zahlte, oder die 55 Millionen Euro für Luis Figo. Solche Regionen sind für den FC Bayern München und andere deutsche Clubs nach wie vor unerreichbar – jenseits der Frage, ob es Sinn macht, so viel für zwei Kickerbeine auszugeben. »Die wirklich großen Spieler können sich nur die ganz großen Clubs leisten«, sagt Uli Hoeneß. Bayern München zahlte allein in der Saison 2001/2002 rund 56 Millionen Euro für seine Spieler. Das sind fast 32 Prozent des Umsatzes von 176 Millionen Euro. Die teuren neuen Spieler wie Makaay mit 19 Millionen Euro Ablöse, Zé Roberto mit 9,5 Millionen, Sebastian Deisler mit neun Millionen oder Michael Ballack mit sechs Millionen treiben diesen Anteil noch weiter nach oben. Mit knapp einem Drittel vom Umsatz liegen die Bayern an der Untergrenze im nationalen und internationalen Wettbewerb. Andere Vereine kommen auf wesentlich mehr. Borussia Dortmund gibt zwei Drittel seiner Einnahmen für Personal aus. Zum Vergleich: Das Mittel der Bundesliga lag bei 49 Prozent. Berechnet man gar die Steigerung der Gehälter seit Bestehen der Bundesliga, so haben sich die Summen vertausendfacht. Die letzten fünf Jahre betrachtet, stiegen die Gehälter der Kicker in der Bundesliga im Durchschnitt um 100 Prozent. Die Umsätze zogen dagegen nur um 25 Prozent an.

Es liegt auf der Hand, dass diese Schere zwischen Ausgaben und Einnahmen nicht so schnell zu überbrücken ist. Die Folge sind deshalb geringere Gewinne oder gar

Verluste. Die jüngste Erhebung zeigt: Die Bundesliga ist mit über 600 Millionen Euro verschuldet. Bei der britischen Profiliga beträgt der Anteil der Spielergehälter 62 Prozent des Umsatzes. Katastrophal hoch ist das Verhältnis bei den Italienern: 2002 mussten die Vereine 90 Prozent ihres Umsatzes an die Spieler weiterreichen. Kein Wunder, dass die italienischen Clubs dunkelrote Zahlen schreiben. Italiens Ministerpräsident Silvio Berlusconi, im Nebenberuf Unternehmer und Eigentümer des AC Mailand, musste im Herbst 2003 seinem Not leidenden Club mit einer Finanzspritze von 60 Millionen Euro aushelfen, um Schlimmeres zu verhindern. Trotz des Champions-League-Sieges 2003 blieb unterm Strich nichts übrig. Im Gegenteil: Die Personalausgaben stiegen von 122 Millionen auf 153 Millionen Euro – eine Kostenexplosion von 25 Prozent in nur einem Jahr. AS Rom wies für 2003 einen Verlust von über 100 Millionen Euro aus. Allein die Gehälter verschlangen 94 Millionen Euro. Noch extremer der Nachbar Lazio Rom mit 120 Millionen Euro Miesen bei 106 Millionen Euro Bezahlung für die Spieler. Auch Real Madrid nahm in der Saison 2003 nur 192 Millionen Euro ein, gab aber 290 Millionen Euro aus und produzierte damit ein dickes Minus. Hoeneß mahnt bereits seit Jahren wie ein Wanderprediger: »Die ersten Pleiten sind in Sicht.« Bisher blieben sie aber aus.

Das Dauerproblem der hohen Einkommen ist für alle gleich. Auch Rummenigge beklagt die »irrationalen Gehälter und Ablösesummen« und prognostiziert: »Ich gehe davon aus, dass die Gehälter in den nächsten Jahren noch drastischer sinken, denn ab 2004 laufen immer mehr Verträge aus. Und die können nicht mehr zu den alten Konditionen abgeschlossen werden, weil die Einnahmen fehlen.« Die Experten der Fußballbranche sind sich uneins, ob die Honorare für die Kicker dauerhaft rückläufig sind. Für die Superstars werden wohl nach wie vor üppige Gelder fällig. Aber die Schuldenlast vieler Vereine und die

Unsicherheit der Entwicklung auf der Einnahmenseite lassen zumindest keine überdurchschnittlichen Steigerungen erwarten. Die Statistik belegt diesen Trend: In Deutschland beliefen sich in der Saison 2001/02 die Transferkosten auf 181 Millionen Euro. 2002/03 waren es nurmehr 102 Millionen Euro und für 2003/04 schmolz der Betrag auf 33 Millionen Euro. Von den knapp 140 verpflichteten Spielern waren über 70 ablösefrei.

Ein in der freien Wirtschaft erprobtes Gegenmittel ist der Versuch, die Zahlungen der Sportler besser als bisher an die Leistungen zu koppeln. So wie ein Geschäftsführer zu einem Grundgehalt Boni und Tantiemen erhält, wenn er den Umsatz steigert oder besonders üppige Gewinne erzielt, so findet der Profi nur dann den Maximalbetrag auf seinem Konto, wenn er ein Minimum an Einsätzen bringt und sein Club in der Bundesliga oder den internationalen Wettbewerben vorn mitmischt. Die Bayern-Manager achten bei Spielerkäufen darauf, die variable Quote nach oben zu drücken. Hoeneß kündigt im Fall schlechter Leistungen an, dass »wir bei neuen Verträgen die Grundgehälter um 30 bis 40 Prozent reduzieren müssen«. Ideal wäre Halbe-Halbe. Bei Altverträgen tun sich die beiden Manager jedoch schwer. Denn kein Spieler stimmt freiwillig einer Verschlechterung seiner Konditionen zu.

Der Vorteil solcher Maßnahmen liegt auf der Hand: Gewinnen die Bayern die Meisterschaft oder schaffen sie in der Champions League das Halbfinale, fließen mehr Einnahmen in die Kassen. Das macht es leichter, einen Teil an die Aktiven weiterzureichen. Umgekehrt bringt ein frühes Ausscheiden beim UEFA-Cup weniger Bares, dafür wird auch weniger für die Kicker fällig. Und die Maßnahmen schlagen bereits an: Im abgelaufenen Geschäftsjahr 2002/03 sanken die Profigehälter bei der AG erstmals um zehn Prozent.

Sogar einschneidende Maßnahmen werden in der Bundesliga diskutiert. Eine Idee ist die Deckelung der Gehälter. Die US-Profiligen nutzen diese Salary Caps seit Jahren. Das Konzept sieht vor, die Ausgaben für die Spieler auf eine bestimmte Prozentsumme vom Umsatz zu begrenzen oder eine Höchstgrenze pro Spieler festzulegen. Das Ergebnis wäre ein Ausgleich zwischen den starken und den schwächeren Clubs, da sich Letztere dann eher mal einen Neuzugang leisten könnten. Der Nachteil: Es bedroht die Dominanz der finanzstarken Clubs. Rummenigge war phasenweise den Salary Caps gegenüber nicht abgeneigt, ganz anders als sein Kollege Hoeneß: »Davon halte ich gar nichts.«

Investition in Beine – vom Schnäppchen zum Fehlkauf

Eher versuchen es die Bayern-Manager mit der althergebrachten Methode, die Mannschaft oder einzelne Spieler kräftig durchzuschütteln. Eigentlich bleiben dem Arbeitgeber in der Fußballbranche wenig Möglichkeiten, das Beste aus seinem Investment herauszuholen. Grundlage ist immer ein Arbeitsvertrag mit festgelegter Laufzeit. Der enthält Klauseln, nach denen der Spieler bei Erreichen bestimmter Mannschaftsziele, etwa der Meisterschaft in der Bundesliga oder des Viertelfinales in der Champions League, eine Prämie erhält. Das ist quasi ein positiver Leistungsanreiz.

Ansonsten lässt sich die Leistung des Profis nur bedingt einfordern. Liefert er ein laues Spiel, kann das eine schwache Tagesform sein oder einfach nur Unlust. Von Verletzungen ganz zu schweigen. Zudem ist die Leistung schwer messbar. Viele vertrauen auf subjektive Einschätzungen oder ihr Bauchgefühl, geben Noten nach dem Schulsystem oder behelfen sich mit Kategorien wie »schlecht«, »gut«, »durchschnittlich« oder »überirdisch«. Das unterscheidet sich stark von den meisten Berufen in Handel,

Dienstleistung oder Industrie. Dort ist die Qualität der Arbeit in der Regel messbar, etwa am Output, am Umsatz oder der pünktlichen Fertigstellung eines Projekts. Aus Sicht des FC Bayern bieten sich deshalb kaum Ansatzpunkte, einen Kicker wegen schlechter Leistung zu feuern, ohne zugleich die volle vereinbarte Summe über die Laufzeit des Vertrags auszahlen zu müssen. Da schiebt das deutsche Arbeitsrecht einen Riegel vor. Als letzte Möglichkeit steht allenfalls ein Verkauf zur Debatte. Hoeneß hat bereits in der Vergangenheit das Ungleichgewicht zugunsten der Spieler mehrfach kritisiert, »so nach dem Motto: Wenn ich schlecht spiele, zahlt der Verein mich weiter; wenn ich gut spiele und andere Angebote bekomme, finde ich schon einen Weg aus dem Vertrag.«

An Disziplinierungsinstrumenten bleibt wenig, etwa das Verbannen auf die Reservebank, in der schärferen Form die Suspendierung. Oder Methoden der psychologischen Kriegsführung. Das bedeutet, einen Knüppel herauszuholen und verbal auf die Kicker einzudreschen. Da bieten die Vereinsbosse immer neue Varianten derselben Melodie. Als beispielsweise die Mannschaft im Herbst 2003 schwächelt, nölt der Kaiser: »Da läuft alles nur noch in Zeitlupe ab«, es drohe »das Niemandsland in der Bundesliga«. Und er gibt den Kickern noch eins mit: »Ich kann nicht verstehen, dass sich eine Klasse-Mannschaft, die zu den besten Europas gehört, durch ein, zwei Spiele so aus dem Rhythmus bringen lässt.« Die Kritik beschränkt sich nicht auf die Stammelf. Rummenigge schimpft nach einem schwachen Spiel über die »Kindergartentore«, das sei »eine Beleidigung für den Namen FC Bayern«. Exemplarisch ist Hoeneß' Generalabrechnung mit seinen Angestellten in der Saison 2001/2002 nach einer 1:2-Niederlage gegen den FC St. Pauli. »Die Spieler begreifen nicht, dass Fußball aus totaler Arbeit besteht – sieben Tage die Woche. 30 Minuten nach Spielschluss werden schon wieder Karten gespielt und Sprüche geklopft. Die Spieler essen Scampi und ich habe eine schlaflose Nacht. Jeder sieht, dass wir einen Dreck spielen. Wir versuchen uns seit neun Spielen über die Zeit zu retten. Aber jetzt ist der Zeitpunkt gekommen, den Finger in die Wunde zu legen.« Legendär ist Beckenbauers Brandrede nach dem verlorenen 0:3-Spiel gegen Lyon während der Champions League 2000/01. Beim Bankett im Salon Tête d´Or des Hotels Hilton flogen die Fetzen. »Das ist eine andere Sportart, die wir spielen. Das ist nicht Fußball. Das ist Uwe-Seeler-Traditionsmannschaft, Altherrenfußball. Wenn ihr so weiterspielt, werden die ganzen Trophäen sicherlich nicht nach München gehen.« Ganz nebenbei legte der Vereinspräsident den Spielern nahe, sich gegebenenfalls einen anderen Job zu suchen.

Gern nehmen die Bayern-Manager auch einzelne Spieler unter Feuer. Damit decken sie unfreiwillig die eigenen Schwächen auf. Denn es drängt sich unwillkürlich der Verdacht auf: Die Einkaufspolitik des FC Bayern München ist nicht so professionell wie gedacht. Bei weitem nicht immer gelingen solche Schnäppchen wie bei Torwart Oliver Kahn, den Rummenigge »unseren besten Kauf der vergangenen 15 Jahre« nennt. Der kostete zur Saison 1994/95 lächerliche 2,3 Millionen Euro Ablöse. Andere Kicker zeigten sich als weniger gutes Investment.

Der Abwehrstar Martin Demichelis beispielsweise blieb lange Zeit den Beweis schuldig, die 4,5 Millionen Euro Ablöse wert zu sein. Den Argentinier, in seiner Heimat als »der neue Marschall« und als junges Ebenbild von Beckenbauer gefeiert, verpflichtete der FC Bayern im Januar 2003. Rummenigge persönlich hatte den Spieler ausgeguckt und lobte: »Demichelis ist technisch versiert, ist kopfballstark und hat ein gutes Tackling. Mit ihm haben wir unseren absoluten Wunschspieler für die Defensive verpflichtet.« Die Wirklichkeit sieht ganz anders aus. Der teure Neuzugang kam in der Saison 2003/04 monatelang nicht zum Einsatz. Teilweise war er nicht ganz fit, teilweise wollte

Trainer Hitzfeld ihn nicht einsetzen. Wie auch immer: Er ist ein kostspieliger Bayern-Angestellter, dessen Arbeit sich auf das Zuschauen von der Bank aus beschränkt. »Die anderen drei Innenverteidiger haben alle ihre Chance bekommen. Ich noch nicht«, meldete der Südamerikaner im Herbst lautstark Protest gegen seine Verbannung vom Spielfeld an und setzte hinzu: »Ich bin unglücklich.« Seine Arbeitgeber waren bislang ebenso unglücklich – drohte ihnen doch ein Flop. Zu frisch sind noch die Erinnerungen an Kalle Del'Haye, der zur Saison 1980/81 von Borussia Mönchengladbach nach München kam und dort vornehmlich seinen Arbeitsplatz auf der Reservebank fand. 1984 flüchtete der Kicker zu Fortuna Düsseldorf. Hoeneß atmete auf.

Dagegen hielt der AG-Vorstand beim Luxusshopping von Zé Roberto lange die Luft an. Mit 9,5 Millionen Euro Ablöse war der Brasilianer bis zum Erscheinen von Makaay der teuerste Zukauf des FC Bayern. Beckenbauer begründete das Engagement schlicht so: »Wir wollten Zé Roberto, weil er Fußball spielen kann.« Der Mittelfeldspieler, Jahrgang 1974, kickte vorher bereits in São Paulo und Rio de Janeiro, für Real Madrid und Bayer Leverkusen. Im Juni 2002 zog er nach München um. Doch die Leistungen waren in der Saison 2002/2003 durchwachsen. Kaum dass die Zuschauer von brasilianischem Ballzauber oder Kampfgeist verwöhnt wurden. Roberto, der höhere Wesen für sein Können verantwortlich macht (»Meine Dribblings sind ein Geschenk Gottes«), sucht die Fehler mehr im Mentalen: »Ohne Disziplin kannst du in Deutschland kein Fußball spielen. Disziplin und Konzentration musste ich hier erst lernen.« Das mochte alles richtig sein. Nach einem Jahr lautete die Bilanz: 31 Matches, ein Tor, 14 Vorlagen. Unterm Strich bisher ein Fehlkauf. Überdeutlich macht Hoeneß seinem Unmut Luft: »Ich finde, er hat eine schlechte Saison gespielt, im Verhältnis zu seinem Können und dem Geld, das er kostete.« Das ist selbst in den Kategorien eines Hoeneß eine deftige Kopfnuss. Plus eine Ohrfeige als Zugabe: »Man sage mir fünf gute Spiele von ihm. Es war nicht genug, diesen Hinweis hat Zé erhalten.« Der reagiert verschnupft. »Ich war zufrieden«, so Robertos Selbsturteil. »Ich habe eine normale, aber keine sehr gute Saison gespielt.« Und er droht mit vorzeitigem Abgang: »Mein Vertrag gilt bis 2005, aber ich will nicht bleiben, wenn Bayern mit mir unzufrieden ist.« Wer weiß, vielleicht nehmen Rummenigge und Hoeneß das Kündigungsangebot doch noch an.

Sebastian Deisler: Das verlustreichste Investment der Bayern

Über einen anderen Einkauf sind die Bayern-Manager noch unglücklicher: Sebastian Deisler. Die Volkskrankheit Depression, die bei dem Spieler im Herbst 2003 offen zutage trat, macht ihn zur traurigen Figur. Sie wirft ein Schlaglicht auf einen verschlossenen Menschen, der schwer an seinem Schicksal zu tragen hat und Mitgefühl verdient.

Deisler kam im Juli 2002 zu den Bayern. Sein Vertrag läuft noch bis Juni 2006. Für neun Millionen Euro Ablöse warb der Vorstand den Spieler von Hertha BSC Berlin ab. Beckenbauer lobte Deisler als »das größte Talent des deutschen Fußballs«. Rummenigge sah »unheimlich viel Technik« und den »genialsten Spieler, den wir in Deutschland haben«. Geboren 1980 in Lörrach, genauso wie sein Trainer Otmar Hitzfeld, bestritt der Kicker die ersten Bundesliga-Spiele bei Borussia Mönchengladbach. Bereits im Sommer 2001 war sich Deisler mit den Bayern einig. Dabei kam eine schmutzige Abwerbepraxis der Bayern ans Tageslicht: Hoeneß und Rummenigge warfen dem Profi ein finanzielles Zuckerl hin. Deisler erhielt vorab zehn Millionen Euro. Das deklarierten die Bayern-Verantwortlichen im Nachhinein als »Darlehen«. Das hat ein Gerüchle, wie die Schwaben sagen. Hoeneß wischt das beiseite wie ein paar Krümel: »Um einen Spieler zu locken, musst du heute gewisse Dinge machen.« Deisler war entsetzt, dass diese Vertragsabsprachen an die Öffentlichkeit gelangten. »Das hat mich wie ein Schlag getroffen. Ich bin ins Zweifeln gekommen und habe mich gefragt, wem ich eigentlich noch trauen kann.« Eigentlich sollte der Deal geheim bleiben. Aber die Medien bekamen Wind von der Sache, eine Zeitung druckte den Kontoauszug Deislers. Schon damals erhielt seine Psyche einen Knacks. »Über Nacht wurde ich gehasst«, sagte der Spieler. Die Zuschauer in Berlin pfiffen ihn aus. »Können Sie sich vorstellen, wie weh das tut? Ich dachte, ich zerbreche, es war kaum auszuhalten.«

Solche Tricks jenseits der etablierten Regeln sind kein Einzelfall. DFL-Manager Heribert Bruchhagen kritisierte es als »verwerflich und absolut nicht in Ordnung, wenn Spieler in der laufenden Saison bereits Gelder von ihrem künftigen Arbeitgeber in Empfang nehmen«. Auch bei Sebastian Kehl zückten die Bayern-Manager vorab das Scheckbuch. 0,7 Millionen Euro, fast ein Taschengeld, ließen sie springen, um dem Kicker ein Jawort zu entlocken und ihn früh auf den Club einzuschwören. Offenbar reichte die Aussicht, beim Münchner Rekordmeister spielen zu dürfen, nicht als Anreiz. Noch peinlicher für die Erfolg gewohnten Vorstände: Kehl schlug das Angebot am Ende aus und wechselte stattdessen zum Jahresbeginn 2002 zu Borussia Dortmund. Das Geld überwies er zurück. Für die Bayern-Manager war Kehls Absage eine Majestätsbeleidigung. Hoeneß drohte erbost mit dem Arbeitsgericht und warnte den Spieler: »Wenn er nicht kommt, wird das transferrechtlich ein Riesentheater geben.« Es einmal selbst zu spüren, wenn andere die Methoden des FC Bayern anwenden, brennt in der Seele des Vorstands. »Dann verliere ich vielleicht wieder einmal den Glauben an die Menschheit«, sagte Hoeneß pathetisch. »Und wenn ich das tue, dann wird es gefährlich.« Es passierte nichts.

Auch Deisler bekam Angst vor dem Finanzamt und überwies die Anzahlung zurück. Der Mensch Deisler galt schon in seiner aktiven Zeit in Berlin als introvertiert und zurückhaltend gegenüber Fans und Öffentlichkeit – nicht gerade die besten Voraussetzungen für das Entertainmentbusiness Fußball. Der Sportler erklärte, er wolle »kein Popstar sein« und es sei »schwer für mich zu verstehen, warum die Leute so viel von mir erwarten«. Mit der Rolle als Idol könne er sich nicht anfreunden. »Ich wurde einer, der ich nie sein wollte.« Deisler versuchte sich rar zu machen, richtete eine eigene Website ein, auf der Fans und Medien Neuigkeiten über den Jungstar wider Willen lesen können. Die sind auch nicht gerade erhellend, etwa die Mitteilung, er habe gerade den Kinofilm »Das Boot« im Original gesehen. Bereits bei Hertha beklagte er sich über den Leistungsdruck. Er will spielen wie ein Brasilianer, sieht seinen Beruf fast wie eine meditative Selbstverwirklichung. »Ich drücke mich über Fußball aus. Wenn ich spiele, gebe ich etwas von meiner Seele preis.« Immerhin – er leistete sich einen eigenen Berater und signalisierte früh sein fußballerisches Traumziel: beim FC Bayern München aufzulaufen.

Uli Hoeneß wünschte sich vom Neuling, er solle bald in die Stapfen von Stefan Effenberg treten. »Das sind natürlich hohe Erwartungen«, antwortete Deisler. Jenseits seiner psychischen Probleme hat der Spieler mit einer anderen Schwierigkeit zu kämpfen: seiner extremen Verletzungsanfälligkeit. Noch bei seinem alten Arbeitgeber Hertha zog sich Deisler beim Spiel einen Schaden an der Kniescheibe zu. Da hatte er bereits bei den Bayern unterschrieben. Er musste operiert werden. Schon wenige Monate darauf passierte ein neues Malheur – wieder war die Kniescheibe angeschlagen. Deisler verbrachte die Weltmeisterschaft zu Hause. Im Sommer 2002 wurde der Kicker zweimal operiert. Erst im Dezember 2002 trat der Neu-Münchner zu einem ersten individuellen Training in der

Säbener Straße an. Einen Monat später gesellte sich Deisler zum ersten Mal zum Mannschaftstraining mit seinen Kollegen. Seinen Einstand im Trikot des FC Bayern München gab er im Februar 2003 im Spiel des DFB-Pokals gegen den 1. FC Köln. Das war sein erster Einsatz nach 262 Tagen. In seiner ersten Saison absolvierte der teure Angestellte lediglich acht Bundesliga-Einsätze. In keinem einzigen Match spielte er über die vollen 90 Minuten.

Haben die Bayern-Manager die körperliche Konstitution ihrer Akquisition falsch eingeschätzt? Die Krankengeschichte Deislers liest sich wie eine einzige Kette von Ausfällen: Im September 1999 riss sich der Profi das Kreuzband und den Meniskus im rechten Knie an – Deisler musste unters Messer. Zwei Monate später erneuter Meniskusriss. Im April 1999 erlitt der Sportler eine Innenbanddehnung, vier Monate darauf einen Muskelfaserriss. Im Dezember 1999 riss das Kreuzband rechts, zugleich stellten die Ärzte einen Meniskusschaden fest: erneute Operation. Im März 2000 war es die Leiste. Das erforderte einen weiteren Krankenhausaufenthalt mit Operation. Im Oktober 2000 ein relativ harmloser Vorfall – ein Bluterguss im Knie. Der nächste Muskelfaserriss stellte sich vier Monate später ein. Im August 2001 tauchten Adduktorenprobleme auf. Danach die zwei Eingriffe an der Kniescheibe. Und in der Saison 2003/04 wiederholt sich das alte Problem: Muskelfaserriss.

Wohl dämmert es den Verantwortlichen in München, dass da bei ihrem Zukauf etwas schief gelaufen ist. Sie unterschätzten die Schwere der Vorverletzungen. Obwohl Deisler, wie jeder andere Neuzugang, eine Reihe medizinischer Tests hatte durchlaufen müssen. Die Bayern-Manager werden ungeduldig. Was alles noch viel schlimmer macht: Nicht mal als Publikumsliebling taugt der Spieler. Und als würdiger Vertreter des FC Hollywood schon gleich gar nicht. Das Einzige, was Deisler aus seinem Privatleben herauslässt, sind Infohäppchen, die niemanden satt machen. So berichtet er, einen vierwöchigen Urlaub mit Ayurveda-Kur an der spanischen Costa Brava gebucht zu haben. Seine brasilianische Freundin Eunice erwarte ein Kind von ihm – im Januar 2004 war die Geburt von Sohn Raphael. Und Nullsätze wie »Ich bin 100-prozentig fit« oder »Ich bin sehr glücklich, beim FC Bayern zu spielen«.

Seine Vorgesetzten sind es im Sommer 2003 weniger. Sie wollen eine bessere Verzinsung ihres lebenden Inventars. »Es wäre nicht schlecht, wenn Deisler Häuptling wäre. Ein Führungsspieler muss extrovertiert sein«, fordert Rummenigge. »Aber wir können die Spieler nicht ändern. Deisler will nur trainieren, ab nach Hause. Er hat außerhalb am liebsten seine Ruhe.« Diese Passivität und die Verweigerung werbewirksamer Auftritte ärgern auch Hoeneß. Er wird massiv: »Jetzt muss man Forderungen an Sebastian stellen. Wir können nun nicht mehr sagen, es wird schon – er muss sich aufdrängen. Und er wird sich öffnen müssen.« Selbst Deisler-Fan Beckenbauer ist sauer: »Er muss selbstbewusster und frecher werden.« Der Kritisierte hält dagegen: »Ich verstehe nicht, warum die Leute mich nicht so akzeptieren, wie ich bin.« Da hat er offensichtlich das Marketingsystem des FC Bayern noch nicht verinnerlicht. Die Bayern-Bosse wollen, dass er auch abseits des Rasens eine gute Figur macht. »Mit Sicherheit gibt es da einen Interessenkonflikt«, erklärt Deisler, »aber ich bin keiner, der hier vorne rumtanzt.« In der Öffentlichkeit zeigt sich der Spieler praktisch nie, Interviewanfragen von Journalisten weicht er aus, seine Website schließt er. Dafür beschäftigt sich die sensible Person mit Fragen des Buddhismus, besucht den Dalai Lama.

Ende November 2003 eskaliert der Fall Deisler. Der Münchner Club meldet, Deisler falle wegen einer Grippeinfektion länger aus. Dann die Meldung: Der Kicker befindet sich in einer Münchner Spezialklinik für Nervenkranke. Was folgt, ist bittere Ironie des FC Bayern: Rummenigge und Hoeneß erleben plötzlich die öffentliche Resonanz, wenn auch unter anderem Vorzeichen: Rummel um ihren Star. Vorstand Hoeneß lädt zu einer Pressekonferenz. 50 Journalisten, ein Dutzend Fotografen, acht TV-Teams verfolgen das Spektakel. Das ist mehr, als der publicityerprobte Verein sonst auf die Beine stellt. Zur Erklärung legt der Manager Details aus dem sorgsam gehüteten Privatleben Deislers offen. Damit passiert das Unvermeidliche – der Verein beherrscht über Wochen die Titelseiten der Boulevardpresse.

Professor Florian Holsboer höchstpersönlich, der Leiter des Münchner Max-Planck-Instituts für Psychiatrie, erläutert vor den Medien die Krankheit. Der Auslöser war ein Gespräch, das Deisler mit Kahn, Ballack, Rummenigge und Hoeneß führen sollte. Der Kranke rief an: »Ich kann nicht mehr. Ich bin fertig. Ich brauche Hilfe.« Der Arzt untersuchte den prominenten Patienten und diagnostizierte eine Depression. »Die Ursache der Krankheit liegt in den vielen Belastungen, die zuletzt auf ihn einströmten. Deisler hat sich selbst zu sehr unter Druck gesetzt«, erklärt der Fachmann. »Es ist ja sein eigener Wunsch gewesen, nach den vielen Verletzungen gute sportliche Leistungen zu bieten.« Der Patient wohnt in dem Institut in einem Einzelzimmer. Von seinen Kollegen, von Trainer und Vorständen will er niemanden sehen. Zur körperlichen Fitness dient die hauseigene Turn- und Schwimmhalle. Der Arzt verschreibt ihm Antidepressiva und eine Gesprächstherapie. Wie lange die Krankheit voraussichtlich dauern wird, also der Einsatz für den FC Bayern ausgeschlossen ist, dazu macht der Professor keine klaren Angaben: »Das kann in einigen Wochen vorbei sein, das kann auch ein längerer Weg sein.« Der Arzt zeigt sich optimistisch, dass Deisler an seinen Arbeitsplatz zurückkehrt. »Wir wollen eine belastbare Stabilität schaffen, die auch unter Medikamenten stattfinden kann«, sagt Holsboer. »Diese kann auch zur vollen Leistungsfähigkeit führen, ohne dass diese Medikamente dieser Leistungserbringung im Wege stehen.« Zu dem Zeitpunkt ist also unklar, ob sich die Neun-Millionen-Euro-Anlage noch jemals für die Bayern rechnet.

Dafür nimmt die Geschichte um den Kranken immer bizarrere Formen an. Jedes Detail aus der Max-Planck-Klinik reizt zu neuen Spekulationen. Deisler lässt seine Eltern, die sich vor wenigen Wochen getrennt haben, nicht zu Besuch kommen. Nicht einmal Telefonate sind erwünscht. Von den Kollegen und Vorgesetzten seines Münchner Clubs will er weiterhin niemanden sehen oder sprechen. Dafür erscheinen zur Überraschung des Bayern-Managements drei unbekannte Freunde aus Berlin bei dem Spieler. Eine arbeitslose Schauspielerin stellt sich als Deislers persönliche Pressereferentin vor. Ein pensionierter Beamter aus Potsdam, ehemaliger Haushaltsexperte im Wissenschaftsministerium, ist der neue Generalbevollmächtigte des Millionen-Kickers, verfügt über dessen Vermögen und reguliert dessen Verträge. Ein Maler, der sich Deislers Imageberater nennt, gehört ebenso zur Clique Deislers wie der RTL-TV-Star Sven Martinek, bekannt durch die Action-Serie »Der Clown«. Deisler kennt seine Kumpels von Kriya-Yoga-Kursen, die sie gemeinsam in Berlin besuchten. »Das hat nichts mit einer Sekte zu tun«, sagt Martinek. Hoeneß ist besorgt: »Die Leute, die ihm nicht helfen wollen, werden wir aussortieren.«

Der Club lässt Nachforschungen anstellen. Das ärgert den Patienten und schafft sofort die nächste Eskalation. »Wer hat das Recht, mir nachzuspionieren?« Deisler ist entsetzt, wie seine Freunde behandelt werden: »Sie sind völlig fertig nach all dem, was sie in den Zeitungen über sich lesen mussten. Dafür müssen sie in der Öffentlichkeit rehabilitiert werden.« Er fordert eine formelle Entschuldigung von Hoeneß. Der reagiert unwirsch: »Wir haben uns für nichts zu entschuldigen. In diesem Geschäft gibt es nur Pharisäer.« Wobei er damit selbstverständlich nicht sich selbst meint. Später jedoch kommt es zu einem Versöhnungstermin in der Klinik.

Doch auch solche wortreichen Drohungen übertünchen nicht die Hilflosigkeit des Managements in einer solchen Situation. Fakt ist: Finanziell gesehen droht der Einkauf Deisler zu einem der teuersten Flops in der Geschichte des FC Bayern zu werden. Bayerns Ministerpräsident Edmund Stoiber sah Ende 2003 den Deisler-Transfer als »eines der größten Verlustgeschäfte, die der FC Bayern je gemacht hat«. Stoiber: »Er ist dem Druck nicht gewachsen. Ich gehe davon aus, dass Sebastian Deisler nie mehr für den FC Bayern spielt.« Aber ab Februar 2004 übte der Spieler bereits wieder an der Säbener Straße. Dennoch steht den Kosten seit Beginn der Vertragslaufzeit kein entsprechender Wert an Leistung gegenüber. Die über zwei Millionen Euro anteilige Ablösesumme pro Jahr versickern wie Wasser im Wüstensand. Es bleibt fraglich, ob der Verein den Athleten jemals verkaufen und die neun Millionen Euro Ablöse wieder hereinholen kann. Das Geld bleibt als rechnerisches Minus in den Bilanzen.

Bayern-Manager auf Einkaufstour: Roy Makaay und die kostspielige Verpflichtungspolitik

Man kann sich die Geburt einer Strategie so vorstellen: Irgendwann im Jahr 2001 haben sich Hoeneß, Rummenigge und Beckenbauer zusammengesetzt und die Personalakten ihrer Spieler studiert. Besonders die Spalte mit den Altersangaben hat es ihnen angetan. Sie zücken einen Taschenrechner. Schließlich kommen sie zu der Überzeugung: Unsere Mannschaft ist im Durchschnitt zu alt. Wir haben zu viele an oder jenseits der Grenze von 30 Jahren. Das führt im nächsten Schritt zu der Entscheidung: Der FC Bayern muss sich verjüngen. Die Alten weg, frisches Blut zukaufen. Wie beschlossen, so verkündet: Die Bayern-Manager legen ein Zweijahresprogramm auf, wollen bis Ende 2003 das Team runderneuern. Damit entsteht »die beste Mannschaft aller Zeiten«, wie Hoeneß in der Folge betont.

In der Saison 2001/02 beginnt die große Shoppingtour. Über 20 Millionen Euro gibt der Verein für Zukäufe aus. Es kommen der Peruaner Claudio Pizarro vom SV Werder Bremen für acht Millionen Euro, Niko Kovac vom Hamburger SV für 5,5 Millionen, sein Bruder Robert von Bayer Leverkusen für 8,3 Millionen. Dazu der ablösefreie Pablo Thiam vom VfB Stuttgart. Für die Saison 2002/03 langen die Vorstände des FC Bayern nochmals tief in die Tasche. Diesmal sind fast 25 Millionen Euro fällig. Neben Sebastian Deisler erwerben die Manager vom Erzrivalen Bayer Leverkusen Michael Ballack für sechs Millionen und den Brasilianer Zé Roberto für 9,5 Millionen. Im letzten Durchgang zu Beginn der Saison 2003/04 sind es der Argentinier Martin Demichelis zum Preis von 4,5 Millionen und Tobias Rau von Wolfsburg für 2,5 Millionen. Als Verstärkung vom Amateurlager des FC Bayern gesellt sich Bastian Schweinsteiger hinzu. Und natürlich der teuerste Kauf in der Bundesliga-Geschichte: Roy Makaay für knapp 19 Millionen Euro. Alles in allem sind das nochmals 26 Millionen Euro Kosten für die Saison und rund 70 Millionen Euro Investitionen für die gesamte Periode, deutlich mehr als bei jedem anderen Club in der Liga.

Ende 2003 ist die Bilanz der Akquisitionen noch mau. Zwar entpuppte sich Ballack als Volltreffer – der perfekte Kauf für die bezahlte Summe. Andererseits schlägt nicht nur Totalausfall Deisler negativ zu Buche: Auch der von Dauerverletzungen geplagte Santa Crúz und Demichelis sind zu selten im Einsatz. Roberto brachte nach Ansicht der Bayern-Verantwortlichen ebenfalls zu wenig. Niko Kovac wechselte bereits wieder zu Hertha BSC Berlin.

Die bedeutsamste Geldanlage ist jedoch der 19-Millionen-Mann Makaay. Das Hickhack im Vorfeld des Engagements wirft ein Schlaglicht auf die Praktiken am Markt und zeigt, dass sich selbst die geschäftstüchtigen Bayern schon mal über den Tisch ziehen lassen. Der niederländische Stürmer, Jahrgang 1975, spielte beim spanischen Club CD Teneriffa, als ihn Deportivo La Coruña für sieben Millionen Euro zur Saison 1999/2000 holte. In über 130 Einsätzen in der ersten Liga schoss der Spieler 79 Tore. In der Saison 2002/03 war er der Torschützenkönig Spaniens. Bei den Aufeinandertreffen von La Coruña und FC Bayern in den zwei Champions-League-Begegnungen erzielte Makaay vier der fünf Tore. Jedes Mal gewannen die Spanier. Der Poker um den Kicker startet im Frühjahr 2003. Makaay will weg von La Coruña. Sein Lieblingsziel: England. Im April erklärt der Spieler, die deutsche Bundesliga sei nicht seine erste Wahl. Die Bayern legen ein erstes Millionenangebot vor. Und werden damit in der Folge ihren eigenen Prinzipien untreu. Noch im Jahr 2000 hatte Präsident Beckenbauer postuliert: »Der FC Bayern wird in puncto Ablösesummen nicht jeden Unsinn mitmachen.« Zur Saison 2001/02 stiegen die Münchner noch beim Bieten um den tschechischen Star Tomas Rosicky von Sparta Prag aus. Borussia Dortmund bekam den Zuschlag. Als die Forderungen bei zehn Millionen Euro Ablöse standen, passten die Bayern. Begründung: »Wir waren in einer für den FC Bayern ganz neuen Dimension. Wir sind weiter gegangen als jemals zuvor«, sagte Hoeneß. »Aber irgendwann kommt der Punkt, an dem du dich fragen musst, ob das Preis-Leistungs-Verhältnis noch okay ist.« Da sollten sich Hoeneß und Rummenigge angesichts des Pokers um Makaay an die eigene Nase fassen.

Clever fädelt Augusto César Lendoiro, Chef bei La Coruña, eine Auktion ein. Der russische Ölmilliardär Abramowitsch, Eigentümer des britischen Clubs Chelsea, bietet mit. Lendoiro schaukelt die beiden Interessenten hoch. Anfang August ist die Zockerei beendet – die Bayern legen nochmals nach. Am Ende steht der Zeiger bei 19 Millionen Euro. Dazu das Gehalt von knapp vier Millionen Euro.

»Ich bin seit 20 Jahren im Geschäft, aber das habe ich noch nicht erlebt«, meint Hoeneß nach dem Abschluss. Vor allem, weil der Coruña-Boss hämisch die Details der Vereinbarung ausplaudert. Danach könne Makaay die Bayern auch »24, 25 oder sogar 26 Millionen Euro kosten«. Der Grund liegt in einigen für die Bayern äußerst ungünstigen Vertragsklauseln. Danach muss der Vorstand bei jedem Gewinn der Meisterschaft in den nächsten drei Jahren 500 000 Euro extra überweisen. Voraussetzung: Makaay ist mit von der Partie. Ein Sieg in der Champions League kostet gar eine Million Euro Aufschlag.

»Nur zähneknirschend« habe Hoeneß diese Konditionen geschluckt. Die sind in der Tat ungewöhnlich: In Zeiten sinkender Spielergehälter und klammer Clubs in Europa nicht auf einen Festpreis zu bestehen ist, milde gesagt, ungewöhnlich. Lendoiro höhnt: »Die Bayern spielen guten Fußball, aber sie verhandeln sehr schlecht. Sie haben uns die Sache sehr leicht gemacht.« Hoeneß wirft dem Vertragspartner beleidigt vor, bei dem Deal »gegen jegliche kaufmännische Moral verstoßen zu haben«. Mit dieser Äußerung zeigt Hoeneß ziemliche Chuzpe, ist er selbst doch sonst nie vor handfesten Geschäftsmethoden zurückgeschreckt und dehnt die Regeln gern nach persönlichem Gutdünken. Rummenigge will gar ein offizielles Verfahren bei der Fifa anstrengen – aber schließlich blasen die Vorstände des FC Bayern die Aktion ab.

Beckenbauer freut der Neuzugang, der die Rückennummer zehn erhält: »Wir brauchen diese Verstärkung. Wir wollen national und vor allem international bestehen.« Hoeneß sagt: »Wir erwarten nur eines: Tore. Mehr nicht.« Eine klare Vorgabe. Daran lässt sich der Erfolg dieses Luxuseinkaufs messen. Noch wird nicht abgerechnet, der Vertrag Makaays läuft über vier Jahre. Doch eine Zwischenbilanz bis Dezember 2003 wirft die Frage auf: Ist der Spieler seinen Preis wirklich wert? Die Momentaufnahme bei der Herbstmeisterschaft 2003 zeigt: Der hoch gelobte

Neuzugang hat lediglich ein Tor mehr geschossen als Teamkollege Pizarro – nämlich zehn gegenüber neun. Und Pizarro kostete weniger als die Hälfte. Selbst die Tatsache, dass einige Treffer Makaays wichtig waren für Siege, kann die Extremdifferenz kaum aufwiegen.

Unter Kostengesichtspunkten läuft die Uhr unerbittlich weiter. Jedem Monat der Vertragsdauer steht ein Ertragssoll gegenüber. Fehlt die passende Spitzenleistung, wurde Bares verbrannt. Die spielerische und finanzielle Rendite der 70 Millionen Euro teuren Blutauffrischung lässt auf sich warten.

5 DER CLUB ALS AKTIENGESELLSCHAFT – ODER WIE WIRD MAN AM SCHNELLSTEN REICH

Eine Geldmaschine braucht nicht bloß Schmieröl, damit sie rund läuft. Am besten ist es, sie hat ein festes Dach über dem Kopf. Dieses Dach war ein Jahrhundert lang der Verein FC Bayern München. Diese Rechtsform des Vereins bot lange Zeit ausreichend Raum für stürmisches Wachstum. Als Uli Hoeneß 1979 das Management des FC Bayern übernahm, lag der Umsatz bei umgerechnet knapp sechs Millionen Euro. Die Schulden betrugen 1,7 Millionen Euro. Im Geschäftsjahr 2002/03 setzte der Verein knapp 163 Millionen Euro um und machte knapp 400 000 Euro Gewinn: eine imposante Steigerung.

Dennoch: 163 Millionen Euro sind, man mag es angesichts des berühmten Namens kaum sagen, Dimensionen eines Mittelständlers. Auch die rund 135 Angestellten und die geringe Zahl der Führungskräfte zeigen, dass die Firma FC Bayern München weniger mit Konzernen als vielmehr mit inhabergeführten Familienunternehmen zu vergleichen ist. Ein weiteres Indiz ist die langjährige Praxis, Entscheidungen im Hinterzimmer bei Weißwürsten und Weißbier zu treffen. Doch da gibt es ein kleines Problem: Aufgrund des Beschlusses einer außerordentlichen Mitgliederversammlung vom Februar 2002 wurde ein Großteil des Vereins in eine Aktiengesellschaft umgewandelt. Die Bayern AG tummelt sich nun in der Regionalliga der Aktiengesellschaften. Die Winzlinge sind heute beispielsweise im Tec-Dax versammelt, dem Nachfolger des Neuen Marktes an der Börse. Damit spielen die Bayern automatisch auf einem Feld, auf dem ganz andere Spielregeln gelten als im Sportbereich, als zu Zeiten der seligen Zustände eines eingetragenen Vereins e.V. Das fängt bei den strengen Vorschriften des deutschen Aktienrechts an, das Fehler nicht mit gelben Karten oder Auswechslung ahndet, sondern im schlimmsten Fall mit Knast. Es zieht sich hin über die Pflicht, ordentlich Buch zu führen und die Hosen herunterzulassen, sprich die internen Geschäftszahlen auf den Tisch zu legen. Und es mündet in eine komplett andere Denkweise und Strategie, was den Verein betrifft.

Die AG macht den Fußball endgültig zu einem Geschäft, den Club zu einem Wirtschaftsunternehmen. Gewinn ist nun per Definition die oberste Maxime. Und da zeigen die mauen Zahlen des vergangenen Geschäftsjahrs: Die neue Aktiengesellschaft aus München, sportliches und wirtschaftliches Vorbild der Bundesliga, kämpft mit ganz irdischen Problemen – ein ungewohntes Terrain für die Erfolg gewohnten Manager. Klar ist: Das Gesicht des FC Bayern München wandelt sich für immer. Das ist kein Abgesang auf die guten, alten Zeiten, die es nie gab. Aber die Auswirkungen sind gravierend. Potenzielle Aktionäre jedenfalls interessieren im Unterschied zu Fans nicht nur schöne Spiele. Sie wollen auch wissen, wie es um den Club wirtschaftlich bestellt ist. Machen die da oben alles zum Besten der 96 000 Mitglieder? Besteht zwischen Profiten und Erfolgen auf dem Rasen ein Zusammenhang? Welche Schwierigkeiten tun sich auf? Grund genug, sich das Ganze näher anzuschauen.

Die Aktiengesellschaft – Retter in der Not?

Die letzte Stufe der Kommerzialisierung des Fußballs ebnete im Jahr 1998 der Beschluss des DFB, den Vereinen die Rechtsform einer Aktiengesellschaft zu erlauben. Damit werden die Anteile an diesen Unternehmen jederzeit frei handelbar – egal ob die Clubs die Papiere an einer Börse feilbieten oder einzelnen Investoren im Päckchen weiterreichen. Oder ob sie die Aktien vorerst im eigenen Portfolio behalten. Das Aktienmodell haben neben den Münchnern bereits die Clubs von Dortmund, Frankfurt, Köln, Mönchengladbach, Hertha BSC und Schalke verwirklicht. Wolfsburg und Bayer Leverkusen wählten vorerst eine Gesellschaft mit beschränkter Haftung.

Der Antrieb, sich für eine Aktiengesellschaft zu entscheiden, ist auch bei Bundesliga-Clubs das Geld. Viel Geld. Noch mehr Geld. Das durchdringt mittlerweile jede Faser der Verantwortlichen. Nur tut sich der FC Bayern bislang schwer, es laut zu sagen – aus Angst, die Fans könnten es übel nehmen. Es gilt die Analyse der Westdeutschen Genossenschafts-Zentralbank (WGZ): »In Bezug auf Kontinuität, Verlässlichkeit und Professionalität im Management genießt die Fußballbranche keinen guten Ruf.« Bayern München braucht wie seine Konkurrenten immer größere Finanzmittel, um die steigenden Ausgaben zu bestreiten. Etwa bei Heimspielen die Kosten für Ordnungskräfte, Parkwächter, Sitzplatzanweiser und Reinigungsdienste. Dazu die Ausgaben für die Trainingsanlagen und das Verwaltungsgebäude. Es addieren sich die Kosten für Trainer, Jugendbetreuer, die hauptamtlichen Geschäftsführer und Vorstände, die Talentscouts, Masseure, Sekretärinnen und Busfahrer. Bei jedem Auswärtsspiel kommen noch die Beträge für Reise, Übernachtung, Verpflegung und Wäscherei hinzu. Auf den ersten Blick nicht ins Auge fallend, aber wichtig sind Werbe- und Marketingkosten. Wie zum Beispiel für das Drucken von Plakaten oder Mitgliederzeitschriften oder für das Anlocken von neuen Sponsoren.

Ein dicker Brocken und Ursache vieler Finanzprobleme ist das Stadion – auf Platz zwei gleich hinter dem größten Posten, den Spielern. Gehört einem die Immobilie nicht selbst, fallen Mietbeträge an. Ist der Bau auf Pump gekauft, muss der Verein die Summen für Zinsen und Tilgung des Kredits aufbringen. Den 1. FC Kaiserslautern brachten die 47 Millionen Euro für den Ausbau des Stadions an den Rand der Pleite. Schalke beispielsweise nahm eine Anleihe über 85 Millionen Euro auf und verpfändete dafür die künftigen Einnahmen aus dem Kartenverkauf an ausländische Finanzinvestoren. Bei kalkulierten 15 Millionen Euro Ticketeinnahmen pro Saison hat der Club die nächsten Jahre davon rund sieben Millionen Euro sofort wieder an die Gläubiger zu überweisen. Der BVB verfiel auf eine andere Methode: Er verkaufte seinen 75-Prozent-Anteil am Westfalenstadion an eine Immobiliengesellschaft namens Molsiris, um das Objekt im Gegenzug gleich wieder zu mieten. Dafür muss der BVB einen Pachtzins berappen, der bei zwölf Millionen Euro jährlich liegt. Wie die neuen Finanzprobleme Anfang 2004 zeigen, funktioniert das BVB-Modell nicht so richtig.

Der FC Bayern löst das Problem anders. Er wird bis zum Jahr 2006 sein neues Stadion, die Allianz-Arena, im Norden Münchens beziehen. Da der Club die voraussichtlichen Kosten von über 200 Millionen Euro nicht allein stemmen kann, holten die Verantwortlichen den Lokalrivalen 1860 München als gleichberechtigten Partner mit ins Boot. Außerdem brach der Club ein Tabu und erlaubte erstmals einem Außenstehenden, dem Sportartikelkonzern Adidas-Salomon, sich mit zehn Prozent an der AG zu beteiligen: Der entsprechende Betrag in Höhe von 77 Millionen Euro fließt in den Bau des Stadions. Selbst mit diesem zusätzlichen Zahler kann sich der FC Bayern seine künftige Spielstätte nur leisten, weil die Stadt München sich bereit erklärte, einen Großteil der Infrastruktur wie Zufahrtswege zu bezahlen. Ohne diesen Zuschuss aus der Steuerkasse wäre der Club wohl überfordert – es sei denn, Uli Hoeneß griffe auf akrobatische Finanzierungskunststücke zurück. Das aber wäre gegen seine langjährige Philosophie, nur streng konservativ zu wirtschaften. Oberbürgermeister Ude spendiert das Geld nicht aus Fußballbegeisterung, sondern weil er zu Recht mit erheblichen Mehreinnahmen für die Stadt und die Region durch den Prestigebau kalkuliert.

Eine andere Schwierigkeit treibt gerade den Vorständen von Fußball-Aktiengesellschaften die Sorgenfalten auf die Stirn: der Erfolg ihrer Kicker. Das klingt erst einmal paradox. Schließlich will jeder möglichst gute Spieler, die den Verein zum Sieg führen. Aber die Profis kosten Geld. Und diese Summen müssen bei der AG irgendwie verbucht werden. Deshalb behandeln Gesellschaften wie der FC Bayern ihre Profis als Vermögensgegenstand. Dazu haben in Deutschland sogar die Gerichte ihren Segen gegeben. Bei ihrer gesetzlich vorgeschriebenen alljährlichen Gegenüberstellung von Vermögen und Schulden, im Fachjargon Bilanz, führen die Bayern Kahn, Ballack & Co. als so genannte immaterielle Vermögensgegenstände auf.

Der Begriff ist eigentlich falsch, denn die Spieler sind durchaus materiell aus Fleisch und Blut. Es bedeutet nichts anderes, als dass die Leistungsfähigkeit der Spieler einen genau festgelegten Betrag wert ist. Nur ist der Einzelbetrag nicht von außen in der Bilanz zu erkennen, sondern nur die Gesamtsumme der inmmateriellen Vermögensgegenstände. Mangels besserer Einfälle setzen die Bilanzierer den Wert der Kicker nach ihrem Einkaufspreis an, verbucht unter dem Begriff »Spielerlaubnis Lizenzspieler«. Das funktioniert genau so, wie Siemens oder Volkswagen Maschinen, Fahrzeuge und Gebäude als Vermögen ausweisen. So weit, so gut. Ein Roy Makaay, ein Bixente Lizarazu, ein Owen Hargreaves, ein Claudio Pizarro oder ein

Willy Sagnol leisten für die Bayern unschätzbare Dienste, deshalb ist es nur gerecht, sie wie kostbare Edelsteine zu behandeln und im Vermögen aufzulisten. Nun kommt das Unangenehme: Was ist, wenn die Jungs nicht mehr zur Hochform auflaufen? Oder wenn Hoeneß und Rummenigge einen schwachen Spieler verkaufen?

Das hinterlässt im Zahlenwerk hässliche Kratzspuren. Denn wenn ein Kicker in der Bilanz für fünf Millionen Euro Wert steht und beim Wechsel zu einem anderen Verein nur zwei Millionen Euro bringt, dann entsteht rechnerisch ein Vermögensverlust von drei Millionen. Dieses Minus drückt zugleich in der AG den Gesamtgewinn. Nun tut das erst weh, wenn der Abschied tatsächlich vollzogen ist. Ein beliebter Trick, das Leiden hinauszuzögern, ist ein Verleih. Den muss der Club in der Bilanz nicht ausweisen. Bayer Leverkusen etwa hat die Methode vorexerziert: Reiner Calmund engagierte im Jahr 2002 den Spieler Jan Simak von Hannover 96 für 6,5 Millionen Euro. Im Jahr darauf gab der Manager die Neuerwerbung wieder ab – aber nur als Leihgabe. Hätte Calmund seinen Angestellten Simak verkauft, hätte sich womöglich ein fettes Minus eingenistet. Vor allem nachdem die Ärzte bei dem Spieler ein »chronisches Erschöpfungssyndrom« diagnostizierten und er monatelang nicht zum Training antrat. Gemeinerweise machen die künftigen Bilanzvorschriften die Sache noch vertrackter. Im Zuge der Angleichung an internationale Gepflogenheiten sind die Unternehmen gehalten, nach neuen Regeln zu bilanzieren. In Bezug auf die Spieler heißt das: Die FC Bayern München AG müsste jedes Jahr neu prüfen, ob die angesetzten Summen noch korrekt sind. Mal angenommen, Sebastian Deisler steht mit Transferkosten von neun Millionen Euro in den Bayern-Büchern. Nun war aber das Talent im Jahr 2003 wegen Dauerverletzungen kaum auf dem Platz zu sehen, hat also nicht seine volle Leistung erbracht. Deshalb wäre durch Vorstandschef Karl-Heinz Rummenigge eigentlich einen

Abschlag fällig, vielleicht von zwei Millionen Euro. Diese zwei Millionen verwandeln sich umgehend in einen Verlust – das ist genauso bitter wie eine Niederlage in der Bundesliga.

Die Aufspaltung: Profis gegen Schachspieler und Kegler

Schon dieser kleine Ausflug in die Regionen der Buchhalter und Zahlen zeigt, welche Tücken in der Rechtsform der Aktiengesellschaft lauern. Ein eingetragener Verein braucht sich um solche Fallgruben nicht zu kümmern. Das Gegenargument lautet: Die finanziellen Größenordnungen und die möglichen Risiken in der Branche nehmen zu. Die Summen, die der professionelle Fußball mittlerweile bewegt, sprengen den Rahmen eines normalen Vereins. Deshalb ist es logisch, sich einen neuen Rahmen zuzulegen. Das ist der Wechsel der Organisationsform hin zu einer Gesellschaft, wie sie im normalen Wirtschaftsleben üblich ist. Der FC Bayern München wählte gleich die AG. Sie zählt zu den Kapitalgesellschaften. Bekannt ist daneben die Gesellschaft mit beschränkter Haftung, abgekürzt GmbH. Wie es der Name schon andeutet, liegt darin einer der großen Vorteile: Die Verantwortlichen müssen nicht persönlich mit ihrem Vermögen geradestehen, wenn etwas schief läuft. Die Haftung ist auf das einbezahlte Kapital begrenzt. Gute Gründe, die alte Organisationsform aufzugeben. Der Vorstand formuliert sie so: »Insbesondere die zunehmende Kommerzialisierung hat einen hohen Wettbewerbsdruck, einen stetig steigenden Finanzbedarf und eine ständige Professionalisierung des Lizenzfußballs und seines Umfelds mit sich gebracht.« Ein eingetragener Verein kann da nicht mithalten. Da kann es passieren, dass der Vorstand in seine Privatschatulle greifen muss, wenn Verluste entstehen. Beim FC Bayern ist das zwar genauso wahrscheinlich, wie dass Sonnen- und Mondfinsternis zusammenfallen. Dennoch drängte Präsident Franz Beckenbauer darauf, einen rechtlichen Schutzzaun zu errichten: »Es kann nicht sein, dass ein Unternehmen mit einem Umsatz von 250 oder 300 Millionen Mark von ehrenamtlichen Leuten geleitet wird. Wir sind noch auf dem Stand von vor 30 Jahren.« Kaiser Franz setzte sich intern mit seiner Forderung gegen Hoeneß durch. Der war ursprünglich gegen die AG gewesen.

Was steckt nun eigentlich in des Kaisers neuen Kleidern? Was enthält die Hülle Aktiengesellschaft? Und was blieb beim Verein? In die AG ausgelagert sind die Profifußball-Abteilungen, die Amateurmannschaften A und B, die Juniormannschaften und der Frauenfußball. Die Gesellschaft kümmert sich um den Nachwuchs im Fußballinternat und um die Werbung, sie produziert und verkauft Fanartikel. Auch die Medienrechte liegen bei der AG, wie der Ausgliederungsvertrag in Paragraph 3 festlegt: »Der Verein räumt der AG ausschließlich, weltweit und unbefristet das Recht ein, den Vereinsnamen, die besonderen Bezeichnungen und die Marken zu gewerblichen Zwecken jedweder Art zu nutzen.« Die Lizenzen sind unumkehrbar: »Die Vertragsparteien gehen ferner davon aus, dass der AG diese originären Rechtspositionen vom Verein nicht mehr entzogen« werden können.

Im eingetragenen Verein bleiben die Abteilungen Schach, Tischtennis, Basketball, Handball, die Turner, Kegler und Seniorenfußballer. Als Vermögen zählen als wichtige Aktiva das Vereinsheim und die Trainingsanlagen an der Säbener Straße in München. Das Grundstück ist Erbpacht der Stadt München. Dagegen wanderten zur AG etwa solche Gegenstände wie ein Aktenvernichter Risto mit der Inventarnummer 410/7019, eine Schneefräse Zaugg (300/018), eine Weltpokalnachahmung, ein Eiswürfelbereiter Foster, die Möbel in der Wohnung von Lizarazu, eine Kaffeemaschine Bonamat und eine Trompete. Als

Ergebnis bleibt gleichwohl: Die Musik spielt seitdem in der AG, der traditionelle Verein ist ausgehöhlt und hat an Bedeutung verloren.

Wobei der Club in der Gestalt der Kapitalgesellschaft einen Nachteil in Kauf nimmt: Ein Sportverein dient dem Gemeinwohl, glaubt der Gesetzgeber, weil er etwas für die Körperertüchtigung und das gesellige Beisammensein tut. Deshalb ist der e.V. als gemeinnützig anerkannt. Das hat einen handfesten Vorteil: Das Finanzamt darf keine Steuern abgreifen. Dem Verein bleibt mehr im Säckel. Kapitalgesellschaften dagegen entrichten als gewöhnliche Wirtschaftsbetriebe ihren Obolus an die Staatskassen. Diesen Preis sind die Bayern-Manager zu zahlen bereit. Sie trauen sich offenbar auch das komplexe Hantieren mit einer Aktiengesellschaft zu, die wesentlich energischer das Einhalten von Formvorschriften verlangt als eine GmbH. Mit dieser Rechtsform hätte Hoeneß immerhin bereits durch seine Nürnberger Wurstfabrik und die bisherigen FC-Bayern-Tochtergesellschaften Erfahrung gehabt. Es wird sich zeigen, ob man sich da nicht übernommen hat.

Schon allein der Prozess der Geburt freute die Rechtsanwälte und Notare, die sich damit ein schönes Zubrot – mit Butter und Marmelade – verdienten. Formell entstand die FC Bayern München AG durch eine Umwandlung der bisherigen FC Bayern Sport Werbe GmbH, die sich um Sponsoring und Merchandising des Clubs kümmerte. Das geschah bereits am 8. Dezember 2001, also war der rechtliche Schritt bereits vollzogen, noch bevor die außerordentliche Mitgliederversammlung zwei Monate später zustimmte. Die neue Aktiengesellschaft notiert seitdem im Handelsregister unter der Nummer 100319. Das war noch der leichteste Teil. Das Aktiengesetz schreibt überdies zwingend weitere Standards vor.

Da ist einmal der Vorstand. Der führt gemeinschaftlich die Geschäfte. Als Vorstandsvorsitzenden guckte sich der

Club den Vizepräsidenten Karl-Heinz Rummenigge aus. Der ist der neue Chef. Ihm zur Seite stehen die rangmäßig niedrigeren Vorstände Uli Hoeneß und Karl Hopfner. Rummenigge ist verantwortlich für die Bereiche Öffentlichkeitsarbeit, Neue Medien, Koordination innerhalb des Vorstands sowie für die Vertretung der Gesellschaft in nationalen und internationalen Gremien. Die Arbeit jenseits der deutschen Grenzen erledigte er bislang bereits als Vizepräsident der Vereinigung der europäischen Großvereine, bekannt unter dem Kürzel G14, und innerhalb der UEFA als Präsident des europäischen Clubforums. Vorstand Hoeneß, zugleich Stellvertreter von Rummenigge, kümmert sich um die Lizenzspieler, das Juniorteam, das Sponsoring, die Lizenzen und repräsentiert die AG in der Stadion GmbH. Hopfner, seit 1983 für den Club tätig, arbeitete erst als Geschäftsführer des e.V. Später folgte die Funktion als Geschäftsführer der Werbe-Tochter. Der Betriebswirt leitet die Bereiche Finanzen und Rechnungswesen, Personal und Recht, Versandhandel und Outlets, EDV, Verwaltung und Spielorganisation. Auch er vertritt die AG in der Stadion-Gesellschaft. Die drei Vorstände erhielten beim Start jeweils Verträge mit einer Laufzeit über fünf Jahre. Das Trio steuert den Proficlub eigenverantwortlich, ist formell nicht an Weisungen gebunden, muss dafür aber für alle Entscheidungen den Kopf hinhalten. Die Millionengeschäfte, der Kauf neuer Spieler, alles entscheidet einzig dieses Gremium. Wenn sich die drei nicht einig sind, funktioniert es – ausnahmsweise – wie im Parlament: Es wird abgestimmt, und die Zwei-Personen-Mehrheit sagt dann, wo's langgeht. Die Kontrolle des Vorstands erledigt ein gesetzlich vorgeschriebener Aufsichtsrat. Der besteht bei der Lederhosen AG aus neun Mitgliedern. Die treffen sich unregelmäßig, etwa zwei- bis viermal pro Jahr. Dafür erhalten sie eine »angemessene Vergütung«, wie es so schön in der Satzung heißt. Das sind 50 000 Euro pro Jahr für den Aufsichtsratsvorsitzenden,

40 000 Euro für seinen Stellvertreter und 20 000 Euro für die einfachen Mitglieder. Spesen gehen extra.

Aufsichtsratsvorsitzender ist Vereinspräsident Beckenbauer. Ansonsten sitzt eine erlauchte Truppe aus dem Who's Who der Führungsetagen großer Konzerne zusammen: Josef Brauner, Vorstand der Deutschen Telekom, vertritt den Hauptsponsor; Herbert Hainer, Chef des Herzogenauracher Sportartikelherstellers Adidas, fungiert als Vertreter des Zehn-Prozent-Eigentümers in dem Gremium; Herbert Henzler, langjähriger Deutschlandchef der weltweit größten Unternehmensberatung McKinsey, ist ein alter Freund von Beckenbauer; Martin Winterkorn, Vorstandsvorsitzender des Ingolstädter Pkw-Bauers Audi, ist dem FC Bayern genauso durch Sponsoraktivitäten verbunden wie Dieter Rampl, Nummer eins der Münchner HypoVereinsbank; Helmut Markwort, Herausgeber des Nachrichtenmagazins *Focus*, repräsentiert das Münchner Medienhaus Burda. Den Verein vertreten Fritz Scherer, Vizepräsident und Schatzmeister, und Rechtsanwalt Eckhart Müller-Heydenreich, neben Edmund Stoiber Vorsitzender des Verwaltungsbeirats des FC Bayern e.V. Dieser Verwaltungsbeirat, bestehend aus einer Truppe verdienter FC-Bayern-Fans, Prominenten wie Tennisspieler Boris Becker und den Unternehmern Rudolf Houdek und Jochen Tschunke, berät den Verein. Sein tatsächlicher Einfluss hält sich jedoch in engen Grenzen. Was noch wichtiger ist: Bei der Aktiengesellschaft haben die Ratgeber genauso viel zu melden wie der Bundeskanzler – nämlich überhaupt nichts.

Wie bei anderen Aktiengesellschaften auch, überwachen die Aufsichtsräte der Bayern AG den Geschäftsgang, stellen Vorstände ein oder entlassen sie. Die Aufsichtsräte sind während des Jahres die Sachwalter für den Verein und die Fans – und die Einzigen, die offiziell eingreifen dürfen. Die Vereinsmitglieder sind außen vor. Eine Mitsprache ist nicht vorgesehen und nach Aktiengesetz auch gar nicht möglich. Betrachtet man die Kontrollinstanz unter diesem Blickwinkel, fallen zwei Dinge auf: Zum einen ist wirtschaftlicher Sachverstand reichlich vorhanden. Das würde sogar Dax-Konzerne schmücken und sichert qualifizierte Arbeit. Alle Industrievertreter im Aufsichtsrat haben als Geschäftspartner des FC Bayern handfeste wirtschaftliche Eigeninteressen. Schließlich haben ihre Konzerne große Summen, zum Beispiel in Form von Sponsoring, in den Verein investiert, die sich auszahlen müssen. Ob sich da Interessenkonflikte aufstauen, wird die Zukunft zeigen. Denkbar ist etwa, dass Wirtschaftsbosse höhere Renditen und mehr Sparsamkeit verlangen, statt Unsummen in neue Spieler zu stecken. Als Sachwalter des bisherigen FC Bayern halten Beckenbauer, Scherer und Müller-Heydenreich dagegen, sind aber bei insgesamt neun Mitgliedern hoffnungslos in der Minderheit. Das ist vorerst nur ein theoretisches Problem, da der Aufsichtsrat bislang wie früher im obersten Sowjet immer einstimmig entschieden hat. Ernst wird es in Streitfällen: Dann zählt die Stimmenmehrheit. Und da ist die Herrschaft rechnerisch den Händen der Club-Aktiven entrissen.

Das eigentliche Forum, Anliegen vorzubringen und Missstände zu korrigieren, ist die Hauptversammlung der Bayern München AG. Auch diese Institution ist nach dem Willen des Gesetzgebers eine Pflichtveranstaltung. Einmal im Jahr findet dieses Ereignis statt. Wer schon mal große Hauptversammlungen von Deutscher Telekom, Siemens oder DaimlerChrysler im Fernsehen gesehen oder gar selbst besucht hat, der weiß, was für Spektakel das sind. Da geht es manchmal zu wie auf den Mitgliederversammlungen des FC Bayern e.V. Und das zu Recht. Die Hauptversammlung ist das einzige Forum, in dem alle Betroffenen ihre Anliegen und ihre Kritik vortragen dürfen. Oder Vorschläge machen. Oder Aufsichtsräten das Misstrauen aussprechen. Doch wer sind die Betroffenen?

Das ist der große Unterschied zum eingetragenen Verein: Mitreden und mitentscheiden dürfen nur die Aktionäre und niemand sonst. Demnach auch keine FC-Bayern-Anhänger, keine Vereinsmitglieder, kein bayerischer Ministerpräsident oder Trainer Otmar Hitzfeld. Nicht mal Olli Kahn. Der Rahmen der Hauptversammlung erlaubt es den Aktionären zu regeln, was mit ihrer Firma passiert. Schließlich sind sie die Eigentümer des Unternehmens. Es steckt ihr Geld in der Gesellschaft. Und die Aktionäre verlangen mit Recht Auskunft darüber, ob mit ihrem Vermögen ordentlich umgegangen wird. Sie wollen, dass ihr investiertes Kapital Rendite abwirft und sich vermehrt. Da unterscheiden sie sich nicht von Sparern, die ihr Geld zur Bank tragen und erwarten, nach einem gewissen Zeitraum mehr auf ihrem Konto vorzufinden.

Bei der FC Bayern München AG sind es – derzeit – zwei Aktionäre: Der Verein hält 90 Prozent der Aktien, Adidas zehn Prozent. Also zwei Parteien. Den Verein vertreten Präsident Beckenbauer und seine zwei Stellvertreter Scherer und Bernd Rauch. Entsprechend gemütlich geht es auf diesen Veranstaltungen zu. Kein Duft der großen weiten Welt, eher Treffen im Hinterzimmer mit anschließendem Schafkopf. Der Rahmen ist natürlich edler als bei einem Wirtshausstammtisch: Am 27. Oktober 2003 beispielsweise trafen sich die beiden Aktionäre im Raum Montreal im Münchner Hotel Arabella Sheraton. Unter der Aufsicht eines Notars beginnt die Veranstaltung um 19.41 Uhr, so vermerkt es das interne Protokoll. Die Formalien sind schnell erledigt: »Die Hauptversammlung stimmte dem Antrag einstimmig zu«, heißt es in der Niederschrift. Das war´s, »Ende 19.55 Uhr« – nur 14 Minuten für eine Hauptversammlung: Auch da ist der FC Bayern Meister aller Klassen in Deutschland. Lediglich einen Pokal gibt es dafür nicht. Obwohl der Vorstand sicher einer solchen Auszeichnung auf dem Gebiet der Betriebswirtschaft einen Ehrenplatz im Büro einräumen würde. Noch rekordverdächtiger die außerordentliche Hauptversammlung Ende Mai 2003: zehn Minuten Dauer. Die Zeit reichte gerade, um sich eine Flasche Mineralwasser einzuschenken und den Bleistift zu spitzen. The same procedure as every year: »Die Hauptversammlung stimmte dem Antrag einstimmig zu.«

Wobei die Abstimmung nach der Anzahl der Aktien zählt. Das ist derzeit bei dem harmonischen Miteinander nur eine Fußnote wert und entscheidend nur bei Zwistigkeiten. Es greifen nämlich wieder die Tücken der Aktiengesellschaft – und da sind verrückte Konstellationen denkbar. »Eine ordnungsgemäß einberufene Hauptversammlung ist ohne Rücksicht auf die Höhe des in der Hauptversammlung vertretenen Kapitals beschlussfähig«, schreibt die Satzung vor, und: »Die Beschlüsse der Hauptversammlung bedürfen der einfachen Mehrheit der abgegebenen Stimmen.« Um den Mechanismus der AG zu verdeutlichen, nun ein kleines Gedankenspiel: Angenommen, der Vertreter des Vereins als Mehrheitseigner kommt nicht rechtzeitig zum Aktionärstreffen. Vielleicht liegt er mit einer plötzlichen Grippe im Bett, vielleicht steckt sein Taxi im Stau des Münchner Berufsverkehrs. Dann darf der andere AG-Eigentümer, in diesem Fall der Zehn-Prozent-Aktionär Adidas, über alles allein abstimmen. Und das wäre rechtlich gültig. Die ganze Macht läge also mit einem Federstrich beim Juniorpartner. Selbst wenn dem etwas Abstruses einfiele, etwa einen Antrag zu stellen und gleich darüber abzustimmen, den Namen auf FC Bayern München Drei Streifen AG zu erweitern, dann wäre auch das juristisch korrekt. Nun möge der liebe Gott oder Franz Beckenbauer seine schützende Hand darüber halten, dass so etwas nie passiert. Doch darum schert sich das Aktienrecht wenig. Gesetz ist Gesetz.

Dieses Beispiel offenbart das andere Manko der AG: Die Vereinsmitglieder des FC Bayern haben im Aktionärsparlament nichts zu melden. Sie sind nur die Zaungäste. Das beschreiben Beckenbauer, Rummenigge und Hoeneß in einem unveröffentlichten Bericht zur »Ausgliederung des wirtschaftlichen Geschäftsbetriebs Fußball« unter Punkt II »Rechtsfolgen für Club und Mitglieder« folgendermaßen: »Ein Unterschied wird für die Mitglieder des Clubs darin bestehen, dass die AG für grundsätzliche unternehmerische Entscheidungen im Bereich des Lizenzfußballbetriebs und seiner Vermarktung keiner Zustimmung der Mitgliederversammlung des Clubs mehr bedarf.« Genau genommen hat überhaupt nur eine mikroskopisch kleine Zahl der AG-Umwandlung aktiv zugestimmt: Auf der entscheidenden Clubversammlung in der Münchner Olympiahalle waren von 1513 Anwesenden genau 1356 dafür. Das sind, gemessen an der Gesamtzahl der Vereinsmitglieder, weniger als zwei Prozent. Also war das Votum mehr repräsentative Demokratie als eine wirkliche Volksabstimmung. Wobei bei einem so wichtigen Thema eine Befragung und Entscheidung aller mehr als 90 000 Mitglieder angebracht gewesen wäre.

Wer es von den Anhängern damals wagte, Widerspruch anzumelden, erlebte sein Wunder von München: Der Club Nr. 12, eine übergreifende Vereinigung von Bayern-Fanclubs, kritisiert auf seiner Homepage: »Bei dieser Versammlung wurden die Mitglieder von Franz Beckenbauer, Karl-Heinz Rummenigge und dem Aufsichtsrat Eckhart Müller-Heydenreich mit manipulativen Aussagen unter Druck gesetzt. Ein Mitglied aus Ostdeutschland sagte: ›Ich bin hierher gefahren, um mit Ja zu stimmen. Aber das will ich jetzt nicht mehr. So wie das hier abläuft, das erinnert mich an die DDR: Ihr dürft eine andere Meinung haben, aber am Ende müssen alle mit Ja stimmen.‹« Präsidium und Vorstand sehen das im Rückblick völlig anders, auch folgende Szene, die der Club Nr. 12 schildert: »Während die Gegner der Kapitalgesellschaft ihre Stimmzettel hochhielten, wetterte Beckenbauer vom Rednerpult: ›Das sind also die Leute, die dem Präsidium misstrauen.‹ Auch zeigte sich, dass die oft getätigte Aussage der Präsidiumsmitglieder ›Für uns sind alle Fans gleich‹ nicht richtig ist. Den Antragstellern wurde öffentlich vorgehalten, ›noch nicht mal fünf Jahre im Verein‹ zu sein. Beckenbauer unterstellte sogar, dass die Antragsteller als Saboteure ›von irgendwem hierher geschickt‹ worden seien.« So weit der Bericht. Neben frustrierten Fans vom Club Nr. 12 versuchte der Münchner Professor Thomas Stobbe vorab in einem Schreiben an das Bayern-Präsidium Anträge »zur Stärkung der Mitgliederrechte« zu stellen. Sinn war es, Aktienverkäufe einzuschränken und Satzungsänderungen der AG mit »Dreiviertelmehrheit der erschienenen Mitglieder« genehmigen zu lassen. Der Professor scheiterte an der gemeinsamen Abwehr Beckenbauers und seiner Freunde. Offiziell lautete die Begründung auf Formfehler und nicht passend als Diskussionspunkt der Tagesordnung. Der Druck von Beckenbauer, Rummenigge und Kollegen ist verständlich. Ein Scheitern wäre peinlich gewesen. Aber das ist nicht das Schlimmste: Alle Schritte zur Umwandlung in eine AG waren zu diesem Zeitpunkt bereits längst vollzogen, der neue Aktionär Adidas stand bereit. Dessen Geld brauchte der Verein für das Stadion. Also musste es einfach funktionieren. Dafür sorgte Superman Beckenbauer.

Die Börse lockt – dort ist das große Geld zu holen

Lässt man die Ereignisse Revue passieren, bleibt die Frage: Warum all die Action für eine AG, wenn als einfache Alternative eine Gesellschaft mit beschränkter Haftung bereitsteht? Da finden die Oberen des FC-Bayern viele gute Gründe, im Kern jedoch sticht nur ein Argument: Mit einer Aktiengesellschaft lassen sich die Firmenanteile leichter verkaufen – vor allem über die Börse. Das war der

Hauptantrieb für die eilige Umwandlung, auch wenn es die Verantwortlichen anders darstellen.

Schon im Jahr 1997 schwadronierte Vizepräsident Scherer über den Gang an die Börse. Die Pläne seien bereits fertig. Sie sahen vor, dass – vorerst – knapp ein Viertel des neuen Unternehmens verkauft werde. Das lässt erahnen: Die zehn Prozent an Adidas sind nicht das letzte Wort. Mit der Erlaubnis des DFB für die Bundesliga-Clubs, sich in Kapitalgesellschaften umzuwandeln, legten Beckenbauer und Rummenigge los, Hoeneß zog mit, wenn auch widerwillig. Das Trio folgte einem geradlinigen Zickzackkurs: So erklärte Hoeneß im Herbst 1998, der FC Bayern sei »spätestens am 1. Juli 1999 an der Börse«, und zwar »innerhalb von dreieinhalb Wochen«. Geschäftsführer Hopfner klang zur selben Zeit etwas anders: »An einen Börsengang denken wir momentan nicht.« Im Jahr 2001 sagte Hoeneß: »Ich würde uns an die Börse bringen und mich danach aus dem aktiven Geschäft zurückziehen.« Dieses Jahr 2001 wurde aber das Schreckensjahr für alle Börsianer, ein Horrortrip für jeden, der Geld in Aktien investiert hatte. Die Kurse gingen in den freien Fall über. All die schönen Versprechungen von EM.TV, Brokat, Intershop und Konsorten – am Boden der Realität zerschellt. Scheinbar uneinnehmbare Festungen wie Deutsche Telekom, Infineon oder Allianz – erbarmungslos geschleift, zerstört wie die Begeisterung der Hobbybörsianer beim FC Bayern. Dort waren nicht nur die Leitenden vom Anlegervirus befallen gewesen. Selbst in den Umkleidekabinen der Kicker war ein Fernseher installiert worden, über den ständig die neuesten Kurse liefen. Der schnelle Reichtum lockte und der Wunsch, die Kassen des FC Bayern mit frischem Geld von außen zu füllen.

Die Story hatte, wie jeder weiß, kein Happyend. Rummenigge machte die »katastrophale Marktsituation« für den Stopp des Börsengangs verantwortlich. Der Manager verwandelte sich von Saulus zu Paulus und philosophierte auf einmal: »Ich bin sowieso sehr skeptisch, ob sich ein Fußball-Unternehmen mit der Philosophie der Börse verträgt.« Eine durchaus berechtigte Frage. Doch das hinderte ihn nicht, die AG-Pläne voranzutreiben und sich bereits einige Monate später als Vorstandsvorsitzender inthronisieren zu lassen. Anfang 2002 ließ Hoeneß seine Phantasie weiter schweifen: »Wenn wir irgendwann an die Börse gehen sollten, dann will ich ein Superpartner sein, dann will ich unserem Aktionär eine Dividende bezahlen, ich will ihm Spaß machen mit der Kursentwicklung, ich will, dass er am Jahresende sagt: Ich bin stolz, Aktionär von Bayern München zu sein.«

Und es gibt noch einen Grund, warum die Bayern auf einmal die Nase voll haben von der Börse. Nur hat das sonst so auskunftsfreudige Management bisher tunlichst vermieden, darüber etwas an die Öffentlichkeit dringen zu lassen. Es geht um ein Geschäft aus dem Sommer 2001. Damals fädelte Hoeneß eine scheinbar todsichere Sache ein: Zusammen mit dem Sponsor Allianz plante der FC Bayern einen Aktienfonds. Den legte die Allianz Asset Management Luxembourg auf. Die Deutsche Investment-Trust (DIT) verwaltete den Fonds, der unter dem Namen »FC Bayern München Fonds Aktien-Power Global« und der Wertpapierkennnummer 767712 das Licht der Welt erblickte. Hoeneß und einige Bayern-Kicker legten ihr Geld in dem Papier an, insgesamt rund drei Millionen Euro. Der Fonds enthielt Aktien von Technologiefirmen, von Finanzdienstleistern und Pharmaunternehmen aus den USA, aus Frankreich und Großbritannien. Bei so viel globaler Kraft konnte man eigentlich nur gewinnen.

Doch es kam anders. Der Kurs des Fonds sackte ständig nach unten. Ein Jahr später betrug der Verlust bereits 40 Prozent. Selbst Viagra, an dem die Anleger über die Pfizer-Aktie beteiligt waren, konnte den Kurs nicht mehr aufrichten. Im Sommer 2002, trotz der herben Rückschläge, gab sich Hoeneß optimistisch: »Ich lasse mir deswegen keine grauen Haare wachsen«, erklärte der Manager damals trotzig, »mit mir sind noch fünf, sechs Spieler eingestiegen, ich selbst habe aber am meisten verloren. Der Fonds ist für ein paar Jahre angelegt. Ich würde jetzt nachkaufen, in fünf Jahren haben wir eine Wertsteigerung von 25 bis 30 Prozent.« Dazu kam es nicht mehr. Nachdem ein Ende der Verluste des FC Bayern München Power-Fonds nicht abzusehen war, schloss ihn die Gesellschaft still und leise im Juni 2003 und zahlte die verbliebene Restsumme an die düpierten Bayern-Anleger aus. Ernüchternde Bilanz: ein Minus von 44,8 Prozent. Über diese Geldvernichtungsaktion verlor der sonst so pressefreundliche Hoeneß kein Wort in der Öffentlichkeit.

Mittlerweile macht der Vorstand keine vollmundigen Sprüche mehr. Der Umsatzeinbruch im Jahr 2003, das magere Ergebnis knapp über der Nulllinie sind nicht gerade eine Einladung für Investoren. Das hat im Gegenteil abschreckende Wirkung. Jetzt wollen weder Beckenbauer noch Rummenigge an das erinnert werden, was sie Ende 2001 anlässlich der AG-Gründung intern zu Papier gebracht hatten: »Aufgrund der bisherigen Geschäftsentwicklung in den vergangenen Jahren und im laufenden Geschäftsjahr wird davon ausgegangen, dass sich die Geschäfte der Gesellschaft weiterhin positiv entwickeln.« Diese Prognose ist bereits gut zwei Jahre später zerplatzt wie ein Luftballon. Das erinnert fatal an Vorhersagen junger Aktiengesellschaften aus der Blütezeit des Neuen Marktes. Bitter für den Miteigentümer Adidas: Eine Dividende hat das Unternehmen bisher nicht erhalten. Damit sich das Investment für Adidas rechnet und gegenüber deren Anteilseignern zu rechtfertigen ist, muss die Verzinsung aus anderen Quellen sprudeln. Es bleibt die Hoffnung auf eine Wertsteigerung der angelegten Summe in Höhe von 77 Millionen Euro. Doch woher soll die nach diesen miesen Zahlen kommen? Legt man die strengen Bewertungskriterien der Bankanalysten an, hat die FC Bayern München AG sogar an Wert verloren. Die Experten berechnen nämlich den fiktiven Preis des Unternehmens anhand der erwarteten Gewinne. Fallen die Profite niedriger aus, ist auch der Wert niedriger. Das ist einfache Schulmathematik. Da ist es wenigstens tröstlich, dass bislang noch keine Bayern-Fans Aktien kaufen durften. Immerhin wären noch 22,5 Millionen Exemplare zum Nennwert von einem Euro zu haben. Die Anhänger müssten wesentlich mehr hinblättern als einen Euro: Adidas ließ sich ein Stück umgerechnet stolze 30,68 Euro kosten.

Vielleicht wird der Sportartikelhersteller noch die Erfahrung machen, die andere Käufer von Fußballaktien bereits in der Vergangenheit erlebten: Die Investments sind ein Draufzahlgeschäft. Selbst ein Totoschein verspricht mehr Gewinnchancen. Genauso gut kann der Börsianer seine 50-Euro-Scheine zum Zigarettenanzünden verwenden. Das Resultat ist dasselbe. Das gilt nicht nur für den Fall, dass der FC Bayern seine Anteile breiter streut. In ganz Europa treiben die Fußballaktien ihre Besitzer in lang anhaltende Depressionen. Aktuell notieren rund 40 Fußballunternehmen aus sieben Ländern an der Börse. Gerade zwei davon machen den Aktienkäufern Freude und liegen über ihrem Ausgabekurs: der britische Club Tottenham Hotspurs, der 1983 als erste Aktiengesellschaft den Reigen an der Londoner Börse eröffnete. Und der Vorzeigeverein Manchester United, der im Juni 1991 begann und phasenweise um 2000 Prozent über dem Startpreis von 19 englischen Pence lag. Sogar eine Dividende schüttet das Unternehmen regelmäßig an seine Aktionäre aus.

In Deutschland wagte bisher nur Borussia Dortmund den Gang aufs Börsenparkett. Die Fans, die im Oktober 2000 die Papiere für elf Euro pro Stück geordert hatten, machen seitdem lange Gesichter: Es ging ständig bergab. Der Ausgabekurs wurde nie mehr erreicht. Zum Teil kostete die Aktie nur noch ein Viertel. Prognose: mau. Nur zum Vergleich: Der Markt bewertete den BVB zu Beginn des Jahres 2004 mit knapp 65 Millionen Euro. Bayern München setzt seinen Wert um das Zehnfache höher an. Selbst wenn Anleger die rosa Brille aufsetzen und den Münchnern einen ordentlichen Bonus als Rekordmeister zubilligen – ein solcher Aufschlag liegt im Reich der Träume.

6 UMARMUNG DER KONZERNE – WIE DER VEREIN GOLDADERN AUSBEUTET

Da die Börse (noch) kein Geld in die Kassen des FC Bayern spült und keiner für einen Fußballverein spendet wie für das Rote Kreuz oder die Aktion Brot für die Welt, braucht es eine andere Basis: die Wirtschaft. Die Vorstandschefs großer Konzerne jonglieren mit Milliardenbeträgen, da fallen ein- oder zweistellige Millionenausgaben nicht so ins Gewicht. Aber die Profis in diesen Aktiengesellschaften tun nichts aus Barmherzigkeit: Ein finanzielles Engagement muss Rendite für ihr Unternehmen abwerfen, gut fürs eigene Geschäft sein. Das fordern schon die Eigentümer, die Aktionäre. Deshalb achten die Vorstände darauf, dass ihnen ein Investment in einen Fußballclub einen Vorteil bringt. Es ist also ein symbiotisches Verhältnis zwischen Sport und Wirtschaftsunternehmen, gemeinhin unter dem Begriff Sponsoring bekannt.

Dabei zeigte sich die berühmte Geschäftstüchtigkeit der Bayern bereits in den Anfängen der Vereinsgeschichte: Schon die ersten – ehrenamtlichen – Clubleiter stellten ihr Geschick unter Beweis: Sie schafften es als noch weithin unbekannter Verein, den Ofenfabrikanten Karl Wamsler für den Sport zu begeistern und ihm ein Grundstück an der Clemensstraße als Spielstätte abzuluchsen. Der Unternehmer wurde der erste Sponsor im deutschen Fußball. Bloß waren damals solche neudeutschen Bezeichnungen noch unbekannt. Heute können Hoeneß, Rummenigge und Beckenbauer die Grundbegriffe des Sponsorings und Marketings genauso selbstverständlich herunterbeten wie das Vaterunser. Das verhindert aber nicht, dass sich die Vereinsmagnaten bei ihren Aktivitäten bisweilen bös verheddern.

Die Allianz Arena: Das Ding aus einer anderen Welt

Das größte Geschäft in der Geschichte des FC Bayern München ist der Bau des neuen Fußballstadions in Fröttmaning im Norden Münchens. Bis zum Jahr 2005 soll die Arena bezugsfertig sein. Das Eröffnungsspiel der Weltmeisterschaft 2006 wird hier stattfinden – das hat Beckenbauer durchgesetzt. Er forderte bereits im Jahr 2000: »Ein taugliches Stadion ist ein Muss, um auf Dauer konkurrenzfähig zu bleiben. Das wird das wichtigste Thema der nächsten Jahre sein. Ein Club wie wir wird ohne vernünftige Bedingungen auf diesem Niveau nicht lebensfähig sein.« Die Ausgaben von veranschlagten 285 Millionen Euro – plus Erschließungskosten der Stadt München – kann selbst der reiche FC Bayern nicht allein schultern. Der Verein teilt sich die Kosten 50:50 mit dem Lokalrivalen TSV 1860 München. Beide Clubs werden die Sportstätte gemeinsam betreiben und haben zu diesem Zweck eine gemeinsame Gesellschaft, die Allianz Arena München Stadion GmbH, gegründet. Der FC Bayern wählte ein neues Finanzierungsmodell: Er gab 150 Millionen Euro als Darlehen an die eigene 50-Prozent-Tochter, die diesen Betrag samt Zins und Tilgung zurückzahlen muss. Damit überweist der Verein die Hälfte der Gelder an sich selbst – ein verzwickter Verschiebebahnhof.

Da der FC Bayern die Summe für seinen Anteil aber gar nicht hatte, mussten andere dafür aufkommen. Die Lösung ist ein Doppelpack: 77 Millionen Euro stammen aus dem Verkauf von zehn Prozent der Aktien der FC Bayern München AG an Adidas-Salomon. Das zweite Paket, rund 90 Millionen Euro, steuerte der Münchner Versicherungskonzern Allianz bei. Damit wird Deutschlands größte Assekuranz Namensgeber des künftigen Stadions, der Allianz Arena. Von anderen Vorschlägen, wie Franz-John-Stadion, nach dem ersten Präsidenten, wollte naturgemäß niemand mehr etwas wissen. Der Vertrag mit der Allianz läuft 15 Jahre, von 2006 an bis zum Jahr 2021. Für die Versicherung ist der Megadeal durchaus gewinnversprechend: »Die Investition in das Stadion wird sich lohnen und rechnet sich bereits heute aus Marketingsicht«, sagt Michael Albert, Chef der Konzerntochter Bayerische Allianz. »Das Engagement ist sowohl regional als auch überregional anerkannt und einige unserer Ziele haben sich schon zum Großteil erfüllt. So ist es beispielsweise gelungen, den Namen Allianz Arena bereits jetzt in der Bevölkerung zu etablieren.« Diese Patenschaft für ein Stadion hat in Deutschland bereits Vorbilder, etwa in Hamburg mit der AOL-Arena oder in Stuttgart mit dem Gottlieb-Daimler-Stadion. Die Spielstätten strahlen symbolhaft eine Botschaft aus: Kommerzialisierung ist Trumpf.

Das spürt der künftige Besucher auch im Inneren. »Wenn das neue Stadion fertig ist, beginnen blühende Zeiten für uns«, hört Uli Hoeneß bereits die Kasse klingeln. Endlich kommt er seinem Vorbild Manchester United näher, die ihre Besucher auf Schritt und Tritt zum Konsum animieren. Der Sportsoziologe Gunter Gebauer beschreibt es so: »Ein neues Stadion als Unterhaltungsmaschine für die ganze Familie, möglichst für ein ganzes Wochenende. Fußball ist dann nur noch der Anlass für ein multimediales Freizeitvergnügen. Es herrscht das Ideal der Shopping Mall, der Einkaufszone.« AG-Vorstand Hoeneß formuliert es einfacher: »Der Bürger will heute seine Kinder im Stadion abgeben, er will seine Freundin mitnehmen, und die kommt nur mit, wenn sie nicht friert und nicht nass wird. Die Gesellschaft ist bequemer geworden – dem müssen wir auch als Fußballverein Rechnung tragen.«

Für die zahlungskräftige Kundschaft aus der Unternehmenswelt gibt es über 2000 so genannte Business-Seats mit exklusiver Betreuung. Dazu rund 100 Logen, in denen Firmen ihre Gäste verwöhnen dürfen, Büroräume und Konferenzsäle zum Mieten. Zum Geldausgeben findet auch der normale Besucher genügend Gelegenheit: etwa in einer »Hall of Fame«, in diversen Fanshops, an 28 Kiosken, in zwei Fanrestaurants mit Platz für je 1500 Menschen, in weiteren Lokalen in der Süd- und der Nordkurve, in Cafeterias und Bars. Die Bayern bringen 66 000 Besucher unter, die auf drei Ränge verteilt sind. Im Bedarfsfall lässt sich die Kapazität auf 70 000 steigern. Das ist in etwa so viel wie derzeit im Münchner Olympiastadion.

Die Bayern-Vorstände kalkulieren sehr optimistisch. Denn eigentlich würde ein viel kleineres und damit billigeres Stadion reichen. Für den Partner 1860 München sowieso. Da kommen im Schnitt 25 000 bis 30 000 Menschen zu einem Spiel. Bei den Bayern sind es gut 50 000 Besucher. Damit liegt der Club bei der Stadionauslastung nur im Mittelfeld. Die betrug beispielsweise in der Saison 2002/03 weniger als 80 Prozent. Das ist ein blamabler 13. Platz unter den Bundesliga-Vereinen. BVB, Schalke oder Bielefeld schaffen eine wesentlich höhere Auslastung. Und unter Kostenaspekten ist nur ein volles Stadion ideal und profitträchtig.

Die Entstehungsgeschichte der Allianz Arena ist ein Lehrstück für das Chaosmanagement des FC Bayern – alles in allem ein Hüh und Hott. Zuerst überlegten die Vereinsoberen ein Neubauprojekt im Stadtteil Riem. Dann favorisierten sie den Umbau des Olympiastadions. Dann Alternativlösungen auf dem Gelände des Olympiaparks. Als Beleg für die Wankelmütigkeit der FC-Bayern-Leitung mögen einige Zitate dienen. Im Oktober 1997 etwa sagte

Beckenbauer: »Das Olympiastadion hat selbst nach einem Umbau keine Zukunft.« Im März 1998 dann: »Ich habe ja schon immer gesagt, dass der Umbau des Olympiastadions die vernünftigste Lösung ist.« Ein Jahr später: »Der Umbau kommt teurer als ein Neubau, der gescheiter und vernünftiger wäre.« Im November 1999: »Man sollte dieses Olympiastadion so belassen, man sollte es nicht verschandeln – wir alle favorisieren Riem.« Ministerpräsident Edmund Stoiber, Vorsitzender des Verwaltungsbeirats des FC Bayern, hielt dagegen: »Ich meinerseits favorisiere ein komplett neues Stadion unter dem Zeltdach.« Und Münchens Oberbürgermeister Christian Ude meinte im Januar 2000: »Der FC Bayern hat gelernt, dass ein Neubau im Stadtgebiet oder anderswo auf schier unüberwindliche Hindernisse stößt, was er bis zum letzten Jahr einfach nicht glauben wollte.« Eckart Müller-Heydenreich, zweiter Vorsitzender des Verwaltungsbeirats, sagte im November 2000: »Ein Stadionneubau innerhalb und auch außerhalb der Stadtgrenze ist Wunschdenken, eine unkluge Forderung.« Da verabschiedete sich Beckenbauer gedanklich von einem Neubau: »Wir müssen aufhören zu träumen, die Realität sieht anders aus.« Aber im Oktober 2001 sah für ihn schon wieder alles ganz anders aus: »Es gibt keine Alternative zum Standort Fröttmaning.« Und von Rummenigge war schließlich bei der Grundsteinlegung im Oktober 2002 zu hören: »Ohne das neue Stadion wären die beiden Vereine nicht überlebensfähig gewesen.«

Ein Bürgerentscheid segnete das Bauvorhaben mit 65,8 Prozent der Stimmen ab. Beckenbauer wurde im Vorfeld nochmals massiv und drohte mit einem Umzug des Traditionsvereins »auch außerhalb der Stadt. Dann lassen wir einfach München weg und sind nur noch der FC Bayern.« Im Lauf der Diskussion leistete sich die Lichtgestalt noch eine Entgleisung zum Thema Olympiastadion: »Am besten ist, wir sprengen das Stadion einfach weg. Es wird sich doch ein Terrorist finden, der für uns die Aufgabe übernimmt.« Auch wenn es witzig gemeint war – da hat der Weltmeister ein glattes Eigentor geschossen.

Das neue Stadion nimmt allmählich Gestalt an. Verantwortlich ist das Schweizer Architektenduo Jacques Herzog und Pierre de Meuron. Die beiden haben schon den St.-Jakobs-Park in Basel gebaut, die Heimat des FC Basel. Das Münchner Stadion, bereits wegen seiner eigenwilligen Form als Schlauchboot oder Rettungsring verspottet, sitzt in einer durchsichtigen Kunststoffhülle. Die lässt sich je nach Spiel in den Vereinsfarben rot oder blau anleuchten. Selbst Beckenbauer ist nun glücklich: »Es wird das ungewöhnlichste Stadion der Welt werden.« Und die Allianz liefert selbstverständlich nicht nur den Namen, sondern auch die Versicherungen.

Chaos und Konkurrenz: Beckenbauers Extratouren

Zweifellos zieht der Name FC Bayern München bei der werbetreibenden Wirtschaft. Die Motive, sich mit dem Fußballverein zu verbandeln, sind vielfältig. Die Unternehmen wollen ihren Bekanntheitsgrad steigern, ihren Namen bekannt machen, ihre Sympathiewerte nach oben schrauben, ihre Marke mit Eigenschaften wie Dynamik, Sportlichkeit oder Hochklassigkeit verbinden. Und schlicht mehr Produkte und Dienstleistungen verkaufen.

Damit das Ganze funktioniert, müssen die Menschen Sponsoring in Ordnung finden. Und in der Tat: Nach einer aktuellen Umfrage des Allensbacher Instituts für Demoskopie halten 89 Prozent der Bevölkerung das Sponsoring für den Sport für wichtig, lediglich vier Prozent für unwichtig. Die Mehrheit der Befragten, nämlich genau 69 Prozent, hält es für unwichtig, ob die Produkte des Sponsors mit Sport zu tun haben. Deshalb passen auch Anbieter wie Lego oder der Stromvermarkter Yello zum FC Bayern, obwohl sich der Bezug zum Fußball nicht gerade aufdrängt. Wichtig ist für die Menschen nur, dass das Unternehmen voll und glaubwürdig hinter dem Sport steht.

Für die Sponsoren ist entscheidend, dass sie mit ihren Aktivitäten die nötige Aufmerksamkeit erzielen. Jeder kennt den Effekt, dass man sich zwar an eine Werbung erinnert, nicht aber an das Produkt oder wer es anbietet. Das kann nicht im Sinne des werbenden Unternehmens sein. Das gilt erst recht für die Partner des FC Bayern. Die pochen daher auf Exklusivität im Geschäft mit dem Verein, wenn sie schon Millionenbeträge auf den Tisch legen. Doch da herrscht beim FC Bayern trotz aller Professionalität ein ziemliches Wirrwarr. Der Grund liegt in der Person Franz Beckenbauers.

Der Vereinspräsident kocht nämlich schon seit Jahren erfolgreich sein eigenes Süppchen – bis vor kurzem mit tatkräftiger Unterstützung seines jüngst verstorbenen Managers Robert Schwan. Legendär sind Beckenbauers frühe Fernsehspots über Päckchenprodukte aus den 60er Jahren: »Kraft in den Teller, Knorr auf den Tisch«, fabulierte der Jungstar damals. Seitdem hat er sich von niemandem bremsen lassen, wenn es um lukrative Werbeverträge ging. Auch nicht, als er in den 90er Jahren wieder zum FC Bayern stieß. Beckenbauer beruft sich auf Formalien: Als Präsident des Clubs arbeitet er ehrenamtlich, ist also kein Angestellter des FC Bayern. Und als höchster Repräsentant hat er keinen über sich, der ihm etwas anschaffen könnte – vorausgesetzt, es würde sich überhaupt jemand trauen. Branchenexperten taxieren die Werbeeinnahmen des Kaisers auf insgesamt 36 Millionen Euro.

Nun schafft es Beckenbauer – Absicht oder nicht –, sich gerade diejenigen Geschäftspartner zu angeln, die die Sponsoren des FC Bayern konterkarieren. Der Verein hat die Deutsche Telekom als Hauptsponsor. Sie zahlt für das Privileg 20 Millionen Euro im Jahr. Der Bonner Konzern wirbt mit dem FC Bayern für seine Tarife und Mobilfunkangebote. Der Vereinspräsident hat sich mit dem Konkurrenten O_2 verbandelt, kassiert dafür zwei Millionen Euro. Der wirbt mit Beckenbauer für seine Tarife und Mobilfunkangebote. Über diesen Affront meinte Vorstandschef Rummenigge ungehalten: »Wir sind nicht glücklich mit dieser Verbindung.« Die Telekom sprach von einer »bitteren Pille«. Für O_2 tritt Beckenbauer auch mit der Komikerin Anke Engelke und mit Dieter Bohlen auf. Der freut sich über den Reklamekompagnon: »Franz ist mein Vorbild. Ich will werden wie er und hoffe, er berät mich jetzt öfter.«

Beckenbauer kann seinen Freund Bohlen als Erstes in der Kunst unterrichten, wie man einen Bayern-Vorstand ärgert. Die Bayern-Spieler trinken offiziell Weißbier der Marke Paulaner. Die Münchner Brauerei macht dafür rund drei Millionen Euro locker. Beckenbauer schluckt Produkte des Konkurrenten Erdinger und erklärt in Anzeigen: »Das Weißbier der Fußballfans.« Das bringt ihm eine Million Euro im Jahr. Dafür ist sich der Kaiser auch nicht zu schade, bei einem »Sportschau«-Auftritt ein Weißbierglas werbewirksam vor der Kamera zu platzieren. Das Signal an die Kunden ist Verwirrung: Was lässt sich nun der echte Fußballer durch die Kehlen laufen – Erdinger oder Paulaner? Und was war noch gleich das Bier der Bayern? Gesteigert wird die Verwirrung noch dadurch, dass der FC Bayern früher für Erdinger Weißbier geworben hatte. Aber wie die Wende den Anhängern erklären? Die simple Wahrheit wäre: Die Neuen haben mehr Geld auf den Tisch gelegt. Aber das geht natürlich nicht. So bleibt nur diskretes Schweigen und umso inbrünstigeres Lob des süffigen Gerstensaftes in der Reklame. Die Pointe dabei: Als die Bayern noch Erdinger zischten, jubelte ihr Präsident in Anzeigen über den Genuss von Warsteiner Bier.

Als wolle er seinem Heimatclub permanent eins auswischen, schlug sich Beckenbauer traditionell bei seinen Werbeengagements auf die andere Seite. So fuhr er Mitsubishi oder Mercedes statt Opel wie der FC Bayern, fand Yello-Strom viel besser als E.on. Für frühere Werbeverträge telefonierte Beckenbauer nicht wie alle anderen mit Viag Interkom, sondern mit E-Plus und verkündete grinsend: »Ja, is' denn heut' scho' Weihnachten?« Als nun Beckenbauer denselben Spruch bei O2 aufsagte, flatterte prompt eine einstweilige Verfügung gegen den TV-Spot vom früheren Partner E-Plus auf den Tisch.

Die Bayern schwören neuerdings auf die Münchner HypoVereinsbank. Dagegen setzt Beckenbauer auf die Postbank. Mit einer Jugendaufnahme des Weltmeisterkickers wirbt das Unternehmen für den Investmentfonds Dynamik FIFA WM 2006: »Ohne Risiko investieren.« Beckenbauer wollte die Post als neuen Trikotsponsor. Doch Hoeneß und Rummenigge machten ihm einen Strich durch die Rechnung. Hinter dem Rücken ihres Präsidenten verhandelten sie mit der Telekom und schlossen den Vertrag ab. Beckenbauer war über den 20-Millionen-Deal sauer: »Von der Deutschen Post hätte Bayern einen Vertrag über 25 Millionen Euro bekommen.«

Die Nachfrage nach Beckenbauer als Werbefigur steht ganz im Gegensatz zu seiner Beliebtheit. Zwar kennen ihn 98 Prozent der deutschen Bevölkerung, doch mit der positiven Ausstrahlung hapert es: Lediglich 37 Prozent stufen ihn als »hochklassig« ein, nur eine Minderheit von 29 Prozent der Bundesbürger findet ihn sympathisch. Werner Gustav Alex, Direktor der Bayerischen Akademie für Marketing und Werbung, meint: »Bei Beckenbauer hat eine Inflation eingesetzt, er hat für so viele Produkte geworben, dass sein Profil nicht mehr scharf ist.« Es ist oft mehr als Unschärfe, die den Werbeeffekt für die Auftraggeber verwässert.

Nach einer aktuellen Untersuchung von Deutschlands größter Unternehmensberatung McKinsey und dem Marktforschungsinstitut GfK ist die Lichtgestalt des deutschen Fußballs für viele Unternehmen völlig unpassend.

Die Fachleute untersuchten, ob Stars zu ihren Marken passen, wie Image und Promiwerte aussehen. Das Resultat der Studie: Es ist egal, wie ein Prominenter bei Bekanntheit, Sympathie und Authentizität abschneidet – über seine Attraktivität für die Werbezunft sagt das wenig. Beim Promiwert, maximale Indexzahl 100, erreicht Beckenbauer den schwachen Wert 21. Günther Jauch dagegen bringt es auf 68, Thomas Gottschalk auf 48. Und wie passt der Kaiser zu seinen Produkten? Auch da sieht es deprimierend aus: Bei einem Maximalwert von 100 schafft Beckenbauer mit der Postbank lediglich einen Wert von 35, bei O2 sind es 55. Spitzenreiter ist Johannes B. Kerner mit Bonaqua und einem Index von 93. Es folgen mit einem Wert von 87 Gottschalk Arm in Arm mit Haribo und die Boxbrüder Vitali und Wladimir Klitschko im Verbund mit Kellogg's Müsli.

Ihr Auftritt bitte: Bayern-Stars als Partner der Unternehmen

Beckenbauer kann's egal sein, solange die Gelder fließen. Das gilt auch für die anderen Bayern-Stars, die gesonderte Werbeverträge abschließen – mit Genehmigung des AG-Vorstands. Denn ohne die Bayern-Bosse läuft nichts. Die meisten Angestellten haben in ihren Verträgen einen Passus, der die Persönlichkeitsrechte in Sachen Werbung beim Verein hält. Das musste beispielsweise Otmar Hitzfeld im Jahr 2002 schmerzhaft erfahren, als er ohne Wissen der Oberen mit der HypoVereinsbank abschloss. Rummenigge nötigte den Trainer, das Geschäft wieder rückgängig zu machen. Damals war noch die Bayerische Landesbank der Sponsor. Geben die Bayern-Bosse ihr Okay, wollen sie einen Teil der Einnahmen als Provision in die Kasse der Aktiengesellschaft lenken.

Manche erweisen sich da als besonders tüchtig. Oliver

Kahn wirbt für Duftwässerchen und Schokoriegel. Daneben zeigt sich der Torwart, was in Deutschland weitgehend unbekannt ist, in Japan als Werbefigur – etwa für das Finanzunternehmen Shinki. Kahn beschwört in Anzeigen mit seiner Unterschrift »das Glück der Null«. Für die Shinki-Kreditkunden bedeutet das: Wer innerhalb einer Woche einen Betrag bis zu umgerechnet 3600 Euro zurückzahlt, ist von den Zinsen befreit. In einem Shinki-TV-Spot fängt Kahn in bewährter Manier Torschüsse ab und schreit am Ende ein »Achtung!« auf Deutsch heraus. Für den japanischen Reifenproduzenten Bridgestone mimt er das traute Familienleben, zeigt sich mit seiner Schauspielerfrau im Park. Was besonders pikant ist, da sich der Sportler unlängst von seiner tatsächlichen Ehefrau getrennt hat und nun mit seiner neuen Freundin zusammenlebt. Die Botschaft für Kahns Nippon-Fans: Ich biete euch Sicherheit. Rund drei Millionen Euro im Jahr bringen die Auftritte dem Bayern-Torwart als Extrataschengeld.

Kollege Michael Ballack holt mit Riesenschritten auf. Vor allem konnte er bisher sein Image als Saubermann ohne Skandale pflegen. Das mögen die Werbepartner. Im Juli 2003 unterzeichnete der Bayern-Profi einen Vertrag mit Sony. Das Abkommen läuft bis zum Jahr 2006 und bringt Ballack ein Zubrot von 600 000 Euro jährlich. Dafür nimmt er schon mal ein Samuraischwert aus Bambus in die Hand und lässt sich mit grimmigen Samurais fotografieren. Die Sprüche dazu lauten »Die Samurai mit ihren Schlagstöcken machen mir ein wenig Angst« oder »Die japanische Kultur finde ich sehr interessant«. Das Essen mit Stäbchen jedenfalls beherrscht der Spieler bereits. Sony-Geschäftsführer Leopold Bonengl lobt: »Ballack vereint alles, was Erfolg ausmacht: Fleiß, Energie, Teamfähigkeit.« Der Kicker verwandelte weitere Tore beim Brauseproduzenten Coca-Cola. Das bringt eine halbe Million Euro im Jahr. Adidas ist seine Person 400 000 Euro wert.

Und als Werbemodel für die Telekom nimmt Ballack nochmals rund eine Million Euro ein. Dafür sagt er in den Anzeigen etwa: »Lernen Sie mit T-DSL das Internet von seiner rasanten Seite kennen und gehen Sie zu Hause mit T-Sinus 11 cardpack und Ihrem Notebook kabellos online.« Und das alles für 99,99 Euro. »Er präsentiert sich bei seinen Werbesachen auch im Trikot des Vereins, das ist ausgezeichnet für die Außendarstellung des Clubs«, hebt Hoeneß die Vorteile hervor. Ballack hat extra einen Vermarktungsprofi engagiert, der ihm weitere Verträge an Land ziehen soll. Dieser erstellt Imageprofile seines Schützlings und sucht aus, welche Unternehmen zu ihm passen. Global auftretende Konzerne sollten es natürlich schon sein.

Der Verein ist da nicht so wählerisch. Hauptsache, das Konto stimmt. Hoeneß und Rummenigge haben eine fein abgestufte Hierarchie bei den Sponsoren eingeführt. Das Hauptauswahlkriterium ist das Geld. Wer mehr zahlt, genießt einen besseren Status, darf mit VIP-Auftritten rechnen. Unter Hauptsponsor Telekom und Ausrüster Adidas siedeln die »Premium Partner«. Die Mitgliedschaft in diesem Club summiert sich schnell auf mehrere Millionen Euro im Jahr. Aktuell zählen dazu Allianz, Audi, Coca-Cola, die HypoVereinsbank, der Fotoausrüster Konica, Paulaner, Sony, Siemens Mobile, Yello-Strom, die Hotelkette Arabella-Sheraton, Carlsberg und Kulmbacher. Die unterste Kategorie sind die »Classic Partner«. Die bringen weniger als eine Million Euro. Mit dabei sind die Süddeutsche Klassenlotterie, Lego und der Herrenausstatter Gianfranco Ferré. Der kleidet neuerdings die FC-Bayern-Profis ein. Da macht es auch nichts, dass Rummenigge einen Vertrag mit der Marke Yorn unterschrieb, Zé Roberto eigentlich lieber Klamotten von Donna Karan und Prada trägt und Bixente Lizarazu T-Shirts von Quicksilver bevorzugt. Bei offiziellen Anlässen tragen die Kicker nun die »moderne, strenge und gleichzeitig lässige Eleganz«

(Ferré-Werbespruch) des Mailänder Modeschöpfers. Als feierliche Garderobe dient ein grauer Nadelstreifenanzug aus Kammwolle mit weißem Hemd. Bei lockeren Anlässen darf's eine blaue Jacke mit grauer Hose sein. Wenn es regnet, schützt ein Ferré-Nylonparka.

Überhaupt geht bei vielen der kleinen Geschäftspartner im Sponsorpool des FC Bayern das Werbeinvestment kaum über das Standardprogramm hinaus. Etwa über das Recht, mit dem Logo der Münchner werben zu dürfen. Oder die Möglichkeit, bei Heimspielen Plätze im VIP-Bereich des Münchner Olympiastadions zu erhalten. Originelles ist rar. Die Kulmbacher Brauerei beispielsweise lancierte zur Saison 2003/04 den »Kulmbacher Meisterschluck«. Dazu bietet das Unternehmen wenig witzige Saufwettbewerbe an. Originalton Kulmbacher: »Ziel ist es, mit einem Schluck den Pegel des legendären Kulmbacher Premium Pils möglichst genau zwischen die zwei feinen Goldlinien ›Schluckspecht‹ und ›Feigling‹ zu senken. Wer am treffsichersten zwischen den beiden Linien landet, hat am Ende gewonnen.« Die Sieger erhalten – was wohl? – Freibier. Die Brauerei spart nicht mit Eigenlob: »Den Gesichtern ist anzusehen, dass diese Promotion wirklich aufs Herz der FC-Bayern-Fans zugeschnitten ist und seinesgleichen sucht.« Na dann prost!

Ähnlich banal liest sich, was der Kinderspielzeughersteller Lego in seinem Geschäftsbericht zu dem Kickersponsoring schreibt: »Dieser Vertrag umfasst auch die Aufstellung eines großen Spielzeltes beim Olympiastadion in München, in dem Kinder mit Lego-Elementen spielen können, während die Eltern sich das Fußballspiel ansehen. Als Gegenleistung darf die Lego-Company Trikots und Logo des Vereins für die Elemente von Lego Fußball verwenden.« Wie aufregend. Es ist wirklich verwunderlich, für was die Unternehmen mitunter Geld ausgeben.

Big Spender: Wie Adidas, Telekom & Co. ihren Vorteil suchen

Bei den großen Sponsoren funktioniert das Marketing weit professioneller. Ganze Stabsabteilungen sind damit beschäftigt, neue Werbefeldzüge zu entwerfen, sich Aktionen auszudenken. Für Adidas ist die Beziehung zum FC Bayern in eine globale Strategie eingebettet. Sogar der überteuerte Kauf von zehn Prozent der Aktien des FC Bayern München macht unter übergeordneten Aspekten Sinn: Dafür zahlt der Sportartikelproduzent aus Herzogenaurach bei Erlangen weniger für den Ausrüstervertrag, als etwa ein Konkurrent wie Nike hinlegen müsste: Adidas liegt bei zehn Millionen Euro, Nike zahlt Manchester United pro Jahr 36 Millionen Euro. Dieser Rabatt kann sich über die Jahre unterm Strich rechnen. In Sachen Fußball ist Adidas seit Jahren Weltmarktführer. In Deutschland kommt das Unternehmen auf einen Anteil von 50 Prozent. Obwohl Nike aufholt, gibt sich Adidas-Chef Herbert Hainer gelassen: »Im Fußball werden wir uns von niemandem die Butter vom Brot nehmen lassen, schon gar nicht mit der WM vor unserer Haustür.« Deshalb schloss der Manager auch mit dem Münchner Verein ab: »Der FC Bayern ist das Fußballsymbol für Adidas. Es wäre schlimm gewesen, wenn wir dieses Aushängeschild verloren hätten.« Dieser Deal ist zugleich eine Art Testballon, ob solche innigen Umarmungen mit Finanzbeteiligung noch besser funktionieren und höhere Profite bringen als die herkömmlichen Geschäftsmodelle.

Der Sportkonzern setzt vor allem auf strahlende Marken. »Vor zehn Jahren hatten wir noch das Gros der Fußballbundesligisten unter Vertrag«, sagt Hainer. »Heute wollen wir globale Symbole wie Real Madrid.« Die Kleinen bleiben da außen vor. Für eine weltumspannende Werbekampagne taugen sie nicht. Sie transportieren keine Botschaften von internationalem Flair, sie ragen nicht heraus aus der Masse der Clubs. Adidas zieht zudem Mannschaften einzelnen Persönlichkeiten vor. »Wenn ein Fußballspieler ausflippt, gleicht das der Rest des Teams aus.« Das zielt auf den Bayern-Torwart. »Kahn bleibt im Fußball eine Leitfigur«, meint der Adidas-Vorstandsvorsitzende. »Dass er mit privaten Geschichten vor allem sein eigenes Image beschädigt hat, steht außer Frage. Er ist intelligent genug, dass er das heute weiß.« Werbung mit Einzelfiguren wie Ballack und Kahn ist eher die Ausnahme. Komplexe Verträge regeln jede Einzelheit mit dem Sportler, bezahlt wird gnadenlos nach Leistung. »Wir sind keine Sozialstation«, sagt Hainer.

Der Big Spender unter den Sponsoren ist die Deutsche Telekom. Im Juli 2002 schloss der Bonner Konzern einen Vertrag mit einer Laufzeit bis zum Jahr 2008 ab. Das Volumen beträgt 20 Millionen Euro jährlich, insgesamt summiert sich das Abkommen für die Telekom auf 120 Millionen Euro. Ein stolzer Preis – und geschickt verhandelt von Hoeneß und Rummenigge. Betrachtet man die Schwierigkeiten, die andere Erstliga-Traditionsvereine wie Hamburg oder Köln hatten, für die Saison 2003/04 überhaupt einen Sponsor zu finden, so wird die Dimension besonders deutlich. Borussia Dortmund erhält vom Energiekonzern E.on zwölf Millionen Euro und belegt damit den zweiten Platz in der Geldhitparade. Bayer Leverkusen kassiert von RWE acht Millionen Euro, Schalke 04 von Victoria 6,2 Millionen. Schlusslichter sind der VfL Bochum mit 2,5 Millionen Euro von der DWS und der SC Freiburg mit zwei Millionen Euro durch Natur-Energie-Werbung. Das zeigt, dass die Bayern-Manager sich rechtzeitig auf dem Höhepunkt der Sporteuphorie abgesichert haben. Denn heutzutage zeigen sich die Konzerne weit knauseriger bei der Finanzierung von Fußballvereinen.

Damals, im Jahr 2002, hatte der Big Spender Telekom auch ein Synonym: Ron Sommer, den Vorstandsvorsitzenden des Konzerns. »Zwei Partner, die sich ideal ergänzen, haben sich gefunden«, rief der Manager begeistert bei Vertragsabschluss. Rummenigge fiel in den Chor mit ein: »Von der Partnerschaft werden beide Seiten enorm profitieren.« Das Geschäft sei »ein Meilenstein in der Geschichte des Sportsponsoring«. Heute ist Ron Sommer längst nicht mehr im Amt. Er musste vorzeitig seinen Stuhl räumen. Denn die Aktionäre kreideten ihm an, zu sorglos mit den Geldern gewirtschaftet zu haben: Allein der teure Zukauf der US-Mobilfunkfirma Voice Stream kostete rund 33 Milliarden Euro. Dazu eine aufwändige Shoppingtour bei dem britischen Mobilfunkunternehmen One2One und die Lizenzen für den neuen Mobilfunkstandard UMTS. Am Ende türmten sich die Schulden auf den gigantischen Betrag von 66 Milliarden Euro. Der Verlust des Konzerns betrug abenteuerliche 3,5 Milliarden Euro. Im Jahr 2000 hatte der ehemalige Staatskonzern noch ein Plus von 9,4 Milliarden Euro verbucht. Der Kurs der »Volksaktie« sauste im freien Fall nach unten und bescherte vielen Anlegern herbe Verluste. Angesichts solcher Zahlen jenseits der Normalität fallen die 20 Millionen für den FC Bayern im Denken eines Ron Sommer gar nicht weiter ins Gewicht.

Heute kalkulieren die Verantwortlichen der Deutschen Telekom genauer. »Wir konnten unseren Aktionären erklären, dass wir unsere Engagements mit geringeren Aufwendungen bestreiten als vorher«, sagt Vorstand Josef Brauner. Er verlangt für das Engagement erkennbare Gegenleistungen. »Das ist messbar, da die Telekom via Marktforschung immer wieder überprüft«, meint Brauner. »Die Marktforschung zeigt uns, dass Sponsoring ein hocheffektives Instrument ist, bei dem die Synergieeffekte der werblichen Wahrnehmung die Investitionen deutlich überwiegen.« So erreicht der Konzern in Deutschland mittlerweile eine Bekanntheit von 99 Prozent. Bei der Einführung des neuen Namens für die Konzerntochter T-Mobile nutzten die Manager die Trikots des FC Bayern, um die Marke in der Öffentlichkeit zu verbreiten. Genauso verfuhr das Unternehmen im Jahr 2003 mit der Festnetzsparte T-Com. Das Logo prangt nun auf den Hemden der Bayern-Kicker.

Klauseln im Vertrag sichern, dass die volle Summe an den FC Bayern nur bei Erreichen vorher vereinbarter sportlicher Ziele fließt. Als Philosophie des Telekom-Sponsorings formuliert Brauner: »Fußball vermittelt Dynamik, weckt Emotionen. Für uns besonders wichtig: In Radsport und Fußball entscheidet die Stärke des Teams über die Platzierung im Wettbewerb. Die Leistung des Einzelnen ist immer Teil der Mannschaft und Siege werden vom ganzen Team gewonnen.« Deshalb nutzt der Konzern auch andere Mannschaftssportarten wie Radfahren, Basketball oder Rudern für seine Werbeauftritte. Eine Ausnahme macht die Telekom mit dem zusätzlichen Deal mit Ballack. Das kostet extra. »Wer heute als Unternehmen mit einem der Weltbesten kooperieren will, der wird marktgerechte Preise zahlen müssen – im Sport, in der Musik, in jeder Branche«, sagt Brauner. »Aber bei einem Star der Güteklasse 1a ist die Chance viel größer, dass er sich letztendlich selbst bezahlt, als bei einem für weniger Honorar verpflichteten Sportler der Güteklasse 2a.«

Die HypoVereinsbank nennt ihren Vertrag mit dem FC Bayern nicht Sponsoring, sondern »strategische Partnerschaft«. Seit Juli 2003 betreiben beide ihre Geschäfte zusammen. Die Münchner Bank erwarb die Markenrechte des Bayern-Logos zur Werbung bis zum Juni 2008. Dafür sind rund zehn Millionen Euro fällig. »Als Premium-Partner entwickeln wir exklusive Finanzprodukte für die Bayern-Fans und sind die offizielle FC-Bayern-Bank zu allen Finanzfragen des Vereins«, sagt Dieter Rampl, Vorstandssprecher des Geldinstituts. Dafür schubste er die Bayerische Landesbank und die Allianz von der Bank, die bisher die Vermögensverwaltung des Clubs erledigten. Auch sicherte sich die HypoVereinsbank das Recht, einen Börsengang der FC Bayern München AG zu organisieren – und daran zu verdienen. »Die Partnerschaft dient der Bank dazu, neues Geschäft zu generieren und die Erträge zu stärken. Mit den rund zehn Millionen Bayern-Fans erschließen wir uns hierfür ein enormes Kundenpotenzial«, erklärt Rampl, der übrigens bekennender Fan des TSV 1860 München ist.

Dem Banker geht es vorrangig darum, Neukunden für die Bank zu werben und möglichst viel Umsatz mit den Anhängern des Münchner Clubs zu machen. Steigerung des Bekanntheitsgrads und Aufpolieren des eigenen Images stehen dagegen hintan. Denn auch die HypoVereinsbank kämpfte in jüngster Vergangenheit gegen Verluste, musste Tausende von Mitarbeitern entlassen. Da wäre es nicht gut angekommen, Geld für abgehobene Werbemaßnahmen auszugeben. Der FC Bayern erschließt sich im Gegenzug ein neues Geschäftsfeld und sammelt Erfahrung mit dem Verkauf von Finanzprodukten. Auf der Bayern-Homepage finden die Besucher bereits die ersten Lockangebote. »Gemeinsam mit der HypoVereinsbank schreibt der FC Bayern München ein in Deutschland neues Kapitel zum Thema Sport und Finanzen«, tönt Rummenigge. Ganz so neu ist die Idee nun auch wieder nicht. Hertha BSC Berlin arbeitet bereits mit der Volksbank zusammen. Die Citibank dockte bei Borussia Dortmund an, beim 1. FC Kaiserslautern und Hansa Rostock, brachte eine Visa-Kreditkarte mit Vereinswappen heraus. Als Vorbilder dienen dem FC Bayern – wieder einmal – Real Madrid und Manchester United. Die bieten ihren Fans seit langem Kreditkarten, Sparverträge, Darlehen oder Versicherungen an. Manchesters MBNA Europa Bank zahlt einen Bonus von 0,5 Prozent Zinsen beim Erreichen des Viertelfinales und gibt einen Rabatt von 15 Euro auf die Autoversicherung, wenn die ManU-Spieler mindestens 40 Auswärtstore schießen. Kreditkarten-Kunden nehmen an Verlosungen teil, bei denen Führungen durch das Stadion oder handsignierte Trikots zu gewinnen sind. Manchester United nutzt seine hauseigene Datenbank mit weit über 100 000 Adressen zum Vermarkten der Angebote. Dafür kassiert der Club bei jedem Abschluss eine Provision.

Die HypoVereinsbank startete mit einer »FC Bayern Sparkarte«, einer Art Sparbuch mit Sonderbonus. Die Grundverzinsung liegt bei 0,9 Prozent. Legen die Bayern-Anhänger mehr Geld an, steigt die Basisrendite kontinuierlich an. Bei Summen ab 25 000 Euro beträgt die Grundverzinsung 2,2 Prozent. Ähnlich wie die Briten spendieren die Münchner 0,1 Prozent Jahreszins Aufschlag, wenn die Bayern-Kicker zehn Tore erzielen. Gewinnen sie gar die Deutsche Meisterschaft, gibt es einen Monat lang nochmals fünf Prozent Jahreszins obendrauf. Hoeneß jubelt pflichtgemäß über »eine der schönsten Partneraktionen, die es beim FC Bayern je gab«. Die Kunden nehmen an einer Verlosung teil. Jeden Monat sind VIP-Karten, Reisen zu Auswärtsspielen in der Champions League, handsignierte Fußbälle oder T-Shirts zu gewinnen. Das Ziel der HypoVereinsbank: in einer Saison 10 000 neue Kunden zu holen. Das jüngste Produkt ist eine Kreditkarte in Zusammenarbeit mit Mastercard. Hoffentlich funktioniert das Geschäft besser als im Jahr 1993. Damals unternahm der FC Bayern bereits einen Versuch mit einer »FC Bayern Visa Card«. Gerade mal 4000 Personen ließen sich von dieser Offerte mitreißen.

Damit es diesmal besser klappt, setzt die HVB die Werbefigur Max ein. Der Kabarettist Martin Großmann aus dem Ort Hengersberg im bayerischen Landkreis Deggendorf mimt in Anzeigen und TV-Spots den glühenden FC-Bayern-Fan, gekleidet in Bayern-Logo-Sweatshirt und Jeansweste mit Aufnähern. Da gibt es nun Werbeszenen, in denen Max seinem Neffen, einem eingefleischten 1860er-Fan, die Bayern-Sparkarte schenken will. Oder Max mit seiner Oma Waffeln für Roque Santa Crúz backen will und zwölf Eier in den Teig schlägt – eine Anspielung auf Kahns Forderung an seine Kollegen: »Eier! Wir brauchen

Eier!« Ansonsten changieren die Reklamesprüche um Aussagen wie »Ball im Netz ist Geld auf der Bank« oder »Je höher der Endstand, desto höher Ihr Kontostand.« Derzeit sind mehr als 25 000 FC Bayern Sparkarten verkauft – immerhin fast 200 Millionen Euro, die die Sparer bei der HVB auf diese Weise angelegt haben. Ob sich das Engagement der FC-Bayern-Kunden tatsächlich besser rechnet als alternative Finanzanlagen wie Festgeld, Sparbriefe oder Anleihen, wird das Saisonende zeigen. Dann wird abgerechnet.

Bruchlandung für Geschäftspartner des FC Bayern

Nun könnte man meinen, mit solch durchdachten Konzepten und dem FC Bayern München im Rücken hat man eine Garantie für schönen Umsatz und ordentliche Profite. Dazu der Gewinn an Image, Bekanntheit und Sympathiewerten in der Bevölkerung. Aber es zeigt sich, dass eine Partnerschaft mit dem Münchner Verein nicht automatisch ein gutes Geschäft ist. Im Gegenteil, etliche Unternehmen, die mit dem FC Bayern eine Ehe auf Zeit geschlossen hatten, gerieten in arge Turbulenzen.

Schon der erste bedeutende Sponsor, Magirus Deutz, von Hoeneß akquiriert, hatte nicht lange Spaß an seinem Engagement. Die damalige Klöckner-Humboldt-Deutz AG geriet 1980 in Bedrängnis und verkaufte ihre Iveco-Anteile an den italienischen Fiat-Konzern. Der machte noch vier Jahre weiter. Offensichtlich reichte das Iveco-Logo auf der Brust der Bayern-Kicker nicht, die Talfahrt zu stoppen. Im Jahr 1982 musste der Konzern das Omnibuswerk in Mainz schließen, viele Arbeiter verloren ihren Job. Ein Jahr später erfolgte die Umbenennung in Iveco Magirus. Danach verabschiedete sich das Management ganz aus dem Fußballabenteuer.

Es folgte der Computerhersteller Commodore. Der war in den 80ern berühmt für seinen Kleincomputer C64. Der FC Bayern spielte – beschwingt durch die Gelder des Elektronikriesen – auf: Dreimal hintereinander, von 1985 bis 1987, holte der Club die Deutsche Meisterschaft. Doch die Siege des FC Bayern und die positive Ausstrahlung übertrugen sich offenkundig nicht auf Commodore. Die Kunden wollten die Nachfolgeprodukte des C64 nicht. Der Niedergang begann – und endete mit einer Pleite. Da konnten selbst die Schutzengel des FC Bayern nicht mehr helfen.

Mit dem Jahr 1989 stieg der Rüsselsheimer Autoproduzent Opel ein und zierte fortan mehr als ein Jahrzehnt lang die Trikots der Bayern. Anfangs kostete die Werbung noch drei Millionen Euro pro Jahr. Zuletzt überwies Opel rund 15 Millionen Euro jährlich nach München. Anfangs lief das Verhältnis gut an. Der Bekanntheitsgrad des Pkw-Herstellers schraubte sich kontinuierlich nach oben. Umfragen zeigten, dass das angestaubte Image in neuem Glanz erstrahlte. Auf jeder Eintrittskarte, jedem Vereinsprospekt fand sich das Opel-Logo. Die Spieler mussten sich mit Opel-Fahrzeugen zeigen. Die glückliche Verbindung sollte eigentlich bis ins Jahr 2003 reichen. Aber wieder war die Realität härter. Trotz Dauerberieselung des sportbegeisterten Fernsehpublikums mit Bayern-Opel-Emblemen sackte der Absatz von Opel-Modellen kontinuierlich ab. Der Marktanteil in Deutschland verringerte sich von 17,0 Prozent im Jahr 1995 auf 14,3 Prozent im Jahr 1998 und 11,9 Prozent im Jahr 2001. Horrende Verluste waren die Folge. Im Jahr 2002 schrieb das Unternehmen über 220 Millionen Euro Miese. Tausende von Mitarbeitern wurden entlassen. Der neue Opel-Chef Carl-Peter Forster hatte die Nase voll und bat um ein vorzeitiges Ende des Sponsorvertrags. Hoeneß meinte dazu, es gebe »keinerlei Ausstiegsklauseln« aus dem Vertrag für den Geschäftspartner. »Aber wenn wir einen neuen finden und Opel einen Gefallen tun können, werden wir Opel aus seinen Verpflichtungen entlassen.« Der Retter war schnell gefunden: die Deutsche Telekom.

Auch im Jahr 2003 riss die Negativserie von FC-Bayern-Sponsoren nicht ab. Die Firma Tenovis, ein Anbieter von Telekommunikationsprodukten und Call-Center-Lösungen, strich die Segel. Der Grund: Umsatz und Gewinn gingen zurück. Noch schlimmer erwischte es Aero Lloyd, den »Official Carrier des FC Bayern München«. Die unabhängige deutsche Fluggesellschaft arbeitete mit ihren 19 Maschinen auf Charterbasis für heimische Reiseveranstalter und flog die Bayern-Stars zu internationalen Veranstaltungen. Sogar ein Airbus vom Typ A321 trug stolz den Namen FC Bayern München. Die Partnerschaft hob im Jahr 2001 ab und sollte bis 2008 unterwegs sein. Doch im Herbst 2003 kam die Bruchlandung: Zahlungsunfähigkeit. Die Bayern mussten notgedrungen auf andere Linien ausweichen. Ein Insolvenzverwalter versucht nun, für die Gläubiger möglichst viel zu verwerten. Auslöser des Debakels war ausgerechnet der bisherige Sponsorpartner Bayerische Landesbank. Das Geldinstitut hatte sich geweigert, der Aero Lloyd neue Kredite einzuräumen. Hoeneß zeigte sich enttäuscht: »Immer mehr Banken drehen über Nacht den Geldhahn zu. Jetzt auch die Landesbank. Dafür habe ich kein Verständnis.«

Es zeigt sich: Für die Unternehmen, die auf Sportsponsoring mit dem FC Bayern vertrauen, geht die Sache am Ende nicht immer gut aus. Der Verein kann sich dennoch entspannt zurücklehnen: Das Geld ist ja bereits in seinen Kassen gelandet. Noch mehr Sicherheit und Kontinuität dagegen bietet eine andere Verbindung: das Geschäft mit den Fans des FC Bayern.

7 ÖFFNET EURE HERZEN … UND GELDBEUTEL – DIE UMSATZTRÄCHTIGE LIEBE DER FANS

Was wäre ein Fußballverein ohne seine Anhänger? Theoretisch wäre es denkbar, dass elf Mann unter Ausschluss der Öffentlichkeit gegen andere Mannschaften antreten und nach dem Match unbemerkt wieder verschwinden. Das passiert manchmal bei Freizeitkickern. Aber selbst die haben den Vater dabei, der seinen Sohn anfeuert, die Freundin, die ihrem Helden die Daumen drückt. In der Praxis funktioniert Fußball ohne Fans genauso wenig wie Landwirtschaft ohne Wasser.

Vereine mit Berufsspielern verdanken ihren Aufstieg gerade einer treuen Anhängerschaft, die zu jedem Spiel marschiert und der Equipe moralischen Rückhalt gibt. In der Anfangszeit des Fußballs waren die Anhänger noch die größte – und verlässlichste – Einnahmequelle der Clubs. Denn der Umsatz stammte damals im Wesentlichen aus dem Verkauf von Eintrittskarten. Nur gelegentlich schoben edle Gönner ein paar Mark in die Vereinskassen. Das blieb so bis weit in die Nachkriegszeit. Erst die einsetzende Kommerzialisierung in den späten 60ern und vor allem in den 70ern erschloss neue Finanzierungsquellen.

Damit nahm die Bedeutung des Ticketverkaufs nach und nach ab. Beim FC Bayern etwa macht der Anteil mittlerweile nur noch knapp 20 Prozent aus – weit weniger als die TV-Einnahmen und die Sponsorengelder. Mit der schleichenden Erosion der Abhängigkeit vom Stadionbesucher änderte sich die Stellung der Fans im Mikrokosmos des Vereins. Die Manager des FC Bayern und der anderen Bundesliga-Clubs werden zwar nicht müde zu betonen, dass die Anhänger für sie das wichtigste Gut seien. Die Realität sieht jedoch anders aus. Die entscheidende Änderung: Der Fan mutierte zum Kunden. Das ist selbstverständlich eine Beleidigung für jeden echten Vereinsgroupie. Fan zu sein ist eine Geisteshaltung, ein Lebensstil, eine Überzeugung. Und nicht eine Umsatzbasis.

Solch lobenswerte Motive zählen jedoch im gewinnorientierten Fußballgeschäft wenig. Hoeneß, Rummenigge und Beckenbauer schielen seit Jahren neidisch auf Real Madrid und Manchester United und deren geschickte Vermarktung der Kundenkontakte. Vor allem verfügen die großen internationalen Traditionsclubs über eine beeindruckende Zahl von Anhängern, die über den ganzen Globus verstreut sind. Das macht eine große Marke aus. Die Bayern-Manager bekommen leuchtende Augen, wenn sie über diese Vorbilder reden. Da ist für den Münchner Club noch jede Menge Umsatzpotenzial zu realisieren. Bloß wollen sich nicht alle Bayern-Fans von der Maschinerie des FC Bayern kommentarlos einverleiben lassen. Das führt immer wieder zu Auseinandersetzungen zwischen dem FC Bayern und den Fanclubs.

In der Struktur der Gefolgschaft zeigt sich beim FC Bayern München eine Reihe von Besonderheiten. Auf den ersten Blick sticht die enorme Zunahme der Mitglieder ins Auge. In der Saison 1992/93 waren es noch 24 000. Die folgenden Jahre nahm ihre Zahl rapide zu – in manchen Jahren um über 35 Prozent. In der Saison 2000/01 wurde erstmals die Schwelle von 90 000 überschritten, nach der letzten Zählung Ende 2003 hatte der Verein bereits stolze 96 000 eingeschriebene Mitglieder. Zum Vergleich: Nächststärkster Konkurrent in dieser Hinsicht ist Schalke mit gerade mal 29 500 Mitgliedern vor Lokalrivale 1860 München mit 23 561. Mit den Aufnahmekriterien macht es sich der FC Bayern einfach: Eintritt ist nur zu den zwei Terminen 1. Januar und 1. Juli möglich. Das spart der Verwaltung lästigen Papierkram übers ganze Jahr verteilt. Am liebsten ist es dem Club, der Novize legt seine 28 beziehungsweise 53 Euro für Erstbeitrag und Aufnahmegebühr dem Schreiben in bar bei. Oder zumindest als Verrechnungsscheck. Auch Visa- und Mastercard sind willkommen. Und natürlich die Vollmacht, die jährlichen Beträge per Lastschrift direkt vom Konto abzubuchen – vorausgesetzt, das Konto ist gedeckt. Damit die zahlenden Mitglieder nicht zu schnell wieder abhauen, baute der FC Bayern einige Hürden ein: Frustrierte dürfen »nur nach mindestens einjähriger Mitgliedschaft« kündigen, und das auch nur zu einem einzigen Datum: dem 30. Juni. Damit das Abschiedsprozedere noch ein wenig lästiger wird, aus Bayern-Perspektive quasi eine Buße für die verirrte Seele des Abtrünningen, muss der Betroffene die Kündigung unbedingt schriftlich schicken – E-Mail reicht nicht. Selbst ein normaler Brief ist zu wenig, der Abschied muss schon per Einschreiben geschehen.

Anhänger und Bayernhasser: Die organisierte Fankultur

Parallel dazu verlief die Entwicklung der Fanclubs. 720 registrierte Vereinigungen zählte der Club in der Saison 1992/93. Ende 2003 verfügte der FC Bayern über die stolze Zahl von 2055 Fanclubs. Legt man die Fanclubs als Messlatte für die regionale Verteilung der Anhänger zugrunde, erweist sich der FC Bayern als ein Verein mit ungewöhnlich breit gefächerten Wurzeln. In der Stadt München selbst, der eigentlichen Heimat des Vereins, finden sich lediglich rund drei Prozent der deutschen Fanclubs. Zieht man einen weiteren Kreis, nimmt also Münchens Umgebung mit Südbayern hinzu, erfasst man erst ein Fünftel aller Clubs. Beim ultimativen Bayerntest, der Mitgliedschaft innerhalb der Landesgrenzen des Freistaats, ergibt sich eine weitere Überraschung: Nur knapp die Hälfte aller Fanvereinigungen residieren im Süden der Bundesrepublik. Die anderen 50 Prozent sind über ganz Deutschland verstreut. Die organisierten Anhänger bauen ihre Widerstandsnester in Feindesland wie im Ruhrgebiet, dem Stammsitz einer Reihe renommierter Bayern-Konkurrenten. Die Bayern-Fans nisten in Rheinland-Pfalz genauso wie in Niedersachsen, Hamburg, Sachsen und Thüringen.

Über 100 Fanclubs verbucht der FC Bayern jenseits der deutschen Landesgrenzen. Die Spitze führt Österreich an mit über 20 Vereinigungen, dicht gefolgt von Italien, genauer gesagt Südtirol. Die Schweiz bringt es auf weniger als zehn. Ansonsten sind die internationalen Fanclubs wie Schokosplitter auf einer Landkarte: mal eine Adresse in Frankreich oder Dänemark, mal in Ungarn oder Polen, oder weiter entfernt wie in den Vereinigten Staaten, in Thailand, China oder auf den Philippinen. Nach dem Champions-League-Sieg der Bayern ermittelte das Kölner Marktforschungsinstitut Sport&Markt AG in den fußballbegeisterten Ländern Italien, Spanien und Frankreich eine Anhängerschaft in Höhe von 4,75 Millionen. Hoeneß und Rummenigge sprechen gar von zehn Millionen Bayern-Treuen.

Da nur eine Minderheit der FC-Bayern-Jünger im Herzen des Freistaats wohnt, reisen die meisten Fans bei Heimspielen von weit her an. Nach internen Statistiken fahren bis zu 70 Prozent der Bayern-Begeisterten über 200 Kilometer, um ins Münchner Olympiastadion zu gelangen. Das schafft für den Verein Probleme, bei Begegnungen unter der Woche oder bei Anpfiff am späten Nachmittag genügend Zuschauer ins Stadion zu locken. Der FC Bayern verkauft wesentlich weniger Dauerkarten als etwa Konkurrent Borussia Dortmund und holt bei Auswärtsspielen oft mehr Zuschauer ins Stadion als daheim. Für den Merchandising-Umsatz ist die hohe Fluktuation beim Publikum jedoch nur von Vorteil: Beim einmaligen Tagesausflug nach München lässt der Fan im Shop für Andenken an den denkwürdigen Tag ordentlich etwas springen.

Dabei hält der FC Bayern nicht nur den Rekord der am weitesten verstreuten Gemeinde. Auch die Zahl der Anti-Bayern-Vereinigungen ist deutschlandweit Spitze. Kein anderer Bundesliga-Club reizt die Zuschauer so sehr wie die Münchner. Die pflegen die Gegnerschaft seit Jahrzehnten sogar bewusst. Vor allem Hoeneß tut sich immer wieder mit aufreizenden Sprüchen über andere Vereine hervor. Das Kalkül dahinter ist simpel: Ein inszenierter Streit ist immer gut für eine größere Berichterstattung in den Medien und höhere Einschaltquoten im Fernsehen. Die Nicht-Bayern revanchieren sich mit eigenen Gründungen und Gegenwehr im Internet. Da gibt es die »Bayern-Hasser«, die »Anti-Bayern« oder die »Scheiß-Bayern« im World Wide Web. Die zitieren genussvoll die schlimmsten Niederlagen des FC Bayern: etwa die bittere 1:2-Niederlage im Champions-League-Finale gegen Manchester United im Mai 1999 in Barcelona. Oder die 0:7-Schmach im Bundesliga-Match gegen Schalke 04 im Oktober 1976. Das kosten sie aus wie Gourmets einen alten Bordeaux, jedes Tor ein Schlückchen – vor allem weil das Bayern-Trio Beckenbauer-Rummenigge-Hoeneß, damals zum Teil noch selbst aktiv auf dem Rasen, höchstpersönlich mitverantwortlich für die Klatsche war. Andere Favoriten sind das 5:6 im Elfmeterschießen im Finale des DFB-Pokals 1999 gegen den SV Werder Bremen und das 1:2 gegen den Lokalrivalen TSV 1860 München im April 2000, als Jens Jeremies das entscheidende Kopfballtor erzielte – leider ins Netz seines Mannschaftskollegen Oliver Kahn.

Gern veröffentlicht die Anti-Bayern-Fraktion ihre Spottlieder und Stadiongesänge. Im Folgenden Auszüge der beliebtesten Songs und Slogans:

Elf kleine Bayernlein
Elf kleine Bayernlein, die wollten Fußball sehen,
sie gingen auf den Betzenberg, da waren's nur noch zehn.
Zehn kleine Bayernlein, vom Meister tun 'se träume,
der Betze, der hat abgeräumt, da waren´s nur noch neune.
Neun kleine Bayernlein, die ham sich warm gemacht,
dem einen wurd' das Bein gestellt, da waren's nur noch acht.
...
Drei kleine Bayernlein, die kriegten nur noch Brei,
einer fraß den Löffel mit, da waren's nur noch zwei.
Zwei kleine Bayernlein, die wollten nicht mehr sein,
sie gingen dann zum BVB, und Hoeneß war allein.
Armer kleiner Hoeneß, was hast du dir gedacht,
du wolltest doch die Meisterschaft, der Betze hat's gemacht!

Zieht den Bayern die Lederhosen aus
Die letzten zehn Minuten,
jetzt müssen wir uns sputen.
Jeder Ball wird applaudiert,
und die Bayern ham´ schon lange resigniert.
Das Fazit dieses Samstags,
es ist schon kurios:
Die Bayern fahren wieder
ohne Lederhosen los.
Zieht den Bayern die Lederhosen aus,
Lederhosen aus, Lederhosen aus.

Bayern hat verloren
Freudentaumel zieht durchs Land
von Nürnberg bis zur Waterkant
alle singen Hand in Hand:
Bayern hat verloren!

Links und rechts und zick und zack
Das Münchner Schickeriapack
kriegt endlich wieder auf den Sack
Bayern hat verloren!
Franz und Otmar sitzen da
wie ein altes Ehepaar
langsam wird auch ihnen klar
Bayern hat verloren!
Wie Amateure, wie Amateure,
ich mach' die Säge,
Bayern hat verloren!
Wie Amateure, wie Amateure,
Weißwurst macht träge
Bayern hat verloren!

Uli H., Uli H., wir scheißen auf dein Geld,
wir machen den FCB zum größten Puff der Welt.
(zur Melodie von »Oh when the Saints go marchin' in«)

Bayern ist nervös, Bayern ist nervös,
Bayern, Bayern ist nervös,
Es kommt die Zeit, oho,
in der die Bayern untergehn.
(zur Melodie von »Wünsch dir was« von den Toten Hosen)

Hässlicher Torwart, du bist ein hässlicher Torwart.
Hässlicher Torwart, du bist ein hässlicher Torwart.
(zur Melodie von »Guantanamera«)

Die Bayern-Anhänger halten im Münchner Olympiastadion in der Südkurve dagegen. Als Stimmungsmacher sind die treuen Fans dem AG-Management herzlich willkommen. Und als Kulisse fürs Fernsehen machen sich volle Ränge mit Action einfach gut. Das wirkt auf den Bildschirmen besser. Nichts ist für Zuschauer frustrierender als leere Sitze. Das wirkt wie die Botschaft »Bayern-Spiele sind gähnend langweilig und öde«. Solche Negativsymbolik wollen die Bayern tunlichst vermeiden – schon ihren Sponsoren zuliebe.

Fans als zahlungskräftige Zielgruppe

Das Jubelpublikum bildet einen idealen Hintergrund für die Heimspiele des FC Bayern. Aber der traditionelle Anhänger stirbt aus. Der Soziologe Gunter A. Pilz analysierte die Entwicklung bereits Ende der 90er Jahre: »Es gibt starke Identifikationsprobleme bei den Fans. Die Spieler entwickeln sich immer mehr zu distanzierten Stars. Ihre Lebensweise – dickes Auto, teure Häuser, Millionen auf der Bank – entfernt sie immer weiter vom Anhänger. Treue zum Verein, die den Fan prägt, nimmt man diesen Geschäftsleuten nicht mehr ab, seit die nurmehr dort kicken, wo es am meisten zu verdienen gibt. Dies signalisiert dem Fan, dass es nur um Profitmaximierung und nicht mehr um Glaubwürdigkeit geht.« Geradezu prophetisch beschreibt der Forscher das Szenario: »Es wird in Zukunft nicht mehr darum gehen, Fans zum Fußball zu holen, sondern Kunden in einen Vergnügungspark.« Das würden auch Hoeneß und Rummenigge unterschreiben.

Die Hardcore-Anhänger mutieren in den Augen des Wissenschaftlers zur Belustigung des Publikums. »Die Clubs werden sich eine gewisse Zahl ›echter Fans‹ halten, aber damit verfolgen sie nur ihre Geschäftsinteressen«, so Pilz, »denn es gibt viele Zuschauer, die ins Stadion gehen, weil sie es geil finden, wenn neben ihnen bengalische Feuer brennen und ab und an Randale abgeht – aber bitte schön alles hinter einem Absperrgitter, wie im Zoo.«

Solche Totalvermarktung treibt auch die Bayern-Manager um. Sie wären schlechte Geschäftsleute, hätten sie nicht den besten Kern eines jeden FC-Bayern-Anhängers entdeckt: seinen Geldbeutel. Der soll nicht bloß fürs Eintrittsgeld ins Stadion gezückt werden, sondern noch für allen möglichen Schnickschnack – von den AG-Vorständen neudeutsch als Merchandising bezeichnet. Dieser Handel mit den Insignien des Vereins geht weit über die üblichen bedruckten Schals, Mützen und Fahnen hinaus und ist mittlerweile eine weitere wichtige Umsatzsäule des Vereins. Er steuert rund ein Viertel zum Geschäft bei. Im offiziellen Bayern-Buch zur 100-Jahr-Feier im Jahr 2000 geben Hoeneß und Rummenigge Einblick in die geplante Strategie: »In Hinblick auf einen möglichen Gang an die Börse spielt der Merchandising-Bereich eine entscheidende Bedeutung, trägt er doch schließlich als Vereinsvermögen direkt zur Wertbilanzierung bei.« Und weiter heißt es: »Die ... zunehmende Identifikation der Fanschar mit ihren Idolen auch im eigenen Outfit und beim Gebrauch täglicher Güter schafft einen riesigen und profitablen Absatzmarkt.«

Dabei zielen die Verkaufsstrategen des FC Bayern bewusst auch aufs weibliche Publikum. Unterstützung erhalten sie von einer Marketingstudie. Nach der hat der Münchner Club die meisten weiblichen Fans, nämlich 30 Prozent. Der nächstplatzierte Borussia Dortmund kommt auf 15 Prozent, Hansa Rostock auf zwölf Prozent. Die jungen Kicker bieten die ideale Projektionsfläche für die Schwärmereien der Girls und machen selbst den Popstars Konkurrenz. »Fußball spielen wie Roque Santa Crúz und gleichzeitig noch gut aussehen – so taugt man zum Helden unserer Epoche«, lobt Klamottendesigner Dirk Bickenbergs die Modelfunktion der Athleten.

Im Jahr 1994 erkoren laut einer Umfrage der Zeitschrift *Gala* und des Pay-TV-Senders Premiere über 38 Prozent der Befragten die Männer des FC Bayern als das Team »mit den flottesten Typen«. Bei den Spielern von Borussia Dortmund fanden 18 Prozent den meisten Sex-Appeal, beim 1. FC Kaiserslautern zehn Prozent. Bei der Frage nach dem

»schönsten Spieler« stiegen nur Bayern-Jungs aufs Siegertreppchen: Alain Sutter bekam zwölf Prozent der Stimmen, Matthäus zehn Prozent und Scholl immer noch neun Prozent. Jetzt wären wohl Ballack, Hargreaves und Santa Crúz die Anwärter auf die Krone des Schönheitskönigs.

Besonders in der Rolle als »Mutter« lässt sich an den jungen Konsumenten etwas verdienen. Hoeneß war da seiner Zeit voraus und skizzierte bereits im Jahr 1989 die Geschäftschancen für den FC Bayern: »Die Situation in den Familien hat sich doch geändert. Keiner kann mehr die Frauen zum Kaffeetrinken schicken und sagen, ›ich geh' zum Fußball‹. Dem muss ich Rechnung tragen, auf Dauer der ganzen Familie was bieten. Biergärten, Kindergärten, vorher oder nachher ein Programm, Popkonzerte. Ich traue mir auch zu, den André Heller zu verpflichten, in die Kultur reinzugehen, um so andere Leute ins Stadion zu kriegen.« Bald werden Hoeneß' Visionen Wirklichkeit – wenn das neue Stadion im Norden Münchens fertig ist.

Den ersten Anstoß für den Verkauf von Souvenirartikeln mit FC-Bayern-Logo bekam Hoeneß im Jahr 1990, als er mit seiner Familie einen Urlaub in den USA verbrachte. Er kaufte in einem Fanshop der Footballmannschaft San Francisco 49ers ein Trikot. »Es war vormittags unter der Woche, und das Geschäft war voll mit Kundschaft. Da habe ich zu meiner Frau gesagt: Wenn wir beim FC Bayern so weit sind, dann habe ich es geschafft.« Die Erkenntnis des bayerischen Businessman: »Die Vermarktung ist das A und O.« Dennoch sind die Anfänge bescheiden – 1992 setzte der Club gerade mal 400 000 Euro mit dem Kitsch um. Die Unternehmensberatung McKinsey machte den Bayern den Mund wässrig auf mehr. Die Consultants untersuchten im Jahr 1995 die Verdienstchancen mit solchen Artikeln. Beckenbauer hatte seinen Freund Herbert Henzler, den Deutschlandchef von McKinsey, um Hilfe gebeten. Und die Berater errechneten flugs ein Umsatzpotenzial von 100 Millionen Euro für den FC Bayern. Hoeneß sah damals bereits einen Markt von 150 bis 200 Millionen Euro ab dem Jahr 2005 – davon ist der Club jedoch noch weit entfernt. Immerhin gründeten die Bayern die Firma FC Bayern Sport Werbe GmbH mit Hoeneß, Fritz Scherer und Karl Hopfner als Geschäftsführer, um das Geschäft besser abzugreifen. Heute erledigt die Aktiengesellschaft den Job. »Fan-Boutiquen« wurden eröffnet, drei in München und eine in Oberhausen. Zur Saison 1998/99 vertrieb das Unternehmen den Produktkatalog bereits in einer Auflage von einer Million Exemplaren.

Renner sind nach wie vor die Trikots der Bayern-Stars. Das Hemd mit der Nummer 18 des Stürmers Jürgen Klinsmann beispielsweise ging 250 000-mal über die Ladentische. Auch Matthäus, Effenberg, Elber und Scholl verkauften sich gut. Daneben hunderte von mehr oder weniger sinnvollen Produkten – eine Orgie aus Kitsch und Kommerz. Babys von Bayern-Fans strampeln in blau-roten Anzügen, bepflastert mit dem Vereinsemblem, und schlafen in der Bayern-Bettwäsche zum Preis von 40,95 Euro. Die Eltern, angetan mit einer der über 50 Schalvarianten und Mütze für 14,95 Euro, schieben den Kinderwagen Modell »Kiddy« für 198 Euro. Wenn's Papa mal flott will, zieht er ein FC-Bayern-Hemd für 49,90 Euro an und bindet sich eine Krawatte – »reine Seide« – für 45,95 Euro um. Mutti knetet derweil zu Hause den Teig und backt mit dem Waffeleisen zu 35,95 Euro Knuspriges mit dem Aufdruck FC Bayern – zum Reinbeißen gut. Dazu der passende FC-Bayern-Wein zum Runterspülen des Gebäcks – je nach Haushaltskasse ab 2,45 Euro aufwärts. Wem das alles noch nicht reicht, der kann sich mit Anstecknadeln, Feuerzeugen, Kugelschreibern, Brillenetuis, Uhren, Senf, Sekt, Socken, Shorts, Schlüsselanhängern, Strandtüchern, Skatspielen und – sinnigerweise – einem Monopoly-Spiel eindecken. Am Ausgang wartet die Kasse. Wer nicht so weit reisen will, kann sich die Dinge auch übers Internet schicken lassen.

Ausländerfeindliche Parolen und Kritik an der Kommerzialisierung – wie radikal sind Bayern-Fans?

Es ist Mittwoch, der 17. September 1997. Ort der Handlung ist das Münchner Olympiastadion. Anpfiff zum Auftaktspiel in der neuen Champions-League-Saison. Die Bayern stehen dem türkischen Club Besiktas Istanbul gegenüber. Viele Türken besuchen das Spiel. Da strecken hunderte von Fans Aldi-Tüten in die Höhe. Ein 15 Meter langes Spruchband lautet »Aldi grüßt Kunden«. Die Anhänger skandieren als Lied »Ihr könnt zu Aldi fahren«. Eine Fan-Website lobt das »bis heute einmalige Aldi-Choreo«. Fans von Borussia Dortmund geben contra und heißen die Bayern einige Wochen später im Westfalenstadion mit Lidl-Tüten willkommen. Solche Ausfälle von einzelnen Fangruppen häuften sich zu jener Zeit. Einige riefen »Wer soll unser Führer sein? Carsten Jancker!« Andere grölten »SS, SA, Bavaria«. Der damalige Sponsor Opel intervenierte. Hoeneß versuchte auf die betreffenden Fanclubs einzuwirken, die sich später öffentlich entschuldigen mussten.

Das sind Einzelfälle. Niemand will und wird behaupten, dass die Fans des FC Bayern generell Radikale sind. Aber der Club hat gegen einen Bodensatz gewaltbereiter, organisierter Anhänger anzukämpfen. Die Münchner Polizei registriert derzeit rund 50 einschlägige Personen. Die Möglichkeiten sind begrenzt: Verbote, Ausschluss aus der Liste der offiziellen Fanclubs, Reden mit den Verantwortlichen. Aber gelegentlich bricht der Konflikt wieder auf. So fand sich im Sommer 2003 auf den Internetseiten des Fanclubs Red Sharks ein anonymer Eintrag im Gästebuch, der zu Attacken aufrief gegen den vom FC Bayern eingesetzten »Fanbetreuer« Raimond Aumann, einen ehemaligen Torwart des Vereins. Aumann ist bei einer Reihe von organisierten Anhängern nicht besonders beliebt. Zugleich ging eine anonyme E-Mail ein, die Drohungen gegen Aumann und Vorstand Karl Hopfner aussprach: »Darin wurde zum Mord gegen uns aufgerufen«, sagte Aumann. »Das ist nicht mehr lustig, ich halte das für bedenklich.« Der Mann hat vollkommen Recht. So ein Vorfall ist durch nichts zu entschuldigen.

Bloß reagierte das gesamte Bayern-Management auf die Tat einzelner Durchgeknallter mit einem kollektiven Rundumschlag gegen einen Teil seiner treuesten Fans – und löste damit eine Woge der Empörung und Auflehnung aus. Was nicht gerade von professionellem Krisenmanagement zeugt. Hoeneß glaubte, rechtsradikale Machenschaften entdeckt zu haben: »Sie sagen nein. Aber natürlich gibt es da gewisse Elemente. Ob rechts oder nicht.« Der Bayern-Manager verstieg sich gar zu der pauschalen Verdächtigung: »Diese Leute sind sehr geschickt, hochintelligent, Betriebswirtschaftler. Aber das Gefährliche ist, wenn sie irgendwann in Anzug und Krawatte einen totschlagen.«

Ohne den Versuch zu unternehmen, seinen Verdacht zu erhärten, warf der AG-Vorstand kurzerhand die drei Fanorganisationen Red Sharks, Club Nr. 12 und die Schickeria München aus dem Fankreis, sperrte ihnen die Dauerkarten. »Grund für dieses Vorgehen des Clubs sind mehrmaliges vereinsschädigendes Verhalten, mehrfache Sachbeschädigungen (unter anderem gegen den eigenen Mannschaftsbus), massive Drohungen gegen andere Fanclubs und Verantwortliche des FC Bayern«, heißt es in der offiziellen Stellungnahme des Bayern-Vorstands. »Zuletzt waren diese Gruppierungen mit einer Sitzblockade dafür verantwortlich, dass nach der Meisterfeier im Mai 2003 der geplante Autocorso der Mannschaft vom Olympiastadion zum Marienplatz nicht wie angekündigt über die Leopold- und Ludwigstraße fahren konnte.« Beweise, die die Sippenhaftung gerechtfertig hätten, legte der Club nicht vor, und wie sich später herausstellte, waren die Vorwürfe sowieso äußerst vage, die Indizienlage dünn, von einer klaren Zuordnung zu realen »Verdächtigen« weit entfernt. Vor allem fehlte der Nachweis, dass gerade Mitglieder der betroffenen drei Fanclubs an den Entgleisungen schuld waren.

Dabei nutzt der FC Bayern ansonsten die Dienstleistungen der besonders engagierten Clubs ganz gern. Die Mitglieder organisieren Choreographien in den Stadien, die mittels Fahnen oder Papptafeln die Ränge in ein Meer von Farben tauchen und Botschaften vermitteln. Das freut das Auge der Stadionbesucher, Fernsehzuschauer und Sponsoren. Der Club Nr. 12, ein inoffizielles Dach für unabhängige Bayern-Anhänger mit über 100 Mitgliedern, die sich aus Vorsitzenden anderer Fanclubs rekrutieren, lieferte sogar Beiträge für das Vereinsorgan *Bayern Magazin*. Aber bei der Kosten-Nutzen-Rechnung und insgesamt über 2000 Fanclubs fielen wohl die drei Organisationen nicht ins Gewicht. Hoeneß und Rummenigge zogen prophylaktisch allen möglichen Verdächtigen eins mit dem Knüppel über.

Bloß ahnten die AG-Vorstände nicht, welche Lawine sie damit lostraten. Die Betroffenen formulierten erstmals ihre Kritik lautstark und öffentlich. Da die Fanorganisationen traditionell dem Verein sehr nahe stehen und guten Einblick in die Mechanismen des Geschäfts haben, bieten die Aussagen einen exzellenten Blick hinter die Kulissen des FC Bayern. Die Schickeria München bestritt die Vorwürfe und beklagte, die Bayern-Manager hätten »unsere Gruppe sowie die anderen Betroffenen denunziert und verleumdet mit dem einzigen Ziel, uns öffentlich zu diskreditieren und unseren Ruf massiv zu schädigen«. Die Mitglieder formulierten ihre Vorwürfe so: »Der Vorstand der FC Bayern München AG will generell keine unabhängigen, von Fans selbst errichteten Organisationen, die sich in die Vereinspolitik einmischen. Man hat den Mund zu halten und dies mitzutragen.« Auch die Kommerzialisierung stößt auf Ablehnung: »Die Fans wollen sich selbst inszenieren, sich in ihrer eigenen Welt bewegen, in der sie schon waren, bevor Vereine plötzlich zu Kapitalgesellschaften wurden. Fans wollen nicht als bloße Kunden irgendein Produkt konsumieren, das Leute für sie entworfen haben, die von der Sache überhaupt nichts verstehen. Fans wollen nicht unmündiger Teil einer amerikanisierten Show rund ums Spiel sein. [...] Spätestens seit der Ära Rummenigge regiert hier der Turbokapitalismus in ungebremster Reinkultur. Alles, was ideellen Wert hatte, wurde ohne Rücksicht auf Verluste verkauft. Von den Vereinsfarben über die Trikots bis hin zum Umfeld im Stadion. Als jüngstes erschreckendes Beispiel wurde aus kommerziellen Erwägungen heraus der ›harte Kern‹ der Fans vor die Tür gesetzt. Die Leute, die sich der ›Linie Rummenigge‹ widersetzten oder von denen zu erwarten war, dass sie dies in Zukunft machen würden, musste man loswerden.«

Die Argumente sind überzeugend. Auch wenn die Führung des FC Bayern das abstreitet: Selbstverständlich stören renitente Organisationen die geschäftlichen Kreise des Vereins. Die Aktiengesellschaft braucht kaufwillige Zuschauer, keine Konsumverweigerer. Und ein Zweites fürchtet das Management: die Kontrolle über das Umfeld zu verlieren. Gerade Hoeneß und Rummenigge zeichnen sich durch einen geradezu manischen Drang aus, alle Dinge im Zusammenhang mit dem FC Bayern fest im Griff haben und Entscheidungen nur persönlich wie Gottvater treffen zu wollen. Wer nicht spurt, den trifft der Zorn der Allmächtigen. Auch die Red Sharks waren dem Verein sicherlich lästig – sprachen sie sich doch vehement dagegen aus, die Farbe Magenta des Hauptsponsors Telekom in die

Clubfarben zu integrieren. Die Red-Sharks-Mitglieder erklärten: »Es macht uns traurig zu sehen, wie der Verein, für den wir alles gegeben haben und dem wir unter großen privaten Opfern überallhin gefolgt sind, jetzt mit uns umgeht.« Gregor Weinreich vom Club Nr. 12 sagt: »Wir haben den Eindruck, dass man versucht, uns überall herauszudrängen. Die Fans haben Sehnsucht nach ein bisschen Tradition – und keine Lust, jedem neuen Marketing-Gag hinterherzulaufen.«

Das rigide Vorgehen der Bayern-Oberen gegen die drei Clubs empörte auch die anderen Fanorganisationen. Das überregional tätige Bündnis aktiver Fußballfans BAFF solidarisiert sich mit den Opfern: »Es wird versucht, Fans, die nicht ins Konzept passen, mit Nazimethoden zu vergleichen und somit zu diskreditieren. Die Vorgehensweise des FC Bayern zeigt deutlich auf, wie gegen aktive Fußballfans vorgegangen wird. Sie sind nicht erwünscht in einem Wettbewerb, der nur noch aus kommerziellen Gründen besteht und nur nach Regeln der Wirtschaftlichkeit und des maximalen Profites geleitet wird.« Auch die in ganz Deutschland verbreitete Vereinigung Pro Fans protestiert: »Wir lassen uns unsere Meinungen nicht verbieten. Wir lassen uns nicht gegeneinander ausspielen. Wir sind Fußballfans, keine Unmenschen oder Gewalttäter. Für eine lebendige Fankultur, für Stimmungen in den Kurven, für ein Fandasein ohne Kriminalisierung und ohne Kommerz. Für den Fußball.«

Die Fanclubs weiteten ihren Protest aus: Im Trainingslager der Bayern in Rottach-Egern hängten sie ihre Plakate falsch herum auf. Eine Gruppe räumte während eines Spiels der Kicker im Olypmpiastadion demonstrativ ihre Plätze in der Südkurve. Bei einer Onlineumfrage des Bayerischen Rundfunks erklärten 88 Prozent der Befragten, dass die Maßnahmen des FC Bayern falsch seien. Langsam wurde selbst Hoeneß und Rummenigge angesichts der überraschenden öffentlichen Gegenwehr mulmig. Sie befürchteten einen Imageschaden für den Verein. In einem Friedensgipfel mit den Vertretern der betroffenen Clubs bemühten sich die AG-Vorstände, das Desaster zu begrenzen. Das Resultat: In einer Erklärung teilte der FC Bayern mit, dass die pauschalen Vorwürfe gegen die Fanclubs nicht mehr aufrechterhalten würden. »Anhaltspunkte dafür, dass die drei Fanorganisationen für eine bestimmte, insbesondere rechtsextreme politische Einstellung stehen, sind nicht vorhanden.« Die Clubmitglieder erhielten wieder Dauerkarten.

Die Episode um den machtpolitischen GAU des FC Bayern offenbart, wie sehr sich die Szenerie im Fußballgeschäft gewandelt hat. Die »Traditionalisten« werden zur Staffage und zu exotischem Beiwerk degradiert. Sie stören nur die Umsatzmaximierung. Der Fan von morgen, das Wunschbild von Hoeneß und Rummenigge, ist ein Anhänger des Sports, der vorher im Weichspülgang gewaschen wurde. Der künftige Kunde soll mehr dem typischen Kinobesucher ähneln oder dem Familienvater, der Unterhaltung fürs Wochenende sucht – und sein Geld mit vollen Händen ausgibt.

8 ALLEINGÄNGE UND FOULS – DAS SPIEL MIT POLITIK UND VERBÄNDEN

Wenn es ums Geschäft geht, kennen die Bayern-Manager keine Grenzen. Das enge Korsett des Vereinsheims an der Säbener Straße in München hemmt eine effiziente Vermarktung. Zwar kann man von dort aus Sponsorenverträge an Land ziehen und sich neue Produkte für die Stadionbesucher ausdenken, aber die Schleusenwärter für das große Geld sitzen woanders. Um die zu treffen, muss man die Heimat verlassen und sich in die nationale und die internationale Arena begeben.

Hoeneß, Rummenigge und Beckenbauer wissen, wo die Schaltstellen der Macht zu finden sind: in den Fußballverbänden, in der Politik, im Bereich der Medien. Dort wird im Vorfeld entschieden, was später bei den einzelnen Vereinen an Zuwendungen ankommt. Wer hier seinen Fuß in die Tür stellt, sich lautstark bemerkbar macht, hat die besseren Chancen, seine Interessen durchzusetzen. Da funktioniert die Kickerbranche nicht anders als der Lobbyismus der Politik. Vor allem bewegen sich viele der handelnden Personen regelmäßig im Dunstkreis der Politik, binden Abgeordnete und Ministerpräsidenten ein. Die wiederum tauchen in den Vereinen auf. Die Länderfürsten haben entscheidenden Anteil bei der Genehmigung der Fernsehgebühren für die öffentlich-rechtlichen TV-Anstalten, wirken auf Personalbesetzungen in den Sendern ein. Und die Programmveranstalter sind die mit

Abstand wichtigsten Finanziers der Clubs. Ohne die Gelder der Fernsehsender wären die Bundesliga-Vereine schon längst in Konkurs. Als Vermittler und Koordinatoren thronen die Fußballverbände formell über den einzelnen Clubs. Sie sind gemäß ihrer Satzung angehalten, strikt das Wohl des gesamten Fußballs zu fördern – auch das der kleinen Vereine und der Amateurkicker.

In dem Spiel um eigene Interessen sind die Manager des FC Bayern München die Anwärter auf den Meistertitel. Praktisch auf allen Bühnen sind die Vorstände der Bayern-AG und Aufsichtsratsvorsitzender Beckenbauer präsent. Und immer geht es nur um eines: Geld. All diese Aktionen auf nationaler und internationaler Ebene dienen nur dazu, mehr Finanzmittel als bisher in die Kassen des Münchner Clubs zu lenken.

Für dieses Business ist es natürlich am schlauesten, in den Gremien zu sitzen, in denen die Entscheidungen fallen oder zumindest vorbereitet werden. Die Schwierigkeit für die Bayern-Manager ist nur, dass sie vertrautes Münchner Terrain verlassen und sich bisweilen mit – sportlichen und wirtschaftlichen – Gegnern auseinander setzen müssen. Da besteht Glatteisgefahr. Ein weiterer Punkt ist die Pflicht, sich in das Verbandsdasein einbinden zu lassen. Rummenigge etwa empfindet schon das Wort »Funktionär« als Beleidigung. Das hindert ihn aber nicht daran, sich kräftig als solcher zu engagieren, wenn es der eigenen Sache nutzt. Rummenigge ist Vizepräsident der G14-Clubs, einer Vereinigung der reichsten und größten europäischen Vereine. Die Zahl 14 stimmt allerdings längst nicht mehr: Derzeit zählt der Eliteclub 18 Mitglieder. Aus Deutschland sind neben den Bayern die Vereine Borussia Dortmund und Bayer 04 Leverkusen mit dabei. Zugleich ist Rummenigge Vizepräsident der UEFA-Clubbeiratskommission und Sprecher des Arbeitskreises Nationalmannschaft im DFB. Auch Beckenbauer hatte sich wie Rummenigge in der Vergangenheit mehrfach abfällig über den deutschen Fußballbund geäußert und war sich dennoch nicht zu schade, sich als DFB-Vize wählen zu lassen. Beckenbauers Aktivitäten sind sowieso kaum mehr überschaubar. Der Bayern-Vereinspräsident und Aufsichtsratsvorsitzende der AG koordiniert nicht nur die Belange seines Vereins, sondern kommentiert auch für das ZDF Fußballspiele, arbeitet für seine gemeinnützige Stiftung und ist Präsident des DFB-Organisationskomitees für die Fußball-Weltmeisterschaft 2006 in Deutschland.

Die Affäre Daum: Bayern-Manager zwischen den Fronten

Die Vorfälle um Christoph Daum, den damaligen designierten Nationaltrainer und Coach der Leverkusener, wirbelten für mehrere Wochen das Land durcheinander. Als ob jemand an der Oberfläche gekratzt hätte, kam das Gewebe aus Medien, Politik und Fußball zum Vorschein. Und im Mittelpunkt, wen wundert's, stand der FC Bayern München.

Die Fakten sind im Rückblick eindeutig. Am 21. Oktober 2000 wurde das Ergebnis der Haarprobe bekannt. Danach hatte der Trainer regelmäßig Drogen konsumiert, vorzugsweise Kokain. Am Nachmittag berief Manager Reiner Calmund eine Pressekonferenz ein und verkündete: »Christoph Daum ist ab sofort nicht mehr Trainer von Bayer 04 Leverkusen.« Gerhard Mayer-Vorfelder, Präsident des DFB, erklärte: »Der Handschlagvertrag mit Daum ist gegenstandslos.« Der verschwand in Richtung Amerika, nach Miami.

Später stellte sich Daum dem Gericht. Das verurteilte ihn zu einer Geldstrafe. Seitdem arbeitet Daum als Trainer im Ausland, bei Besiktas Istanbul, bei Austria Wien und nun bei Fenerbahce Istanbul.

Damit erhielt Hoeneß im Nachhinein Recht. Der Manager hatte mit seinen Äußerungen die Affäre erst so richtig ins Rollen gebracht. Die Münchner *Abendzeitung* berichtete Ende September 2000 über Gerüchte: »Von Schnupf-Orgien ist die Rede, von wilden Partys mit Prostituierten, die nun ihr Wissen zu versilbern trachten.« Einige Tage später zitiert die Zeitung Uli Hoeneß: »Wenn das alles Fakt ist, worüber geschrieben wurde, auch unwidersprochen vom verschnupften Daum, dann kann er nicht Bundestrainer werden.« Und weiter: Das Thema sei »sein privates Umfeld, seine Werbeverträge, um Erpressungsversuche und Prostituierte, wovon er ja selber gesprochen hat, um all die Scheiße geht es, um seine Außendarstellung und die Frage, ob das alles geeignet ist, oberster Trainer in einem Land wie Deutschland zu sein.« Die *Abendzeitung* räumte später ein, nicht alle diese Aussagen habe Hoeneß tatsächlich auch von sich gegeben.

Die Reaktionen ließen nicht lange auf sich warten. Ein vielstimmiger Aufschrei brach über die Republik herein. Kaum jemand, der sich nicht zu einem entrüsteten Kommentar berufen fühlte: die damalige Justizministerin Hertha Däubler-Gmelin ebenso wie Mayer-Vorfelder, Calmund oder der Bayern-Spezl Paul Breitner. Zu allem Unglück verschärfte Beckenbauer die Situation noch durch seine unbedachte Aussage: »Die Gerüchte gibt es schon seit zehn Jahren, als Daum beim 1. FC Köln war, und die sind immer wieder in den Medien aufgetaucht.« Und, einige Tage darauf: »Sollten diese Gerüchte tatsachlich nicht stimmen, hat er nun die beste Gelegenheit zu beweisen, dass sie nicht wahr sind.«

Bei einem Spiel der Bayern in Cottbus konnte Hoeneß wegen aufgebrachter Zuschauer nur im Schutz von Bodyguards zu seinem Platz gehen. Ein Unbekannter bot im Internet 5000 Euro Belohnung demjenigen, dem es gelänge, den Bayern-Manager »von der Bank zu schießen«. Nach einer anonymen Anzeige durchsuchte die Polizei Hoeneß' Wurstfabrik Howe in Nürnberg. Der Vorwurf:

Hoeneß beschäftige illegale Mitarbeiter. Wie sich schnell herausstellte, war dies reine Erfindung.

In einer eilig einberufenen Pressekonferenz im Münchner Hotel Arabella Sheraton versuchte sich ein sichtlich erregter Hoeneß vor 25 Kamerateams und rund 200 Journalisten zu rechtfertigen. »Keinesfalls habe ich behauptet, dass Daum Drogen nimmt. Was in den Medien kolportiert wurde, waren Erfindungen. Jeder, der mir das ab sofort nachsagt, wird von mir verklagt«, sagte der Manager, »ich habe niemals verlangt, dass Daum einen Haartest macht.« Was stimmt – das besorgte sein Kollege Fritz Scherer vom FC Bayern. Hoeneß weiter: »Ich habe keinerlei Gerüchte geschürt. Ich habe nie vorgehabt, Christoph Daum zu diskreditieren und sein familiäres Umfeld zu schädigen.« Was nicht stimmt – mit seinen Äußerungen heizte er erst recht die Spekulationen um seinen Gegner Daum an.

Der Bayern-Manager sah sich als der eigentliche Angeklagte: »Es ist sehr wichtig für mich, meinen unglaublich beschädigten Ruf wiederherzustellen. Ich werde lange daran zu knabbern haben. Ich bin unschuldig da rein geschlittert. Das hat mich unglaublich viel Nerven gekostet. Bis heute waren 98 Prozent der Bundesbürger falsch informiert. Viele Leute müssen sich bei mir entschuldigen. So wie ich dargestellt wurde, als Schwein, das stimmt jetzt nicht mehr.« Hoeneß zeigte sich angeschlagen: »Ich werde ziemlich ruhig sein in den nächsten Wochen. Ein Mensch mit einem normalen Nervenkostüm müsste nach dem, was in den letzten Tagen passiert ist, vier Wochen ins Sanatorium.«

Die Vorgänge machten dem sieggewohnten Bayern-Vorstand erstmals die Grenzen seiner Macht deutlich. Um Haaresbreite entging Hoeneß einem Rauswurf. Ohne rechtzeitigen positiven Drogentest von Daum hätte der lang gediente Manager Hoeneß wohl auf Druck von innen und außen seinen Posten räumen müssen. »Ich musste darauf achten, meinen Kopf zu retten«, erinnert sich Hoeneß. »Ich war nah dran, kaputtzugehen. Es war knapp genug. Einige hatten sicher vor, mich zu vernichten.«

Die Episode Daum offenbart die Vorgehensweise der Bayern-Oberen gegen Gegner und ungeliebte Personen. Denn die öffentlichen Angriffe gegen Daum zu einem Zeitpunkt, als es nichts als Gerüchte gab, zeugen von nüchternem Kalkül. Schließlich war Daum damals Bundestrainer in spe und Coach eines der härtesten Konkurrenten des FC Bayern. Jemanden zu verurteilen, bevor Beweise auf dem Tisch liegen – auch wenn im Konjunktiv formuliert wird –, ist die harte Tour. Da handelten die Manager des Münchner Clubs nach dem Motto »Erst mal zuschlagen, und dann schauen, ob man den Richtigen getroffen hat«.

Bereits im Vorfeld der Ernennung Daums grummelten die Bayern vernehmlich und äußerten hinter vorgehaltener Hand ihren Unmut über die Personalie des DFB. Da boten die Kokain-Verdächtigungen den idealen Anlass, die Person zu demontieren. Auch ist Daum nicht zufällig ein rotes Tuch für die Bayern und vorrangig für deren Manager Hoeneß, der den Widersacher als seinen Lieblingsfeind betrachtet.

Der Hass hat lange Tradition. Bereits im Jahr 1989 begann der Krieg zwischen den unterschiedlichen Mentalitäten. Zu jener Zeit ließ Daum eine höhnische Bemerkung über den Bayern-Trainer Jupp Heynckes fallen: »Jeder Wetterbericht ist interessanter als ein Vier-Augen-Gespräch mit ihm.« Im Mai 1989 trafen die Streithähne Hoeneß und Daum im ZDF-Sportstudio direkt aufeinander. Hoeneß griff Daum während der Sendung an: »Du hast keinen Heiligenschein, du überschätzt dich maßlos.« Daums Replik: »Um das Maß an Selbstüberschätzung zu erreichen wie du, muss ich 100 Jahre alt werden.« Seitdem warfen sich beide immer wieder Nettigkeiten an den Kopf. Hoeneß etwa meinte abschätzig, Daum »wird in 100 Jahren nicht vor uns stehen«. Der revanchierte sich mit dem Tipp: »Hoeneß soll sich einem Senilitätstest unterziehen.« Als Daum mit Bayer Leverkusen die sicher geglaubte Meisterschaft durch eine 0:2-Niederlage in Unterhaching verspielte, reagierte Hoeneß gönnerhaft: »Daum tut mir Leid«. Für den ist die Aussage nur »Heuchelei«.

Die Gelder des Leo Kirch: Liebe ist käuflich

Das Thema Heuchelei gewann bei den dubiosen Vorgängen um die Zahlungen des Münchner Medienunternehmers Leo Kirch an den FC Bayern München neue Bedeutung. Die Vorkommnisse hielten die sonst so auf die Öffentlichkeit erpichten Bayern tunlichst unter der Decke. Erst Presseveröffentlichungen brachten den Skandal ans Tageslicht. Und da zeigte sich eine ganz neue Seite des Geschäftssinns des FC Bayern.

Kirch war bis zur Pleite seines Medienimperiums im April 2002 der mit Abstand wichtigste Geldgeber für den deutschen Profifußball. Über ein Jahrzehnt lang beherrschte er das TV-Geschäft mit den Übertragungsrechten. Über seinen Abo-Bezahlsender Premiere und den börsennotierten Fernsehkonzern ProSiebenSat.1 (Sportprogramm »ran«) dominierte der Unternehmer die Fußballlandschaft. Immer neue Rekordsummen überwies Kirch via DFB an die deutschen Vereine. Kosteten Sat.1 die Rechte für die Bundesliga in der Saison 1992/93 noch 74 Millionen Euro, so stieg dieser Betrag im Jahr 2000 auf 166 Millionen Euro. Für die Saison 2001/02 mussten die Sender bereits 358 Millionen Euro überweisen. Dieser Rekord sollte für die folgende Spielzeit gar noch übertroffen werden – 460 Millionen Euro standen als phantastische Summe im Raum. Die Insolvenz der Kirch-Unternehmensgruppe beendete den Höhenrekord. ARD und DSF zahlen nurmehr rund 280 Millionen Euro pro Saison für die Übertragungslizenz.

Leo Kirch, Jahrgang 1926, galt als die geschickteste und cleverste Person in der deutschen TV-Branche seit deren Entstehen. Der öffentlichkeitsscheue Mann zog diskret im Hintergrund die Fäden. Er baute ein Konglomerat von Firmen rund ums Fernsehgeschäft auf, das alle Wertschöpfungsstufen von Einkauf über Produktion bis zu Handel und technischen Dienstleistungen umfasste. Mit einer Unzahl von Beraterverträgen, selbstverständlich ebenfalls unter Ausschluss der Öffentlichkeit, sicherte Kirch Macht und Einfluss ab. Der prominenteste Mensch auf der Beraterliste: Ex-Bundeskanzler Helmut Kohl. Der Politiker und langjährige CDU-Chef erhielt für seine Dienste jährlich Beträge bis zu 300 000 Euro.

Der in Würzburg geborene Kirch, Sohn eines Weinbauern, studierte Betriebswirtschaft und Mathematik, bevor er sich Mitte der 50er Jahre mit dem Filmrechtehandel beschäftigte. Damals flimmerten ausschließlich die Programme des öffentlich-rechtlichen Fernsehens über die Bildschirme. Kirch erkannte früh, dass die TV-Sender künftig immer mehr Bedarf an sendefähigem Material haben würden, vorzugsweise Unterhaltungsstoffe wie Spielfilme und Serien. Mit dem italienischen Streifen »La Strada« startete Kirch seine Karriere. Bereits 1959 schloss er mit den Hollywoodstudios United Artists/Warner Brothers Lizenzverträge ab, die ihm für wenig Geld die Senderechte an 400 Spielfilmen garantierten. Die reichte Kirch später mit üppigen Aufschlag an ARD und ZDF weiter. Das sicherte die Finanzierung für einen kometenhaften Aufstieg. Phasenweise lieferte der Unternehmer jeden zweiten Film, der im deutschen TV zu sehen war. Bis zu 15 000 Filme lagerten in Hochzeiten in den Hallen der Firmengruppe, dazu nochmals 50 000 Sendestunden an Fernsehserien.

Dazu engagierte sich Kirch mit 40 Prozent am Zeitungs- und Zeitschriftenhaus Axel Springer, kaufte Beteiligungen im europäischen Ausland, holte sich die Rechte an der Fußball-Weltmeisterschaft. Zusammen mit dem Unternehmen EM.TV kaufte sich Kirch mit Milliardenbeträgen zudem in die Formel-1-Holding des Veranstaltermoguls Bernie Ecclestone ein und kontrollierte damit die Rechte an dem weltgrößten Rennspektakel – quasi als oberster Arbeitgeber von Michael Schumacher & Kollegen.

Kirchs Drang, sich möglichst ein Monopol auf seinen Geschäftsfeldern zu sichern und in immer neue Aktivitäten einzusteigen, erforderte immer höhere Investitionssummen. Dazu erwies sich der Pay-TV-Sender Premiere als Verlustloch, in das Kirch über die Jahre Milliardenbeträge versenkte. Mit der Aufnahme neuer Gesellschafter wie der australischen Mediengröße Rupert Murdoch oder des saudischen Prinzen Al-Walid versuchte der Münchner Unternehmer zusätzliche Gelder zu generieren. Den Hauptanteil der benötigten Finanzmittel lieferten aber die Banken. Dazu arrangierte Kirch undurchsichtige Deals mit dem Lebensmittelkonzern Rewe und dem Metro-Gründer Otto Beisheim. Doch das alles half am Ende nichts: Als neue Milliardenzahlungen fällig wurden und die Geldinstitute neue Kredite verweigerten, brach die Firmengruppe wie ein Kartenhaus zusammen.

Gut drei Jahre vorher, als von der Krise noch nichts zu ahnen war, sicherte Leo Kirch seine wichtigen TV-Fußballdeals mit einem dubiosen Geheimvertrag ab. Partner des anrüchigen Geschäfts: der FC Bayern München. Vom Blickwinkel des Medienunternehmers aus war es entscheidend, die Bundesliga aus einem Guss anzubieten. Dazu brauchte es logischerweise Zusammenhalt und eine einheitliche Marschrichtung aller beteiligten Vereine. Nur dann haben die Senderechte die Attraktivität, für die die Fernsehanstalten die geforderten Riesensummen auf den Tisch legen. Ein Ausscheren wichtiger Clubs würde die Vermarktung gefährden. Gerade der FC Bayern hatte immer wieder mal verkündet, die Fernsehrechte seiner Bundesliga-Spiele selbst zu verkaufen und damit die Solidarität mit den deutschen Clubs aufzukündigen. Den

Münchner Club auf Linie zu bringen war also das vernünftige Ziel Kirchs.

Der Patriarch erkannte zielsicher, wie er die renitenten Bayern umdrehen konnte: mit Geld. Geschickt spielte Kirch mit der Profitgier der Club-Manager. Im Dezember 1999 war es so weit. Die Kirch-Tochter Taurus Sport GmbH garantierte in einem vertraulichen Abkommen dem FC Bayern die Summe von rund 85 Millionen Euro bis zum Jahr 2005. Das war selbst für den Münchner Verein kein Taschengeld. Dafür musste der Club weiter der zentralen Vermarktung seiner Bundesliga-Spiele zustimmen und in diesem Sinn in den Verbandsgremien auf Vereine wie Borussia Dortmund oder Bayer Leverkusen einwirken. Die Rechnung ging für Kirch auf: Im Frühjahr 2000 unterzeichneten Kirch und der Deutsche Fußballbund ein Papier, das die zentrale Vermarktung der Liga regelte. Bei der Liga-Sitzung zum Vertragsabschluss hatte Gastredner Uli Hoeneß Kreide gefressen und sich für den Abschluss mit Kirch stark gemacht. Früher war das ganz anders. Da beschwerte sich der Bayern-Manager regelmäßig über die Ungerechtigkeit der Verteilung der TV-Gelder in der Bundesliga und die Selbstherrlichkeit des DFB: »Da bestimmt ein Verband über das Schicksal eines Unternehmens.«

Formell deklarierten Kirch und der Münchner Fußballclub die Zahlungen als Ausgleich der Differenz zwischen erwarteten Einnahmen aus den TV-Lizenzen via DFB und der kalkulatorischen Umsätze bei einer fiktiven Eigenvermarktung des FC Bayern. Für die drei ersten Saisons betrug die Höhe 15 Millionen Euro. Später sollte sie auf 25 Millionen Euro steigen. Das Rechenmodell wirkt völlig gekünstelt – schließlich ließ sich zu keinem Zeitpunkt seriös errechnen, welche Umsätze die Bayern tatsächlich bei einem Sololauf im Fernsehgeschäft hätten erzielen können. Die vorgeschobene Begründung für die Kirch-Zahlungen sollte vielmehr das schlechte Gewissen der

Bayern-Manager kaschieren, da hier ein fragwürdiges Geschäft über die Bühne ging. Das zeigt sich auch an der Tatsache, dass die Bayern, die sonst jeden guten Vertrag hinausposaunen, die Kirch-Verbindung mit keinem Wort erwähnten. Die Einnahmen von insgesamt 21,5 Millionen Euro – bis die Pleite des Filmhändlers den Zahlungsfluss abrupt stoppte – verbuchten die Bayern schamhaft in der Vereinstochter FC Bayern Sport Werbe GmbH unter der Position »Sonstiges«. Eine Erläuterung der Summe oder gar die Erwähnung des Kirch-Geschäfts – Fehlanzeige.

Aufschlussreich auch die gewundene Erklärung von Franz Beckenbauer nach dem Bekanntwerden des Deals in der Presse: »Die Kirch-Leute wollten uns vermarkten, mit uns Turniere machen, Freundschaftsspiele, FC Bayern-TV und so«, begründet der Vereinspräsident auf einmal die Zahlungen ganz anders. »Da haben wir gesagt: Wenn die das mit uns vorhaben, bitte schön, dann machen wir das eben.« Schon sieht man einen Heiligenschein über Franzls Kopf leuchten bei so viel rührender Naivität. Dabei haben sich die Verantwortlichen schlicht weichklopfen lassen. Der zentrale Abschnitt des 18-seitigen Vertragswerks ist eindeutig: »Sport-Werbe GmbH und FC Bayern München befürworten eine zentrale Vermarktung der TV-Verwertung der Fußballbundesliga«, heißt es wörtlich, »da eine solche zentrale Vermarktung in der derzeitigen medialen Situation für den Aufbau einer optimierten Verwertung der Bundesliga-Spiele größere Vorteile erwarten lässt als sie nur möglicherweise bei einer dezentralen Vermarktung eintreten könnten.«

Hoeneß verstieg sich zu dem Vorwurf der »Wirtschaftskriminalität«. Wobei hinzugefügt werden muss, dass er nicht den FC Bayern München meinte, sondern die bösen Magazine, die den Vorgang publiziert hatten. Zugleich unterstellte er den DFL-Managern indirekt, Verträge des FC Bayern weiterzureichen. Daraufhin schossen die DFL-Geschäftsführer zurück und forderten von Hoeneß, seine

»›ungeheuerlichen Vorwürfe‹ und ›ausgesprochenen Verdachtsmomente‹ zurückzunehmen und sich für die ehrabschneidenden Zitate gegen die Institution DFL und seine Mitarbeiter zu entschuldigen«.

Der Punkt dabei ist nicht das Geschäft an sich. Jeder darf Verträge abschließen und Geld einnehmen. Das Entscheidende ist der Fakt, dass Einnahmen im Zusammenhang mit TV-Übertragungen zentral in einen gemeinsamen Topf wandern, der ausschließlich vom Liga-Verband gemanagt wird. Macht jemand nebenher heimlich die Hand auf, so stellt sich die Frage, ob diese Gelder nicht auch in den Topf gehören. Genau das nämlich forderten die Verantwortlichen von Clubs wie VfL Bochum, 1. FC Wolfsburg oder Energie Cottbus. Dieter Klein, Präsident von Cottbus, nannte den Vorfall »Betrug und Wettbewerbsverzerrung«. Schalke-Manager Rudi Assauer sprach von einem »moralisch anfechtbaren« Handel. Selbst die Europäische Union wurde hellhörig. Martin Stopper, Kartellrechtler und Sportrechtsexperte der Universität Kaiserslautern, sah ungelöste Rechtsfragen: »Es ist klar, dass der DFB durch den Vertrag ein Glaubwürdigkeitsproblem gegenüber der EU-Kommission bekommt.« Die Liga dürfe »als Schadensersatz aus ihrem mit den Bayern geschlossenen Lizenzvertrag die Summe verlangen, die von den Münchnern eingenommen wurde«.

Zu Recht entrüsteten sich viele Bundesliga-Clubs und der Verband über das Geschäft des FC Bayern und die Heuchler aus der Chefetage. »Ich war kein Lobbyist für Kirch«, verteidigte sich Rummenigge. Hoeneß dagegen konnte keine Verfehlungen erkennen: »Ich glaube nicht, dass es irgendjemanden gibt, der den FC Bayern an der Moral packen kann«, versuchte sich der Manager im Frühjahr 2003 zu rechtfertigen. Als Beweis für das Samaritertum verstieg sich Hoeneß gar zu der Aussage: »Wir haben in dieser Saison sieben Benefizspiele gemacht.« Der Verein habe niemandem geschadet: »So zu tun, als ob wir irgendjemandem eine Mark weggenommen haben, ist eine Riesensauerei. Der Einzige, dem wir Geld weggenommen haben, ist Herr Kirch.«

Die Deutsche Fußball Liga beurteilte das anders. Der damalige Geschäftsführer Michael Pfad erklärte: »Für die DFL besteht weiterer Klärungsbedarf, sie hat aus diesem Grund den Club um vollständige Offenlegung des Vorgangs ersucht«, und forderte Einsicht in die Unterlagen, um zu prüfen, »ob der Liga durch diesen Vertrag ein materieller Schaden entstanden ist«.

Reinhard Rauball, Wirtschaftsjurist und Ex-Präsident von Borussia Dortmund, sah einen klaren Verstoß gegen die Liga-Statuten und riet den Bayern, reinen Tisch zu machen: »Sie wären gut beraten zu sagen, dass sie sich vergaloppiert und einen Fehler gemacht haben.« Im schlimmsten Fall dürfe der Verband den Bayern die Lizenz entziehen. Der bayerische SPD-Politiker Wolfgang Hoderlein schlachtete den Vorfall für die Landespolitik aus: »Welche Rolle spielt eigentlich CSU-Ministerpräsident Stoiber in der ›Amigo-Affäre‹ des FC Bayern München? Warum hört und sieht man nichts von Stoiber, der immerhin Vorsitzender des Verwaltungsbeirats des FC Bayern ist?«

Statt einen Fehler einzuräumen, gingen die Bayern-Manager mit dem DFB in den Clinch. Und wieder ging es ums Geld. Denn den Münchnern schwante nichts Gutes, Millionenstrafen drohten, im schlimmsten Fall die Überweisung der gesamten Kirch-Gelder in den Gemeinschaftstopf. Das wollten Rummenigge, Hoeneß und Beckenbauer unbedingt vermeiden. Der Bayern-Präsident fragte denn auch vorsorglich: »Warum sollen wir bestraft werden?« Hoeneß tat alles als »Lappalie« ab: »Ich bin mir ziemlich sicher, dass sich viele bei uns wieder mal entschuldigen müssen.« Auch vor massiven Drohungen schreckte der Vorstand nicht zurück: »Wenn die DFL uns bestrafen will, werden wir den Instanzenweg gehen, und der letzte Schritt ist das ordentliche Gericht.« Sein Kollege leistete ihm Schützenhilfe. »Es ist sehr realistisch, dass gar nichts passiert«, meinte Vorstandsvorsitzender Rummenigge im Vorgriff auf eine Entscheidung.

Doch es kam anders: Drei Millionen Euro musste der FC Bayern zahlen. Aber immerhin durfte der Verein das Gros der Kirch-Einnahmen behalten. Was die machtbewussten Bayern aber noch mehr wurmte als die Geldbuße, war die öffentliche Ohrfeige des Verbands. In dessen Pressemitteilung hieß es, die Zahlungen des FC Bayern stellten die »Hygiene unter den Wettbewerbern« wieder her. »Ungeachtet dessen sind wir überzeugt, dass der FC Bayern München mit dem so genannten Geheimvertrag moralisch verwerflich gehandelt hat.« Diesen Schlag ins Gesicht mochten die Bayern-Vorstände nicht hinnehmen. Für Rummenigge «von A bis Z eine einzige Beleidigung« für den FC Bayern. »Die Atmosphäre ist vergiftet.« Schmollend wie ein kleines Kind kündigte der Vorstandschef an, DFL-Versammlungen zu boykottieren. Zugleich zogen sich die Club-Manager aus allen Verbandsgremien zurück. Aber die Kraftprobe zeigte nicht die gewünschte Wirkung. Der Verband behielt die Oberhand: Wenige Wochen später, auf einem Friedensgipfel, fanden sich die Streithähne wieder zusammen. Die Affäre um die Kirch-Gelder fand ihren Abschluss.

Bayerisches Fingerhakeln: Verein gegen Bundesliga-Verband

Die Scharmützel zwischen dem FC Bayern München und der höchsten Koordinierungs- und Repräsentationsstelle des deutschen Fußballs haben Tradition. Bereits in der Saison 1959/60 verdonnerte der DFB die Bayern zu acht Punkten Abzug und 10 000 Mark Geldstrafe. Ursache war eine »Überzahlung« an die Spieler. Die hatten 16 000 Mark

Urlaubsgeld und 6000 Mark Bonus erhalten – schon damals zeigte sich der lasche Umgang der Vereinsoberen mit den Statuten und Regeln, wenn es darum ging, die Kicker mit Barem zu locken. Daran hat sich bis heute nichts geändert, wie die Vorauszahlungen an Spieler fremder Clubs zeigen, die der FC Bayern abwerben will. Noch schlimmer war das Jahr 1963 in den Annalen des FC Bayern: Damals verweigerte der Dachverband dem Verein den Start in der neu gegründeten Bundesliga. Als Begründung erklärten die Funktionäre den Bayern schriftlich, dass bereits ein Münchner Verein, nämlich der TSV 1860 München, mit von der Partie sei. Und ein Münchner Club sei für den Anfang genug. Bereits damals war für den FC Bayern klar: Das Ganze ist eine einzige Verschwörung gegen ihren Erfolgsverein.

Heute hat sich die Antihaltung der Bayern-Manager gegen die oberste Vertretung konserviert. Dabei richtet sich der Unmut nicht nur gegen den DFB als gemeinnütziger Einrichtung. Sondern auch der Ableger Liga-Fußballverband e. V., der unter dem Begriff Liga-Verband bekannt ist, sowie der kommerzielle Arm Deutsche Fußball Liga GmbH stehen zunehmend im Fadenkreuz des Südens. Dabei hatten gerade der FC Bayern und die anderen deutschen Großclubs in der Vergangenheit vehement darauf gedrängt, das Profigeschäft aus dem DFB auszulagern und in der im Jahr 2000 gegründeten DFL anzusiedeln – als Selbstverwaltungsorgan der Proficlubs. Laut Paragraph 2 der Satzung ist deren Hauptaufgabe »die abschließende Verhandlung von Verträgen über Rechtevergabe von Fernseh- und Hörfunkübertragungen von Spielen der Lizenzligen sowie aller Bild- und Tonträger, künftiger technischer Einrichtungen jeder Art und in jeder Programm- und Verwertungsform gegenüber jedem möglichen Vertragspartner«. Im Kern geht es also um das Management der wichtigsten Geldquelle für die Bundesliga-Clubs – der TV-Rechte.

Da herrscht auf der einen Seite Gleichklang zwischen DFB und den Vereinen: Alle wollen möglichst viel von den Fernsehanstalten herauspressen, um die eigenen maroden Finanzen zu sanieren. Auch der Export deutscher Fußballbeine via Fernsehen in exotische Märkte wie Fernost steht auf der Agenda. Dazu wird überlegt, die Spiele vom Samstagnachmittag auf die Mittagszeit vorzuverlegen, um durch den Zeitunterschied höhere Einschaltquoten zu erzielen. In China beispielsweise begeistern sich nach einer Umfrage des Kölner Instituts Sport + Markt 45 Prozent für die deutschen Kicker. In Südkorea finden sich immerhin noch 24 Prozent Fußballfans, in Japan 20 Prozent. Die britischen Vereine, allen voran Manchester United, verkaufen ihre Spiele seit längerem erfolgreich am asiatischen Markt, nehmen dort rund 75 Millionen Euro für TV-Übertragungen ein. Das macht den DFB neidisch: Der Verband kassierte 2003 gerade mal 15 Millionen Euro aus den Auslandsrechten. Ein anderes Konzept sieht vor, wieder Spiele am Freitagabend zu zeigen, um mehr Zuschauer vor die Bildschirme zu locken. Im Jahr 2003 waberte sogar die Idee durch die Gazetten, die Deutsche Meisterschaft in einer Art Endspiel der Bestplatzierten auszutragen. Das Problem all dieser Vorhaben: Die gültigen Verträge machen ein schnelles Umschalten auf einen anderen Fahrplan schwierig.

Mehr Geld muss also her – damit hört die Gemeinsamkeit aber schon wieder auf. Bereits bei der Frage, wie viel man verlangen kann, gibt es Dissens. Der setzt sich fort bei dem Problem, wie sich neue Geschäftsmodelle und Vermarktungsstrategien etablieren lassen, die zusätzlichen Umsatz generieren, und mündet in das Dauer-Streitthema, wer wie viel aus der gemeinsamen Kasse erhalten soll. Selbst das Grundprinzip, bei den TV-Lizenzen an einem Strang zu ziehen, die Monopolstellung auszunutzen und keine Extratouren zu versuchen, steht auf der Kippe.

Als Vorkämpfer der eigenen Interessen und oft im Gegensatz zum Rest der Bundesliga tun sich, wie immer, Hoeneß und Rummenigge hervor. Ständig von der unterschwelligen Meinung getrieben, die anderen wollten sie über den Tisch ziehen und der FC Bayern erhalte ein zu kleines Stück vom Kuchen, fechten die Münchner an verschiedenen Fronten. Den ersten Erfolg erzielten sie in der Saison 1999/2000. Hoeneß und Rummenigge drohten mit der Einzelvermarktung der TV-Rechte. Das bedeutete im Klartext, jeder Verein hätte sich selbst darum kümmern müssen, die Fernsehübertragungen an den Spielen zu verkaufen. Das bisherige Solidarsystem sei hinfällig. Hoeneß: »Es ist eine Verbissenheit da, den Sozialismus im Fußball einführen zu wollen.« Rummenigge verstärkte den Druck: »Notfalls kommt es zum Crash.« Das Kalkül der Bayern: Wenn sie das Geschäft selbst machen, bleibt mehr in den Vereinskassen hängen als bei einer Umverteilung via DFB/DFL. Doch am Ende stimmten sie einem neuen Verteilungsschlüssel zu – wie nun bekannt ist, lag das an den großzügigen Zahlungen des Kirch-Konzerns. Immerhin erhielt der FC Bayern eine größere Portion aus dem Bundesliga-Topf. Der Konflikt war damit jedoch nur vorübergehend beerdigt. Besonders DFB-Präsident Gerhard Mayer-Vorfelder, jahrelang Präsident des VfB Stuttgart, avancierte zum Feind der Bayern-Vorstände. Mayer-Vorfelder, unter dem Kürzel »MV« prominent, kritisierte die fortschreitende Geschäftemacherei der Vereine und die zunehmende Kluft zwischen armen und reichen Bundesliga-Clubs. »Der sagt das seit zehn Jahren, aber selbst hat er in Stuttgart seinen Verein fast an die Wand gefahren«, pflegt Hoeneß in diesem Fall die Retourkutsche vorzufahren. »Hat er etwa bewiesen, dass er ein Konzept hat, einen Verein zu führen? Ich rege mich auf, wenn einer sich so als Godfather und Allwissender hinstellt, aber selbst einen Verein mit Schulden hinterlassen hat.«

MV zeigte sich von den Schlägen unbeeindruckt und bügelte im Gegenzug kühl die Vorschläge Rummenigges und Hoeneß' ab, einen Manager zur Unterstützung von Nationaltrainer Rudi Völler einzustellen. »Die Nationalelf braucht keinen Draufschläger vom Dienst, wie sich manche Manager in den Clubs in ihrem Bemühen verstehen, sich vor Trainer und Spieler zu stellen«, schoss der Verbandspräsident in Richtung München zurück. Und er legte nach mit seiner Kritik: »Die totale Kommerzialisierung ist an ihre Grenzen gestoßen. Die Suche nach neuen Ressourcen ist endlich. Bei der Fernseh-Vermarktung ist kein Quantensprung mehr möglich. Das Merchandising ist nur ein Geldwechsel-Geschäft, das Marketing ist ausgereizt. Auch ein Börsengang bringt nur vorübergehend neues Geld.«

Als es um Sponsorengelder ging, gerieten die Bayern und Mayer-Vorfelder wieder aneinander. Denn es herrscht die spannungsreiche Situation, dass der Verband sich teilweise mit anderen Werbepartnern zusammentut als die Clubs. Das macht sich beim Auftritt der Spieler in der Nationalmannschaft bemerkbar. So finanziert sich der DFB beispielsweise mit Bitburger-Reklame, der FC Bayern München dagegen trinkt vertragsgemäß Paulaner und will keine Werbeflächen des Bierkonkurrenten sehen. Und die Bayern-Spieler fahren, zumindest offiziell, Audi. Der DFB und die Funktionäre der Nationalmannschaft dagegen setzen auf den Generalsponsor Mercedes-Benz. Das geht Rummenigge schon mal gegen den Strich: »Die Clubs haben immer mehr Bauchschmerzen bei den Dingen, die der DFB in Sachen Sponsoring veranstaltet.«

In die nächste Runde ging es im Sommer 2003. Diesmal stand die DFL mit Liga-Präsident Werner Hackmann und Geschäftsführer Wilfried Straub im Visier. Auslöser war der Plan, den britischen Telekommunikationskonzern Vodafone, der in der Vergangenheit den deutschen Netzbetreiber Mannesmann/D2 geschluckt hatte, zum Namenssponsor für die Bundesliga zu machen. Sofort machte Rummenigge dagegen Front. Er und Hoeneß sahen ihre

Partnerschaft mit dem Hauptsponsor Deutsche Telekom beeinträchtigt. Als vorgeschobenes Argument, das Vorhaben zu Fall zu bringen, dienten die kolportierten geringen Einnahmen aus dem Verkauf der Namensrechte in Höhe von etwa fünf Millionen Euro. »Bei dieser Summe bleiben für jeden Bundesligisten kaum mehr als 200 000 Euro«, erregte sich der Bayern-Vorstandsvorsitzende, »das ist doch ein Tropfen auf dem heißen Stein.« Und weil er so richtig in Fahrt war, legte er noch nach: »Ich kenne niemanden in der Liga, weder in der ersten noch in der zweiten, der mit dieser DFL so richtig zufrieden ist.« Die DFL habe sich als Dienstleister der Bundesliga zu zeigen.« Den Verantwortlichen stellte Rummenigge ein schlechtes Zeugnis aus: »Die Bundesliga ist schlecht vermarktet und hat kein gutes Image in der Welt. Es ist Sache der DFL, hier mehr Flagge zu zeigen.«

Zugleich stießen die Bayern-Manager eine neue Diskussion um die Fernsehrechte der Clubs an. »2004 endet die Zentralvermarktung im TV-Bereich. Der FC Bayern wird sich dann auch die Option der Einzelvermarktung offen halten«, verkündete Rummenigge. »Man muss sehen, dass die Entwicklung hin zur Einzelvermarktung kaum aufzuhalten ist.« Obwohl Dortmunds Präsident Gerd Niebaum bereits im Vorfeld erklärt hatte: »Wir würden uns an Alleingängen nicht beteiligen, weil der Markt nicht stimmt. Der Markt stimmt zwar für denjenigen Club, der diesen Alleingang macht, aber der ist natürlich draußen. Der wird aus der Bundesliga ausgeschlossen.« Rummenigge dagegen hofft auf Mehreinnahmen von mindestens 50 Millionen Euro jährlich: »Wir erwarten, dass wir analog zur Champions League Rechte für das Internet und den Mobilfunk sowie vielleicht die Auslandsrechte selbst vermarkten können«, erklärte der Bayern-Vorstandschef noch Anfang 2004. Ähnlich ist die Ankündigung Rummenigges im Herbst 2003 zu verstehen, einen eigenen Bezahl-Sender für Spiele aufzubauen. Das war zu jenem

Zeitpunkt mehr eine Drohgebärde bei den Preisverhandlungen mit dem Sender Premiere.

Ob das alles tatsächlich so eintritt, ist keinesfalls ausgemacht. Die Kalkulation der Bayern basiert auf Vergleichszahlen von spanischen und italienischen Clubs. Doch die Zeiten haben sich mittlerweile geändert. Ein schneller Anstieg der Einnahmen aus TV-Rechten ist nicht abzusehen. Die finanzielle Schieflage einiger deutscher und europäischer Vereine wird immer bedrohlicher. Zweifellos besitzt der FC Bayern eine hohe Fangemeinde und lockt viele Zuschauer ins Stadion. Aber nur starke Gegner reizen das Publikum, den Fernseher einzuschalten. Lahme Matches will niemand sehen. Deshalb sorgt der Umverteilungsmechanismus der Liga dafür, dass auch die Kleinen und Finanzschwachen mithalten können. Öffnet sich die Schere zwischen großen und kleinen Vereinen, verliert das gesamte System Bundesliga an Attraktivität. Die Folge: Die Zuschauerzahlen sinken, und die TV-Einnahmen zieht es in der Folge ebenfalls nach unten.

Die Bayern unterschätzen zudem maßlos die Kosten und überschätzen die möglichen Erträge eines eigenen Pay-TV-Senders. Selbst der einzige Sender in Betrieb von Manchester United, der rund 100 000 Abonnenten hat, erweist sich als kein großes Geschäft: Gerade mal sieben Millionen britische Pfund nimmt der Club ein – und das trotz der weltweit größten Anhängerschaft. Dafür muss er sechs Stunden Programm täglich finanzieren. Da alles in Deutschland einige Nummern kleiner laufen würde, sind die roten Zahlen vorprogrammiert. Und kein deutscher Verein, auch nicht Bayern München, könnte die jahrelangen Anlaufverluste finanzieren.

Dennoch wollen die Bayern-Manager mehr für sich herausholen. Als neuer Markt reizt das Internet. Da hat sich die Deutsche Telekom die Rechte gesichert. Deren Tochter T-Online setzt verstärkt auf das kostenpflichtige Herunterladen von Spielen – die Fortentwicklung der Technik ermöglicht den Video-Download schneller und in besserer Qualität. Mit diesem Pay-per-View tut sich ein Geschäftsmodell auf, von dem die Bayern – zusammen mit ihrem Hauptsponsor Telekom – künftig stärker profitieren wollen. Eine Einzelvermarktung wäre da natürlich hilfreich. Doch die Äußerungen der Bayern-Manager zeigen, dass sie sich im Stillen bereits auf Änderungen in der Rechtelandschaft einstellen.

Der Hintergrund all dieser Ideen ist das aktuelle Problem, wie viel aus den TV-Rechten für die Bundesliga noch herauszuholen ist. Die Vermarktungsagentur Infront und dessen Manager Günther Netzer hatten Ende 2003 die Option auf die Rechte für die Saisons 2004/05 und 2005/06 zurückgegeben. Ursache: Der Schweizer Rechtehändler hatte Schwierigkeiten, die Fernsehlizenz lukrativ zu veräußern, und wollte deshalb nur 272 Millionen Euro pro Saison bezahlen statt, wie ursprünglich vereinbart, 295 Millionen. Damit fielen die Rechte an die DFL zurück. Die versucht nun ihr Glück: »Wir wollen mindestens 300 Millionen Euro für die Liga erzielen«, hängt Rummenigge im Januar 2004 die Messlatte hoch.

Solche Summen sind angesichts flauer Werbeeinnahmen und vorsichtig rechnender TV-Manager kaum zu erzielen. Zudem waren die hohen TV-Rechtepreise auch ein Resultat der Exklusivität, des Monopols der Liga. Genau dieses Monopol versucht die EU-Kommission zu knacken, sie hat sich die Freiheit des Wettbewerbs auf die Fahnen geschrieben. Dringt die EU auch nur teilweise mit ihren Forderungen durch, mehrere Interessenten an der Ware Fußball zum Zug kommen zu lassen und das Rechtepaket in kleinere Einheiten aufzuteilen, sinkt der Gesamtwert, weil sich die Fernsehanstalten nicht mehr um ein einziges Angebot zu balgen brauchen.

Wenn es den eigenen Interessen hilft, suchen sich Hoeneß und Rummenigge Verbündete bei den anderen Clubs. Da mauscheln die beiden auch unter der Decke. Beispielsweise versammelten die Bayern-Vorstände Ende November 2003 die wichtigsten Männer von sieben Großclubs um sich, um eine gemeinsame Strategie gegenüber DFB und Liga abzusprechen – ohne die anderen Clubs zu informieren. Das Geheimtreffen fand in der Lounge im vierten Stock des Münchner Airport Hotels Kempinski statt. Nur durch Zeitungsreporter flog das konspirative Treffen auf. Rummenigge und sein Kollege hatten eine illustre Runde eingeladen: Von Berlin reisten Hoeneß' Bruder Dieter und Finanzchef Schiller an, von Borussia Dortmund kamen Chef Gerd Niebaum und Manager Michael Meier, als Schalke-Abgesandte präsentierten sich Manager Rudi Assauer und Vorstandsvize Josef Schnusenberg. Für 1860 München sprach Karl-Heinz Wildmoser, Stuttgart vertrat Finanzdirektor Ruf, Bremen wurde von Manager Allofs und Marketingvorstand Müller vertreten. Und natürlich fehlten Bayer-Leverkusen-Chef Reiner Calmund und sein Finanzboss Holzhäuser nicht.

Der Kreis lotete die Möglichkeiten aus, noch mehr Geld abzuschöpfen. Anlass dazu bietet der Grundlagenvertrag zwischen DFB und DFL, der auch die Zahlungen zwischen Liga und DFB regelt und im Jahr 2005 ausläuft. Die Vereine wollen einen größeren Anteil an den Geldern, die aus der Vermarktung der Länderspiele an den DFB fließen. Und Hoeneß möchte mehr für die Vereine herausholen, die Nationalspieler abstellen. Es liegt auf der Hand, dass der FC Bayern da der Hauptnutznießer wäre. Fragen zu künftigen Einnahmen aus TV und die Idee, Fernsehbilder künftig selbst zu produzieren, standen ebenfalls auf der Tagesordnung. Hoeneß fand das Meeting so ergiebig, dass er sich nun regelmäßig mit den Konkurrenten treffen will.

Das Ganze war so richtig nach dem Geschmack der Bayern. Vertrauliche Gespräche im Hinterzimmer ohne Zeugen und lästige Institutionen, die womöglich noch Abstimmungen wollten. Es war zudem ein kalkulierter Affront gegen die ausgeschlossenen Bundesliga-Clubs. Die

Mächtigen demonstrierten, wer im deutschen Fußball das Sagen hat und wer nur auf den hinteren Bänken sitzt. Zugleich war es ein Signal, dass selbst die Liga-Funktionäre nur die zweite Geige spielen. Wie der gütige Vater seinen Kindern begründete Hoeneß den Sonderweg: »Die Großen müssen ja schauen, dass die Kohle zusammenkommt für die Kleinen.« Als ob sich die Bayern bislang sonderlich um die Finanzprobleme anderer Clubs gekümmert hätten. Im Gegenteil – Forderungen nach der Einrichtung eines Feuerwehrfonds für Not leidende Vereine bürsteten Hoeneß und Rummenigge bislang ab.

Entsprechend groß war die Entrüstung der nicht beteiligten Vereine. Bochums Präsident Werner Altegoer warnte: »Das ist für den Profifußball schlecht, denn es könnte zu einer Spaltung der Liga führen.« Bernd Hoffmann vom Hamburger SV meinte: »Für die meisten Fragen haben wir doch ein gewähltes und bestelltes Gremium – die DFL.« Kölns Manager Andreas Rettig sah eine fatale Symbolik in dem Treffen: »Man darf nicht nach außen signalisieren, dass es hier eine Zwei-Klassen-Gesellschaft gibt: die Großen und die Kleinen.« Und Gladbachs Sportdirektor Christian Hochstätter brachte es auf den Punkt: »Ich frage mich, warum es dann noch eine DFL gibt.«

Kanonendonner jenseits der deutschen Grenzen

Solche Keilereien wirken jedoch wie Sandkastenspiele gegenüber den Geschützen, die die Bayern mit ihren Partnern gegenüber den internationalen Verbänden auffahren. Denn Rummenigge und Hoeneß haben eine weitere Geldquelle entdeckt: Entschädigungszahlungen für das Abstellen von Nationalspielern. Da selbst für den FC Bayern München ein Alleingang im Kampf gegen den europäischen Verband UEFA oder den Weltverband Fifa zwei

Nummern zu groß ist, befördern die Manager das Thema via Interessenvertretung G14. Rummenigge hat als Vizepräsident der Vereinigung eine Sprecherfunktion. Der Vorstandschef der Bayern will seine Kicker nur noch gegen Gebühr ausleihen und nicht die Kosten tragen, »wenn die Fifa unsere Spieler dafür benutzt, bei einer WM ein Geschäft zu machen, das über zwei Milliarden Schweizer Franken beträgt.« Hoeneß pocht auf »eine Lösung an der Quelle – das ist die Fifa. Die Fifa muss Gelder aus dem großen Topf vorweg an die Vereine ausschütten«. Schließlich würden die Clubs die Spieler ausbilden, pflegen und trainieren, dafür aber finanziell leer ausgehen.

Im Herbst 2003 bezifferten Rummenigge und seine Kollegen der G14 ihre Forderungen genauer. Es geht um abenteuerliche Beträge: 122 Millionen Euro wollen die reichen europäischen Clubs von der Fifa als Entschädigung für das Abstellen von Spielern für eine Weltmeisterschaft. Die UEFA soll bei Europameisterschaften 50,5 Millionen Euro Spieler-Miete überweisen. Die Rechnung der G14 sieht so aus: Bei einer WM würden die Vereine mit 24400 »Manntagen« belastet. Bei einem angenommenen Tagesgehalt von durchschnittlich 5000 Euro für Profis wie Ballack, Zidane, Beckham oder weniger berühmte Spieler ergibt das den Betrag von 122 Millionen Euro. Eine EM verlangt dagegen nur 10100 Manntage, was unterm Strich eben 50,5 Millionen Euro ausmacht. »Wir zahlen die Spieler – und kriegen nichts zurück«, schimpft Rummenigge und droht, »wenn die Fifa meint, sie könnte diese Dinge aussitzen, dann wird es irgendwann mal eine Revolution geben – mit welchem Ausgang auch immer.« Eine nette Vorstellung: Die konservativen Manager Hoeneß und Rummenigge, beide bekennende CSU-Wähler, als Revoluzzer auf den Barrikaden. Bereits im Frühjahr 2003 hatte der Bayern-Vorstandschef eine »letzte Warnung« ausgesprochen und angekündigt: »Dann stellen wir die Spieler eben nicht mehr ab.«

Als weitere Maßnahme wollen die G14-Clubs nun die Fifa bei der Europäischen Union verklagen, wegen »Missbrauch einer dominanten Marktstellung«. Dafür hat die Vereinigung bereits Rechtsgutachten anfertigen lassen. Mayer-Vorfelder warnte Rummenigge & Co. vor einer Eskalation: »Es wäre besser, sich gemeinsam an einen Tisch zu setzen«, sagte der DFB-Präsident, »durch die Klagedrohung entsteht erst recht eine Abwehrhaltung. Und Streitigkeiten vor Gericht zu lösen, bringt nichts.«

Fifa-Präsident Joseph Blatter reagierte kühl auf die Ansinnen der G14 und deren »exotisch anmutenden Geldforderungen«. Der Verband erkennt die Vereinigung nicht offiziell an. Blatter erteilte Treffen mit den Aufrührern eine Absage: »Ich werde nicht mehr mit der G14 reden.« Dem Bayern-Vorstandsvorsitzenden gab er nebenbei eine mit: »Rummenigge ist ein intelligenter Mann. Er war ein sehr guter Fußballer. Aber er kennt die Strukturen des Fußballs nicht.« Auch UEFA-Chef Lennart Johansson erteilte den Geldforderungen für das Abstellen der Kicker eine Absage: »Ein Spieler hat die Verpflichtung, dem Land etwas zurückzugeben, das ihm die Möglichkeit gegeben hat, groß zu werden.« Blatter legte nach: Diese reichen Vereine à la Manchester United oder Bayern München beschäftigten überwiegend Söldner und »haben sich ihre eigene, allerdings grundverschiedene Daseinsberechtigung geschaffen – ihren eigenen Profit zu maximieren«. Und er warnt: »Wenn wir nicht aufpassen, degeneriert der Fußball immer mehr zu einem Spielball der Gier.« Die Fronten bleiben verhärtet. An Blatter beißen sich die Vereine bislang die Zähne aus.

Beckenbauer lag ebenfalls im Clinch mit Blatter – aber aus anderen Gründen. Der Organisator der Fußball-Weltmeisterschaft in Deutschland lag sich mit dem Fifa-Präsidenten über die Höhe der Eintrittsgelder in den Haaren. Diesmal wollte Beckenbauer weniger – nämlich eine Kategorie für Eintrittspreise auf unterem Niveau, die sich auch weniger Betuchte leisten können. Daneben ging es um die Frage, wer Hotelzimmer oder den Ticketverkauf managt und wie viele nationale Sponsoren den Deutschen zugestanden werden. Erst nach einer Rücktrittsdrohung und endlosen Streitereien kam die Einigung. »Wir waren am Raufen und am Kämpfen«, berichtete Beckenbauer. »Wir waren kurz davor, auseinander zu gehen und zu sagen, kommt ihr von der Fifa nach Frankfurt und macht die WM alleine. Wir lösen uns auf.« Immerhin gibt es nun Tickets bereits ab 35 Euro. Die Endspielkarte kostet bis zu 600 Euro. Ein kleiner Sieg für den Kaiser.

Ausblick

DER GRÖSSTE UMBRUCH STEHT DEM FC BAYERN NOCH BEVOR

Beckenbauers größter Triumph wird der erfolgreiche Abschluss der Fußball-Weltmeisterschaft 2006 in Deutschland sein. Dieses sportliche Mega-Ereignis ist aus mehreren Gründen zugleich der Fixpunkt für den FC Bayern München. Spätestens nach diesem Datum wird sich das Gesicht der Vereins verändern wie nie zuvor in der über 100-jährigen Geschichte. War der erste einschneidende Wandel des Clubs mit dem Antritt der Personen Beckenbauer, Rummenigge und Hoeneß verbunden, so beginnt nun eine neue Ära für den FC Bayern. Und das hat wiederum mit den drei Hauptgestalten zu tun. Wobei die Weichen schon ein Jahr vor dem historischem Datum gestellt werden, also 2005. Das ist das Schicksalsjahr für den Club.

Für Beckenbauer ist die Organisation der WM die Krönung seiner langjährigen Karriere. Es ist unvorstellbar, dass er danach wieder in die Niederungen der Vereinspolitik hinabsteigt. Schon jetzt lassen ihm seine vielfältigen Aufgaben kaum mehr Zeit für das Präsidentenamt beim FC Bayern. Oft wohnen mehrere Seelen in Beckenbauers Brust, der Multi-Funktionär muss ständig das Kunststück vollbringen, zwischen Vereinsinteressen, Verbandsanliegen, Unterstützung des Fußballsports und privaten Plänen zu jonglieren. Schon mehrmals erklärte der Bayern-Präsident, sich nicht mehr in das Amt wählen zu lassen. Mag früher eine Portion Koketterie beigemischt gewesen sein – nun meint er es ernst. Eine neue Regierungsperiode des Kaisers in München ist ausgeschlossen. Beckenbauer wird allenfalls Ehrenpräsident – diesen Titel würde ihm niemand verweigern. Seine neue Familie und die zusätzliche Rolle als frisch gebackener Vater verschieben die Gewichte auch mehr in den privaten Bereich. Was Beckenbauer noch reizen könnte: die Präsidentschaft des Weltfußballverbands Fifa als Nachfolger von Joseph Blatter. Hoeneß etwa ist davon überzeugt, dass der Bayern-Präsident solchen Ambitionen nachgeben wird. Wie auch immer – Beckenbauers Weg führt weg von München.

Mit dem Abschied des Kaisers vom FC Bayern wird ein Job frei, für den bereits in der Vergangenheit zwei Personen ihren Finger gehoben haben: Hoeneß und Rummenigge. Der Vorstandsvorsitzende machte in der Vergangenheit keinen Hehl aus seinen Ambitionen. Der Präsident erhält zwar nicht die Bezahlung wie ein Vorstand, dafür sind die Funktionen prestigeträchtiger und weniger aufreibend als das Tagesgeschäft in einer Aktiengesellschaft. Hoeneß hat mehrfach erklärt, dass er definitiv im Jahr 2005, spätestens 2006 aufhören will. Auch er drängt in das Ehrenamt an der Spitze des FC Bayern.

Damit stehen die drei wichtigsten handelnden Personen des FC Bayern zur Disposition. Spätestens 2005 müssen sie klare Bekenntnisse zu ihren beruflichen Plänen abgeben. Nur dann kann ein gleitender Wechsel funktionieren und die Suche nach Nachfolgern rechtzeitig einsetzen.

Auch bei der Mannschaft wird bis zu diesem Datum der Umbau vollzogen sein. Trainer Hitzfeld will ebenfalls spätestens im Jahr 2005 aufhören. Schon jetzt streckt er die Fühler nach neuen Angeboten aus. Ob das am Ende ein englischer Club sein wird, eine ausländische oder die deutsche Nationalmannschaft, wird sich zeigen. Und die Verjüngungskur bei den Spielern gewinnt bis 2005 an Gestalt. Die älteren Spieler finden sich dann nicht mehr im Kader, auslaufende Verträge ersetzen die Bayern-Verantwortlichen mit Nachwuchstalenten. Nach der WM räumt wohl selbst ein Oliver Kahn seinen Platz im Bayern-Tor.

Vor allem aber schlägt ab dem Jahr 2005 die konsequente Kommerzialisierung des FC Bayern voll durch und schafft einen veränderten Verein. Das neue Stadion in Fröttmaning bringt einen stärkeren Druck zur konsequenten Vermarktung des Fußballs. Das wird für den treuen Bayern-Fan genauso sichtbar wie für den normalen Stadionbesucher.

Auf der anderen Seite stellen die aktuellen Wirtschaftsprobleme der Bundesliga und des FC Bayern das Geldverdienen mit Fußball in Form einer Aktiengesellschaft auf den Prüfstand. Bislang haben die AG-Clubs nicht bewiesen, dass damit nachhaltig Geld zu verdienen wäre. Auch die Bayern mussten sich von den Zeiten großer Gewinne verabschieden. Was sie jetzt als Überschuss pro forma in der Bilanz ausweisen, ist nicht der Rede wert. Und die Geschäfte werden für die Bayern eher schwieriger: Mehreinnahmen aus dem TV-Geschäft bleiben vorerst Utopie, die wechselnden Leistungen in der Champions League verhindern konstant kalkulierbare Einnahmen.

Die Konsequenz: Schon bald muss der FC Bayern seine Reserven anzapfen. Da beim Spielerhandel wenig zu holen ist, bleibt nur ein Ausweg: weitere Anteile an der Aktiengesellschaft zum Verkauf anzubieten. Offen ist nur, ob ein strategischer Investor einsteigt oder der Verein die Aktien breit über die Börse streut. Das Geschäft wird damit anders, vielleicht professioneller und gehorcht anderen Zwängen.

Damit müssen alle Bayern-Verehrer und Bayern-Hasser Abschied nehmen von dem gewohnten Bild des Münchner Großclubs, der immer für eine Schlagzeile gut ist und hollywoodreife Unterhaltung bietet. Goodbye, Lederhosen AG!

Anhang A1

ERFOLGE UND MISSERFOLGE DES FC BAYERN MÜNCHEN

Titel des FC Bayern München

Nationale Titel

Deutscher Meister (18-mal)
1932, 1969, 1972, 1973, 1974, 1980, 1981, 1985, 1986, 1987, 1989, 1990, 1994, 1997, 1999, 2000, 2001, 2003

DFB-Pokal (11-mal)
1957, 1966, 1967, 1969, 1971, 1982, 1984, 1986, 1998, 2000, 2003

Ligapokal (4-mal)
1997, 1998, 1999, 2000

Supercup (3-mal)
1983, 1987, 1990

Internationale Titel

Champions League (früher: Europapokal der Landesmeister) (4-mal)
1974, 1975, 1976, 2001

Europapokal der Pokalsieger (1-mal)
1967

UEFA-Pokal (1-mal)
1996

Worldcup (2-mal)
1976, 2001

Bundesliga-Meister 1964–2003

1964	1.FC Köln
1965	Werder Bremen
1966	1860 München
1967	Eintracht Braunschweig
1968	1.FC Nürnberg
1969	**Bayern München**
1970	Borussia Mönchengladbach
1971	Borussia Mönchengladbach
1972	**Bayern München**
1973	**Bayern München**
1974	**Bayern München**
1975	Borussia Mönchengladbach
1976	Borussia Mönchengladbach
1977	Borussia Mönchengladbach
1978	1.FC Köln
1979	Hamburger SV
1980	**Bayern München**
1981	**Bayern München**
1982	Hamburger SV
1983	Hamburger SV
1984	VfB Stuttgart
1985	**Bayern München**
1986	**Bayern München**
1987	**Bayern München**
1988	Werder Bremen
1989	**Bayern München**
1990	**Bayern München**

1991	1.FC Kaiserslautern
1992	VfB Stuttgart
1993	Werder Bremen
1994	**Bayern München**
1995	Borussia Dortmund
1996	Borussia Dortmund
1997	**Bayern München**
1998	1.FC Kaiserslautern
1999	**Bayern München**
2000	**Bayern München**
2001	**Bayern München**
2002	Borussia Dortmund
2003	**Bayern München**

Die besten Bundesliga-Spielzeiten der Bayern

1971/72	101 Tore (absoluter Liga-Rekord), 24 Siege, nur 3 Niederlagen, 55 Punkte
1972/73	Am Ende hat der FCB 11 Punkte Vorsprung auf den 1.FC Köln (bis 2003 Liga-Rekord); 25 Siege, 5 Niederlagen
1986/87	Saison mit einer einzigen Niederlage (am 1.11.1986 0:3 gegen Leverkusen)
1988/89	Saison mit den wenigsten Gegentoren: nur 26
2002/03	Neuer Liga-Rekord: 16 Punkte Vorsprung auf den Zweiten, den VfB Stuttgart

Sonstige Erfolge

Verein mit den meisten Bundesliga-Siegen (Stand Saisonende 2003)
719

Verein mit den meisten Punkten in einer Saison
Zwei-Punkte-Regel: 55 Punkte (1971/72)

Drei-Punkte-Regel: 78 Punkte (1998/99)

Rekordzeit ohne Gegentor
803 Minuten vom 9.11.2002 bis zum 9.2.2003 (Liga-Rekord bis Saisonende 2003)

Serien ohne Niederlage
73 Spiele bzw. 4,5 Jahre ohne Heimniederlage vom 11.4.1970 bis zum 28.9.1974 (0:2 gegen Schalke)
Saison 1986/87 ohne Auswärtsniederlage, Teil einer Serie von 26 Auswärtsspielen ohne Niederlage
27 Spiele in Folge vom 31. Spieltag 1988 bis zum 23. Spieltag 1989 ohne Niederlage

Längste Siegesserie
13 Siege in Folge vom 27. Spieltag 1980/81 bis zum 5. Spieltag 1981/82 (Liga-Rekord)
Von Anfang bis Ende Tabellenführer: 1968/69, 1972/73, 1984/85, 1998/99

Die schlechtesten Bundesliga-Spielzeiten der Bayern

1974/75	10. Platz (14 Niederlagen in 34 Spielen)
1977/78	12. Platz (nur 11 Siege in 34 Spielen; kein Sieg bei einem Auswärtsspiel)
1991/92	10. Platz (15 Niederlagen in 38 Spielen, 7 davon bei Heimspielen)

Sonstige Tiefpunkte

Längste Torflaute
749 Minuten ohne Tor bis zum 1:0 durch Fink gegen Stuttgart am 22.3.1998

Höchste Auswärtsniederlage
1:7 gegen Düsseldorf am 9.12.1978
Höchste Heimniederlage
0:7 gegen Schalke am 9.10.1976

Die höchsten Siege des FC Bayern München

Ergebnis	Auswärts/ Heim	Saison	Gegner	Turnier
16:1	A	1997/98	DLK Waldberg	DFB-Pokal
11:0	H	1947/48	Viktoria Aschaffenburg	Oberliga Süd
11:1	H	1971/72	Borussia Dortmund	Bundesliga
10:0	H	1964/65	Darmstadt 98	Regionalliga Süd
10:0	A	1964/65	FC Emmendingen	Regionalliga Süd
10:0	A	1976/77	Hannover 96	DFB-Pokal
10:0	H	1983/84	Anorthosis Larnaca	Europapokal
11:2	A	1964/65	Freiburger FC	Regionalliga Süd
11:2	H	1988/89	Blau-Weiß 90 Berlin	DFB-Pokal
10:1	H	1979/80	FC Östringen	DFB-Pokal

Stand bis Saison 2002/03

Die höchsten Niederlagen des FC Bayern München

Ergebnis	Auswärts/ Heim	Saison	Gegner	Turnier
2:9	A	1951/52	Stuttgarter Kickers	Oberliga Süd
1:8	A	1956/57	SpVgg Fürth	Oberliga Süd
0:7	H	1976/77	Schalke 04	Bundesliga
1:7	A	1978/79	Fortuna Düsseldorf	Bundesliga

Stand bis Saison 2002/03

Die stärksten Konkurrenten des FC Bayern in der Bundesliga

Werder Bremen
Werder Bremen war dreimal Meister, hat in drei Spielzeiten keinen Punkt an Bayern abgegeben (1967/68, 1992/93, 2002/03) und Bayern in 22 Bundesligaspielen besiegt.

Köln
Köln hat in vier Spielzeiten keinen Punkt an Bayern abgegeben (1965/66, 1975/76, 1977/78, 1982/83) und Bayern in 21 Bundesligaspielen besiegt.

Borussia Mönchengladbach
Borussia Mönchengladbach war fünfmal Meister.

Hamburger SV
Der Hamburger SV war dreimal Meister.

Borussia Dortmund
Borussia Dortmund war dreimal Meister.

Kaiserslautern
Kaiserslautern hat Bayern in 21 Bundesligaspielen besiegt.

Anhang A2

KADER UND CO. DES FC BAYERN MÜNCHEN

Die Führungsriege des FC Bayern München

Aktiengesellschaft FC Bayern München

Vorstand:
Vorsitzender: Karl-Heinz Rummenigge
Stellvertretender Vorsitzender: Ulrich Hoeneß
Karl Hopfner

Aufsichtsrat:
Vorsitzender: Franz Beckenbauer
Mitglieder: Herbert Hainer, Josef Brauner, Dr. Herbert Henzler, Helmut Markwort, Eckhart Müller-Heydenreich, Dieter Rampl, Prof. Dr. Fritz Scherer, Dr. Martin Winterkorn

Verein FC Bayern München

Präsidium:
Präsident: Franz Beckenbauer,
1. Vizepräsident: Prof. Dr. Fritz Scherer
2. Vizepräsident: Bernd Rauch

Verwaltungsbeirat:
Vorsitzender: Eckhart Müller-Heydenreich
Vorsitzender: Dr. Edmund Stoiber

Der Bayern-Kader

Position	Status	Name	Nationalität
T	L	Oliver Kahn	Deutschland
T	NAoL	Michael Rensing	Deutschland
T	L	Jan Schlösser	Deutschland
A	L	Willy Sagnol	Frankreich
A	L	Bixente Lizarazu	Frankreich
A	L	Samuel Osei Kuffour	Ghana
A	L	Robert Kovac	Kroatien
A	L	Martin Demichelis	Argentinien
A	L	Tobias Rau	Deutschland
A	L	Thomas Linke	Deutschland
A	NAoL	Christian Lell	Deutschland
M	L	Mehmet Scholl	Deutschland
M	L	»Zé Roberto«	Brasilien
M	L	Michael Ballack	Deutschland
M	L	Jens Jeremies	Deutschland
M	NAoL	Thorsten Fink	Deutschland
M	L	Hasan Salihamidzic	Bosnien
M	L	Owen Hargreaves	England
M	L	Sebastian Deisler	Deutschland
M	L	Bastian Schweinsteiger	Deutschland
M	L	Markus Feulner	Deutschland
M	L	Piotr Trochowski	Deutschland
S	L	Rudolphus Anton Makaay	Niederlande
S	L	Claudio Pizarro	Peru
S	L	Alexander Zickler	Deutschland
S	L	Roque Santa Crúz	Paraguay
S	NAoL	Zvjezdan Misimovic	Jugoslawien

Trainer	Ottmar Hitzfeld	Deutschland
Co-Trainer	Michael Henke	Deutschland
Torwarttrainer	Sepp Maier	Deutschland

T = Torwart A = Abwehr M = Mittelfeld S = Stürmer L = Lizenzspieler

Größe	Fuß	Transferwert in Euro	Im Verein
1,88	R	14 000 000	1994–2006
1,89	R	500 000	2003–2006
1,84	R	200 000	2003–2004
1,82	R	7 500 000	2000–2006
1,69	L	3 750 000	1997–2004
1,78	R	6 500 000	1996–2005
1,82	R	8 000 000	2001–2005
1,84	R	5 000 000	2003–2007
1,77	L	3 000 000	2003–2006
1,83	L	3 000 000	1998–2004
1,8	R	500 000	2003–2005
1,77	R	6 500 000	1992–2004
1,72	L	15 000 000	2002–2005
1,89	L/R	30 000 000	2002–2006
1,77	R	7 000 000	1998–2006
1,81	R	150 000	2003–2004
1,8	L/R	10 000 000	1998–2007
1,8	R	7 500 000	2000–2006
1,82	R	10 000 000	2002–2006
1,8	L/R	2 000 000	2002–2005
1,81	R	1 500 000	2003–2004
1,68	R	800 000	2003–2005
1,88	L/R	20 000 000	2003–2007
1,84	R	15 000 000	2001–2005
1,88	R	1 250 000	1993–2004
1,89	L/R	10 000 000	1999–2006
1,79	L/R	700 000	1996–2004
	Gesamt:	189 350 000	

Vertrag bis
2005
2005
2005

NAoL = Nicht-Amateur ohne Lizenz

Spieler des FC Bayern in der Bundesliga, ihre Spiele und Tore – von 1965 bis 2003

Spieler	Geburtsdatum	Nationalität	Zeit	Spiele	Tore
Aas, Jan Einar	12.10.1955	Norwegen	1979–1981	13	1
Aigner, Rainer	4.9.1967		1990–1991	1	0
Andersson, Björn	20.7.1951	Schweden	1974–1977	47	1
Andersson, Patrick	18.8.1971	Schweden	1999–2001	38	1
Arbinger, Alfred	6.6.1957		1976–1977	6	0
Augenthaler, Klaus	29.9.1957		1977–1991	404	52
Aumann, Raimond	10.12.1963		1984–1994	216	0
Babbel, Markus	8.9.1972		1991–1992 1994–2000	182	9
Ballack, Michael	29.6.1976		2002–	26	10
Basler, Mario	18.12.1968		1996–1999	78	18
Bayerschmidt, Uli	3.3.1967		1986–1988	4	1
Beckenbauer, Franz	11.9.1945		1965–1977	396	44
Beierlorzer, Bertram	31.5.1957		1981–1986	73	0
Bender, Manfred	24.5.1966		1989–1992	77	9
Bernado, Fernando di Silva	20.4.1965	Brasilien	1991–1992	4	0
Berthold, Thomas	12.11.1964		1991–1993	30	1
Borutta, Karl	8.12.1935		1965–1967	29	0
Brehme, Andreas	9.11.1960		1986–1988	59	7
Breitner, Paul	5.9.1951		1970–1974 1978–1983	255	83
Brenninger, Dieter	16.2.1944		1965–1971	190	59
Bugera, Alexander	8.8.1978		1997–1999	3	0
Cerny, Harald	13.9.1973	Österreich	1992–1994	16	1

Daei, Ali	21.3.1969	Iran	1998–1999	23	6
Danzberg, Dieter	12.11.1940		1965–1966	2	0
Deisler, Sebastian	5.1.1980		2002–	8	0
Del 'Haye, Karl	18.8.1955		1980–1984	74	7
Demichelis, Martin	20.12.1980	Argentinien	2003–	9	1
Deuerling, Karl	1.5.1946		1967–1968	1	0
Dorfner, Hans	3.7.1965		1986–1991	111	17
Dreher, Bernd	2.11.1966		1998–2003	11	0
Dremmler, Wolfgang	12.7.1954		1979–1986	172	6
Drescher, Jakob	23.6.1939		1965–1967	29	4
Dürnberger, Bernd	17.9.1953		1972–1985	375	8
Eberl, Max	21.9.1973		1991–1992	1	0
Eck, Armin	8.12.1964		1987–1989	39	2
Eder, Norbert	7.11.1955		1984–1988	132	6
Effenberg, Stefan	2.8.1968		1990–1992	160	35
			1998–2002		
Ekström, Johnny	5.3.1965	Schweden	1988–1989	23	7
Elber, Giovane	23.7.1972	Brasilien	1997–2003	169	92
Ey, Jürgen	4.9.1946		1970–1971	1	0
Feulner, Markus	12.02.1982		2001–	11	0
Fink, Thorsten	29.10.1967		1997–2003	149	4
Flick, Hans-Dieter	24.2.1965		1985–1990	104	5
Förster, Bernd	3.5.1956		1974–1976	8	0
Frey, Dieter	31.10.1972		1993–1996	47	3
Gerber, Franz	27.11.1953		1971–1972	1	0
Gersdorff, Bernd	18.11.1946		1973	12	2
Gerster, Frank	15.4.1976		1996–1998	8	0
Gierlinger, Wolfgang	1.2.1947		1969–1970	1	0

Spieler	Geburtsdatum	Nationalität	Zeit	Spiele	Tore
Göktan, Berkant	12.12.1980	Türkei	1998 2000–2001	3	0
Gospodarek, Uwe	6.8.1973		1991–1995	7	0
Grahammer, Roland	3.11.1963		1988–1993	102	2
Grimm, Marco	16.6.1972		1994–1995	1	0
Grobe, Wolfgang	25.6.1956		1982–1985	58	10
Grosser, Rudolf	13.3.1944		1965–1967	4	1
Gruber, Peter	7.9.1952		1976–1980	41	2
Grünberger, Peter	20.11.1962		1981–1982	2	0
Güttler, Günter	31.5.1961		1980–1983	11	2
Hadewicz, Erwin	2.4.1951		1973–1975	19	0
Haman, Dietmar	27.8.1973		1993–1998	106	6
Hansen, Johnny	14.11.1943	Dänemark	1970–1976	164	7
Hargreaves, Owen	20.1.1981	England	2000–	68	1
Hartmann, Frank	17.8.1960		1985–1986	20	4
Helmer, Thomas	21.4.1965		1992–1999	191	24
Herbst, Thomas	5.10.1962		1981–1982	2	0
Herzog, Andreas	10.9.1968	Österreich	1995–1996	28	2
Hillringhaus, Gerald	22.6.1962		1991–1992	17	0
Hoeneß, Dieter	7.1.1953		1979–1987	224	102
Hoeneß, Uli	5.1.1952		1970–1979	239	86
Hoffmann, Wilhelm	23.2.1948		1971–1974	55	14
Horsmann, Udo	30.5.1952		1975–1983	1	0
Hughes, Mark	1.11.1963	Wales	1987–1988	242	20
Jancker, Carsten	28.8.1974		1996–2002	135	48
Janzon, Norbert	21.12.1950		1977–1981	84	0
Jarolim, David	17.5.1979	Tschechien	1998–1999	1	0

Jensen, Viggo	15.9.1947	Dänemark	1973–1974	5	0
Jeremies, Jens	5.3.1974		1998–	120	5
Jörg, Hans	4.11.1950		1972–1973	3	0
Johansson, Nils-Eric	13.1.1980	Schweden	1998–2000	2	0
Johnsen, Erland	5.4.1967	Norwegen	1988–1990	21	0
Jol, Martin	16.1.1956	Niederlande	1978–1979	9	0
Jorginho, Jorge	17.8.1964	Brasilien	1992–1994	67	0
Jung, Gustav	4.6.1945		1967–1969	25	4
Junghans, Walter	26.10.1958		1978–1982	67	0
Kahn, Oliver	15.6.1969		1994–	275	0
Kapellmann, Jupp	19.12.1949		1973–1979	165	17
Kastenmaier, Thomas	31.5.1966		1989–1990	9	1
Kirschner, Eduard	9.11.1953		1976–1977	13	1
Klein, Klaus	27.8.1950		1969–1970	3	0
Klinsmann, Jürgen	30.7.1964		1995–1997	65	31
Kögl, Ludwig	7.3.1966		1984–1990	149	8
Kohler, Jürgen	6.10.1965		1989–1991	55	6
Koppenhöfer, Herward	25.5.1946		1969–1972	71	0
Kosar, Fritz	7.3.1939		1965–1966	3	0
Kostadinov, Emil	12.8.1967	Bulgarien	1994–1996	27	7
Koulmann, Dieter	4.12.1939		1965–1968	77	12
Kovac, Niko	16.10.1971	Kroatien	2001–2003	34	3
Kovac, Robert	6.4.1974	Kroatien	2001–	53	0
Kraus, Wolfgang	20.8.1953		1979–1984	138	17
Krauthausen, Fritz	27.2.1946		1971–1973	57	9
Kremm, Kurt	6.11.1963		1991–1992	2	0
Kreuzer, Oliver	13.11.1965		1991–1997	150	8
Kroiß, Kurt	16.4.1939		1965–1966	2	0
Künkel, Rainer	9.4.1950		1975–1978	33	6

Spieler	Geburts-datum	Nationa-lität	Zeit	Spiele	Tore
Kuffour, Samuel	3.9.1976	Ghana	1994–1995 1996–	145	6
Kunstwadl, Adolf	8.2.1940		1965–1966	2	0
Kupferschmidt, Peter	2.3.1942		1965–1970	135	4
Labbadia, Bruno	8.2.1966		1991–1994	82	28
Lakies, Carsten	8.1.1971		1996–1997	1	0
Laudrup, Brian	22.2.1969	Dänemark	1990–1992	53	11
Lell, Christian	29.8.1984		2003–	0	0
Lerby, Sören	1.2.1958	Dänemark	1983–1986	89	22
Linke, Thomas	26.12.1969		1998–	134	2
Lizarazu, Bixente	9.12.1969	Frankreich	1997–	126	6
Lunde, Lars	21.3.1964	Dänemark	1986–1988	30	3
Maas, Erich	24.12.1940		1970	6	0
Maier, Sepp	28.2.1944		1965–1979	473	0
Makaay, Roy	9.3.1975	Niederlande	2003–	17	9
Marek, Jürgen	24.8.1951		1975–1976	7	1
Martin, Bernd	10.2.1955		1982–1985	16	0
Mathy, Reinhold	12.4.1964		1980–1987	100	21
Matthäus, Lothar	21.3.1961		1984–1988 1992–2000	302	85
Maurer, Reiner	16.2.1960		1983–1984	7	0
Mazinho, V. Aureliano	26.12.1965	Brasilien	1991–1995	49	11
McInally, Alan	10.2.1963	Schottland	1989–1992	40	10
Meisel, Hans	4.12.1961		1983–1984	3	0
Michelberger, Franz	28.2.1955		1974–1976	4	0
Michl, Günther	30.5.1950		1969–1970	17	2
Mihajlovic, Radmilo	19.11.1964	Jugoslawien	1989–1991	34	4

Misimovic, Zvejdan	5.6.1982	Jugoslawien	2002–2003	1	0
Mrosko, Karl-Heinz	11.10.1946		1969–1971	50	13
Müller, Gerd	3.11.1945		1965–1979	427	365
Müller, Manfred	28.7.1947		1979–1984	48	0
Münch, Markus	7.9.1972		1990–1994	49	0
			1996–1997		
Nachtweih, Norbert	4.6.1957		1982–1989	202	20
Nafziger, Rudolf	11.8.1945		1965–1968	89	10
Nasdalla, Günther	1.1.1945		1966–1967	1	0
Nerlinger, Christian	21.3.1973		1993–1998	156	27
Nerlinger, Helmut	27.5.1948		1969–1970	5	0
Niedermayer, Kurt	25.11.1955		1977–1982	145	32
Nielsen, Allan	13.3.1971	Dänemark	1990–1991	1	0
Nowak, Hans	9.8.1937		1965–1968	37	4
Oblak, Branko	27.5.1947		1977–1980	71	5
Önal, Erhan	3.9.1957	Türkei	1976–1978	18	1
Ohlhauser, Rainer	6.1.1941		1965–1970	160	64
Olk, Werner	18.1.1938		1965–1970	144	2
Ott, Thorsten	18.6.1973		1991–1992	1	0
Papin, Jean-Pierre	5.11.1963	Frankreich	1994–1996	27	3
Pfaff, Jean-Marie	4.2.1953	Belgien	1982–1988	156	0
Pflügler, Hans	27.3.1960		1981–1995	277	36
Pizarro, Claudio	3.10.1978	Peru	2001–	61	30
Probst, Michael	20.11.1962		1995–1996	2	0
Pumm, Peter	3.4.1943	Österreich	1968–1971	84	2
Rau, Tobias	31.12.1981		2003–	6	0
Rausch, Wolfgang	30.4.1947		1977–1979	51	3
Rautiainen, Pasi	18.7.1961	Frankreich	1980–1981	1	0
Reinhardt, Alois	18.11.1961		1991–1993	10	1

Spieler	Geburtsdatum	Nationalität	Zeit	Spiele	Tore
Reisinger, Wilhelm	30.6.1958		1976–1980	9	1
Rensing, Michael	14.05.1984		2003–	0	0
Reuter, Stefan	16.10.1966		1988–1991	95	4
Rigotti, Hans	15.5.1947		1965–1967	33	2
Rizzitelli, Ruggiero	2.9.1967	Italien	1996–1998	45	11
Röber, Jürgen	25.12.1953		1980–1981	14	0
Rohr, Gernot	28.6.1953		1972–1974	6	0
Roth, Franz	27.4.1946		1966–1978	322	72
Rummenigge, Karl-Heinz	25.9.1955		1974–1984	310	162
Rummenigge, Michael	3.2.1964		1982–1988	152	44
Rybarczyk, Günther	4.11.1951		1971–1973	6	0
Sagnol, Willy	18.3.1977	Frankreich	2000–	78	3
Salihamidzic, Hasan	1.1.1977	Bosnien-Herzegowina	1998–	122	18
di Salvo, Antonio	5.6.1979	Italien	2000–2001	6	0
Santa Crúz, Roque	16.8.1981	Paraguay	1999–	83	20
Schauß, Horst	6.11.1945		1967–1968	6	1
Schenk, Vesely	24.8.1955		1976–1977	6	0
Scheuer, Sven	19.1.1971		1989–1999	20	0
Schlösser, Jan	27.9.1982		2003–	0	0
Schmidt, Helmut	9.6.1949		1967–1970	49	2
Schneider, Edgar	17.8.1949		1970–1974	66	7
Scholl, Mehmet	16.10.1970		1992–	277	80
Schumacher, Toni	6.3.1954		1991–1992	8	0
Schupp, Markus	7.1.1966		1992–1995	91	12
Schuster, Ludwig	30.3.1951		1975–1976	7	0

Schwabl, Manfred	18.4.1966		1985–1986	87	4
			1989–1993		
Schwarzenbeck, Georg	3.4.1948		1966–1980	416	21
Schweinsteiger, Bastian	1.8.1984		2002–	14	0
Seífert, Manfred	22.4.1949		1969–1972	4	0
Seneca, Kjell	16.12.1950	Dänemark	1975–1977	6	0
Sergio, Paulo	2.6.1969	Brasilien	1999–2002	66	20
Sforza, Ciriaco	2.3.1970	Schweiz	1995–1996	63	3
			2000–2002		
Sigurvinsson, Asgeir	8.5.1955	Island	1981–1982	17	1
Sinkala, Andrew	18.6.1979	Sambia	1999–2000	1	0
Starek, August	16.2.1945	Österreich	1968–1970	38	5
Sternkopf, Michael	21.4.1970		1990–1995	94	4
Stöckl, Herbert	25.1.1946		1967–1968	3	0
Strunz, Thomas	25.4.1968		1989–1992	156	24
			1995–2000		
Sühnholz, Wolfgang	14.9.1946		1971–1972	25	4
Sutter, Alan	22.1.1968	Schweiz	1994–1995	22	1
Tarnat, Michael	27.10.1969		1997–2003	122	8
Thiam, Pablo	3.1.1974	Guinea	2001–2002	16	0
Thon, Olaf	1.5.1966		1988–1994	148	30
Torstensson, Conny	28.8.1949	Schweden	1973–1977	81	11
Trochowski, Piotr	22.3.1984		2002–	3	0
Tschiskale, Uwe	9.7.1962		1887–1988	1	0
Valencia, Adolfo	6.2.1968	Kolumbien	1993–1994	3	0
Vuckov, Anton	1.6.1938	Jugoslawien	1965–1966	1	0
Walleitner, Klaus	12.9.1947		1966–1967	2	0
Wegmann, Jürgen	31.3.1964		1987–1989	58	26
Weiner, Hans	29.11.1950		1979–1982	91	2

Spieler	Geburts-datum	Nationa-lität	Zeit	Spiele	Tore
Weiß, Günther	1.2.1955		1974–1975	2	0
Weiß, Josef	1.2.1955		1974–1978	37	0
Werner, Peter	25.4.1946		1965–1968	28	5
Wessels, Stefan	28.2.1979		1999–2003	6	0
Wiesinger, Michael	27.12.1972		1999–2001	19	1
Willmer, Holger	25.9.1958		1984–1987	58	5
Windsperger, Hubert	14.4.1945		1965–1966	1	0
Winklhofer, Helmut	27.8.1961		1981–1982 1985–1989	50	3
Witeczek, Marcel	18.10.1968	Polen	1993–1997	97	9
Wohlfahrt, Roland	11.1.1963		1984–1993	254	119
Wojciechowski, Slawomir	6.9.1973	Polen	1999–2001	3	1
Wouters, Jan	17.7.1960	Niederlande	1991–1993	66	6
Wunder, Klaus	13.9.1950		1974–1976	43	7
Zé Roberto	6.7.1974	Brasilien	2002–	31	1
Zickler, Alexander	28.2.1974		1993–	213	51
Ziege, Christian	1.2.1972		1990–1997	185	37
Zimmermann, Herbert	1.7.1954		1972–1974	2	0
Zobel, Rainer	3.11.1948		1970–1976	180	19

Stand 2003

Spieler des FC Bayern München in der A-Nationalmannschaft – von der Gründung des Vereins (1900) bis 2003

Spieler	Zeitraum	Spiele	Tore
Augenthaler, Klaus	1983–1990	27	0
Aumann, Raimond	1989–1990	4	0
Babbel, Markus	1995–2000	51	1
Ballack, Michael	2002–2003	8	5
Basler, Mario	1996–1998	11	1
Bauer, Hans	1951–1958	5	0
Beckenbauer, Franz	1965–1977	103	14
Bergmaier, Josef	1930–1933	8	1
Brehme, Andreas	1987–1988	12	1
Breitner, Paul	1971–1974	46	10
	1981–1982		
Brenninger, Dieter	1969	1	0
Deisler, Sebastian	2002–2003	0	0
Dorfner, Hans	1987–1989	7	1
Dremmler, Wolfgang	1981–1984	27	3
Eder, Norbert	1986	9	0
Effenberg, Stefan	1991–1992	14	1
	1998		
Erhardt, Herbert	1962	1	0
Fürst, Fritz	1913	1	0
Gablonsky, Max	1910–1911	4	0
Giesemann, Willi	1960–1962	4	0
Goldbrunner, Ludwig	1933–1940	39	0
Hamann, Dietmar	1997–1998	12	1
Haringer, Sigmund	1931–1934	11	0
Heidkamp, Conrad	1928–1930	8	1
Helmer, Thomas	1992–1998	58	5
Hoeneß, Dieter	1986	4	1
Hoeneß, Uli	1972–1976	35	5
Hofmann, Ludwig	1926–1931	18	4
Hofmeister, Ludwig	1912	1	0
Jancker, Carsten	1998–2002	33	10
Jeremies, Jens	1998–2003	41	1
Kahn, Oliver	1995–2003	64	0
Kapellmann, Jupp	1973–1974	3	0
Klinsmann, Jürgen	1995–1997	23	10
Kögl, Ludwig	1985	2	0

Kohler, Jürgen	1990	12	0
Krumm, Franz	1932–1933	2	1
Kutterer, Emil	1925–1928	8	0
Labbadia, Bruno	1992	1	0
Linke, Thomas	1998–2002	40	1
Mai, Karl	1958–1959	3	0
Maier, Sepp	1966–1979	95	0
Matthäus, Lothar	1984–1988 1992–1994 1998–2000	90	11
Müller, Gerd	1966–1974	62	68
Nafziger, Rudolf	1965	1	0
Nagelschmitz, Ernst	1926	1	0
Niedermayer, Kurt	1980	1	0
Ohlhauser, Rainer	1968	1	0
Olk, Werner	1961	1	0
Pflügler, Hans	1987–1990	11	0
Pöttinger, Josef	1926–1930	14	8
Reuter, Stefan	1988–1991	18	1
Rohr, Oskar	1932–1933	4	0
Roth, Franz	1967–1970	4	0
Rummenigge, Karl-Heinz	1976–1984	78	40
Rummenigge, Michael	1983–1986	2	0
Schneider, Georg	1920–1921	3	0
Scholl, Mehmet	1995–2002	36	8
Schwarzenbeck, Georg	1971–1978	44	0
Siedl, Gerhard	1959	4	1
Simetsreiter, Wilhelm	1935–1937	8	8
Streitle, Jakob	1938–1952	15	0
Strunz, Thomas	1990–1999	21	0
Tarnat, Michael	1997–1998	15	1
Thon, Olaf	1988–1993	12	0
Welker, Hans	1931	1	0
Wohlfarth, Roland	1986–1989	2	0
Zickler, Alexander	1998–2002	12	2
Ziege, Christian	1993–1997	31	3

Stand 12.10.2003

Hitliste der WM-Einsätze

Rang	Spieler	Land	Spiele
1.	**Lothar Matthäus**	**Deutschland**	**25**
2.	Paolo Maldini	Italien	23
3.	Diego Maradona	Argentinien	21
	Uwe Seeler	Deutschland	21
	Wladislav Zmuda	Polen	21
6.	Grzegorz Lato	Polen	20
7	Wolfgang Overath	Deutschland	19
	Karl-Heinz Rummenigge	**Deutschland**	**19**
	Berti Vogts	Deutschland	19
11.	**Franz Beckenbauer**	**Deutschland**	**18**
	Carlos Dunga	Brasilien	18
	Mario Kempes	Argentinien	18
	Pierre Littbarski	Deutschland	18
	Sepp Maier	**Deutschland**	**18**
	Gaetano Scirea	Italien	18
	Claudio Taffarel	Brasilien	18

Die Spieler, die die meisten Elfmeter verwandelten

Anzahl	Spieler	Bundes-liga	DFB-Pokal	Europa-Pokal
68	Gerd Müller	51	13	4
36	Paul Breitner	27	3	6
34	Lothar Matthäus	27	2	5
16	Stefan Effenberg	12	1	3
14	Mehmet Scholl	11	1	2

Stand bis Saison 2001/02

Auswahl an Auszeichnungen von Spielern des FC Bayern

Deutsche Mannschaft des Jahres
2001

Deutscher Fußballer des Jahres

1966	Franz Beckenbauer
1967	Gerd Müller
1968	Franz Beckenbauer
1969	Gerd Müller
1974	Franz Beckenbauer
1975	Sepp Maier
1976	Franz Beckenbauer
1977	Sepp Maier
1978	Sepp Maier
1980	Karl-Heinz Rummenigge
1981	Paul Breitner
1990	Lothar Matthäus
1999	Lothar Matthäus
2000	Oliver Kahn
2001	Oliver Kahn
2003	Michael Ballack

Europas Fußballer des Jahres

1970	Gerd Müller
1972	Franz Beckenbauer
1976	Franz Beckenbauer
1980	Karl-Heinz Rummenigge
1981	Karl-Heinz Rummenigge
1990	Lothar Matthäus

Bester Spieler und Bester Torhüter der Weltmeisterschaft

2002	Oliver Kahn

Weltfußballer des Jahrhunderts 1900–2000

Platz 3	Franz Beckenbauer
Platz 13	Gerd Müller
Platz 15	Lothar Matthäus

Welttorhüter des Jahrhunderts 1900-2000

Platz 4:	Sepp Maier

Europas Fußballer des Jahrhunderts 1900-2000

Platz 2	Franz Beckenbauer

Weltbester Vereinstrainer

1997	Ottmar Hitzfeld
2001	Ottmar Hitzfeld

Weltbester Torjäger

1995	Jürgen Klinsmann

Wertvollster Spieler der Champions League

2001	Stefan Effenberg

Bundesliga-Torschützenkönig

Der FC Bayern stellt mit Abstand die meisten Torschützenkönige der Bundesliga: 13, vor dem 1. FC Köln mit 5 und Borussia Mönchengladbach mit 4. Rekordtorschütze der Bundesliga ist mit großem Abstand immer noch Gerd Müller mit 365 Bundesliga-Toren. Er hält auch den Rekord der meisten Tore in einer Saison: 40 Tore 1972.

1967	Gerd Müller	28 Tore
1969	Gerd Müller	30 Tore
1970	Gerd Müller	38 Tore
1972	Gerd Müller	40 Tore
1973	Gerd Müller	36 Tore
1974	Gerd Müller	30 Tore
1978	Gerd Müller	24 Tore
1980	Karl-Heinz Rummenigge	26 Tore
1981	Karl-Heinz Rummenigge	29 Tore
1984	Karl-Heinz Rummenigge	26 Tore
1989	Roland Wohlfahrt	17 Tore
1991	Roland Wohlfahrt	21 Tore
2003	Giovane Elber	21 Tore

Die höchsten internen Geldstrafen für Bayern-Spieler

Summe in Euro	Spieler	Anlass
75 000	Effenberg	Ohrfeige in Disko (25 000) und Alkoholfahrt mit 1,07 Promille (50 000)
80 000	Pizarro	Urlaubsverlängerung (50 000), Kritik an Hitzfeld (10 000) und Meckern und Kritik an Hitzfeld (20 000)
52 500	Elber	Urlaubsverlängerung (50 000) und Trainingschwänzen (2500)
25 000	Basler	Schlägerei in einer Pizzeria (15 000) und Diskonacht (10 000)
20 000	Kahn	Diskonacht bis 5.30 Uhr trotz Verletzung
15 000	Schweinsteiger	Diskonacht bis 3.30 Uhr vor Spiel
10 000	Ballack, Thiam	Kritik an Hitzfeld
10 000	Lizarazu, Kuffour	Prügelei während des Trainings
5000	Thomas Linke	Platzverweis wegen Ellbogencheck
5000	Matthäus	Werbefotos auf Skiern trotz Verletzung

Kapitäne des FC Bayern seit dem Aufstieg in die Bundesliga 1965

1965–1970	Werner Olk
1970–1977	Franz Beckenbauer
1977–1979	Sepp Meier
1979	Gerd Müller
1979–1980	Hans Georg Schwarzenbeck
1980–1983	Paul Breitner
1983–1984	Karl-Heinz Rummenigge
1984–1991	Klaus Augenthaler
1991–1994	Raimund Aumann
1994–1997	Lothar Matthäus
1997–1998	Thomas Helmer
1998–1999	Oliver Kahn
1999–2002	Stefan Effenberg
2002–	Oliver Kahn

Präsidenten des FC Bayern München seit Gründung des Vereins

1900–1903	Franz John
1903–1906	Willem Hesselink
1906–1907	Kurt Müller
1907–1913	Angelo Knorr
1913–1914	Kurt Landauer
1914–1915	Fred Dunn
1915	Hans Tusch
	Fritz Meier
	Hans Bermühler
1916–1919	Fritz Meier
1919–1921	Kurt Landauer
1921–1922	Fred Dunn
1922–1933	Kurt Landauer
1933–1934	Siegfried Hermann

1934–1935	Karl-Heinz Oettinger
1935–1937	Richard Amesmeier
1937–1938	Franz Nußhardt
1938–1943	Kellner
1943–1945	Sauter
	Franz Xaver Heilmannseder
	Josef Bayer
1945–1947	Siegfried Hermann
1947–1951	Kurt Landauer
1951–1953	Julius Scheuring
1953–1955	Adolf Fischer, Karli Wild, Hugo Theisinger
1955–1958	Alfred Reitlinger
1958–1962	Roland Endler
1962–1979	Wilhelm Neudecker
1979–1985	Willi O. Hoffmann
1985–1994	Fritz Scherer
1994–	Franz Beckenbauer

Trainer des FC Bayern seit dem Aufstieg in die Bundesliga 1965 und ihre Erfolgsstatistik

01.07.1965–30.06.1968	Zlatko Cajkovski
01.07.1968–13.03.1970	Branko Zebec
14.03.1970–02.01.1975	Udo Lattek
16.01.1975–30.11.1977	Detmar Cramer
02.12.1977–28.02.1979	Gyula Lorant
01.03.1979–16.05.1983	Pal Csernai
17.05.1983–30.06.1983	Reinhard Saftig
01.07.1983–30.06.1987	Udo Lattek
01.07.1987–08.10.1991	Jupp Heynckes
09.10.1991–10.03.1992	Søren Lerby
11.03.1992–27.12.1993	Erich Ribbeck
28.12.1993–30.06.1994	Franz Beckenbauer
01.07.1994–30.06.1995	Giovanni Trapattoni
01.07.1995–27.04.1996	Otto Rehhagel

29.04.1996–30.06.1996 Franz Beckenbauer
01.07.1996–30.06.1998 Giovanni Trapattoni
01.07.1998– Ottmar Hitzfeld

Erfolgsstatistik (ohne Saison 2003/04)

Trainer	Spiele	gewonnen	verloren	unentschieden	Tore
Lattek, Udo	299	184	47	68	736:343
Hitzfeld, Ottmar	159	100	29	30	322:137
Heynckes, Jupp	148	82	26	40	303:157
Csernai, Pal	147	87	29	31	346:174
Trappattoni, Giovanni	102	54	15	33	192:112
Cajkovski, Zlatko	102	52	32	18	201:143
Cramer, Detmar	101	40	34	27	205:180
Ribbeck, Erich	65	31	14	20	137:89
Zebec, Branco	58	32	12	14	117:58
Lorant, Guyla	38	16	12	10	71:54
Rehhagel, Otto	30	18	8	4	58:37
Beckenbauer, Franz	18	10	5	3	34:23
Lerby, Søren	15	4	6	5	23:23
Saftig, Reinhard	3	1	1	1	7:7

Anhang A3

DAS GESCHÄFT FUSSBALL

Kapitalgesellschaften in der Bundesliga

Verein	**Muttergesellschaften**	**Besitzverhältnisse in %**
Borussia Dortmund GmbH & Co. KG a.A.	Borussia Dortmund e.V. Dr. Elsässer Beteiligungsgesellschaft Streubesitz	25,1 14,4 60,5
FC Bayern München AG	**FC Bayern München e.V.** **Adidas-Salomon**	**90** **10**
Eintracht Frankfurt Fußball AG	Eintracht Frankfurt e.V. Octagon Vermarktungsgesellschaft	65 35
VfL Wolfsburg Fußball GmbH	Volkswagen AG VfL Wolfsburg e.V.	65 35
1. FC Köln GmbH & Co. KG a.A.	1. FC Köln e.V.	100
Arminia Bielefeld KG a.A.	Arminia Bielefeld e.V.	100
Bayer Leverkusen Fußball GmbH	Bayer AG	100
Borussia Mönchengladbach AG	Borussia Mönchengladbach e.V.	100
Hannover 96 GmbH & Co. KG a.A.	Hannover 96 e.V.	100
Hertha BSC KG a.A.	Hertha BSC Berlin e.V.	100
Schalke AG FC	Schalke e.V.	100

Stand 2003 Quelle: HVB

Die Bilanz der FC Bayern München AG für das Geschäftsjahr 2002/03

AKTIVA	in Mio. Euro
A. Anlagevermögen	
I. Immaterielle Vermögensgegenstände	36,1
(inkl. Spielerlaubnis Lizenzspieler)	
II. Sach- und Finanzanlagen	88,8
B. Umlaufvermögen	
Forderungen, Anzahlungen, Vorräte,	65,5
Bank- und Kassenguthaben	
Steuern und sonstige Rückstellungen	
C. Rechnungsabgrenzungsposten	11,0
Verbindlichkeiten aus Lieferungen und	
Leistungen und sonstige Verbindlichkeiten	
Summe	201,4

PASSIVA	in Mio. Euro
A. Eigenkapital	
I. Gezeichnetes Kapital	25,0
II. Kapital- und Gewinnrücklage	128,9
B. Rückstellungen	7,7
C. Kurzfristige Verbindlichkeiten bis zu 1 Jahr	18,9
D. Rechnungsabgrenzungsposten	20,9
Summe	201,4

Umsatz des FC Bayern München von 1992/93 bis 2002/03

Geschäftsjahr	Umsatz in Mio. Euro	Gewinn in Mio. Euro (nach Steuern)
1992/93	33,34	2,45
1993/94	37,99	0,10
1994/95	63,35	4,91
1995/96	75,31	3,12
1996/97	84,47	7,67
1997/98	100,47	8,08
1998/99	127,67	12,27
1999/2000	144,70	8,69
2000/01	173,17	16,50
2001/02	176,00	9,80
2002/03	162,70	0,40

Die teuersten Spielertransfers – und wo die Bayern mitmischen

Transfersumme in Mio. Euro	Spieler	von – zu	Saison
73,5	Zinédine Zidane	Juventus Turin – Real Madrid	2001/02*
58	Luis Figo	FC Barcelona – Real Madrid	2000/01*
55	Hernan Crespo	AC Parma – Lazio Rom	2000/01
53	Gianluigi Buffon	AC Parma – Juventus Turin	2001/02
47	Gaizka Mendieta	Valencia – Lazio Rom	2001/02
46	Rio Ferdinand	Leeds United – Manchester United	2002/03
45,5	Christian Vieri	Lazio Rom – Inter Mailand	1999/2000*
45	Ronaldo	Inter Mailand – Real Madrid	2002/03
44	Juan Veron	Lazio Rom – Manchester United	2001/02
42,5	Manuel Rui Costa	AC Florenz – AC Milan	2001/02
40	Filippo Inzaghi	Juventus Turin – AC Milan	2001/02
40	Pavel Nedved	Lazio Rom – Juventus Turin	2001/02
37	Marc Overmars	Arsenal London – Barcelona	2000/01
36,5	Lilian Thuram	AC Parma – Juventus Turin	2001/02
35	David Beckham	Manchester United – Real Madrid	2003/04
33,5	Nicolas Anelka	Arsenal London – Real Madrid	1999/2000
32,5	Gabriel Batistuta	AC Florenz – AS Rom	2000/01
31,5	Nicolas Anelka	Real Madrid – Paris St. Germain	2000/01
31,5	Denilson de Oliveira	FC Sao Paulo – Real Betis Sevilla	1998*/99

Transfersumme in Mio. Euro	Spieler	Von – zu	Saison
30,5	Alessandro Nesta	Lazio Rom – AC Milan	2002/03
30	Hidetoshi Nakata	AS Rom – AC Parma	2001/02
30	Ronaldinho	Paris – Barcelona	2003/04
29	Ruud van Nistelrooy	PSV Eindhoven – Manchester United	2001/02
29	Jaap Stam	Manchester United – Lazio Rom	2001/02
29	Rio Ferdinand	West Ham United – Leeds United	2001/02
28,5	Mario Jardel	FC Porto – Galatasaray Istanbul	2000/01
28	Amoroso	Udinese Calcio – AC Parma	1999/2000
27,5	Ronaldo	FC Barcelona – Inter Mailand	1997*/98
26,5	Juan Veron	AC Parma – Lazio Rom	1999/2000
26,5	Francesco Toldo	AC Florenz – Inter Mailand	2001/02
26	Hernan Crespo	Lazio Rom – Inter Mailand	2002/03
26	Hernan Crespo	Inter Mailand – FC Chelsea	2003/04
26	Marco di Vaio	AC Parma – Juventus Turin	2002/03
25	Stefano Fiore	Udinese Calcio – Lazio Rom	2001/02
25	Amoroso	AC Parma – Dortmund	2001/02
25	Marcelo Salas	Lazio Rom – Juventus Turin	2001/02
25	Javier Saviola	River Plate Buenos Aires – FC Barcelona	2001/02
25	Vincenzo Montella	Sampdoria Genua – AS Rom	1999/2000
24,5	Damien Duff	Blackburn Rovers – FC Chelsea	2003/04
24	Claude Makelele	Real Madrid – FC Chelsea	2003/04
23,5	Vitor Rivaldo	Deportivo de La Coruña – FC Barcelona	1997/98

23	Claudio Lopez	Valencia CF – Lazio Rom	2000/01
23	Anrdij Shevchenko	Dynamo Kiew – AC Milan	1999/2000
23	Adrian Mutu	AC Parma – FC Chelsea	2003/04
22,5	Sergio Conceição	AC Parma – Inter Mailand	2001/02
22,5	Clarence Seedorf	Real Madrid – Inter Mailand	1999/2000
22,5	Jimmy Hasselbaink	Atletico Madrid – FC Chelsea	2000/01
22,5	Sebastien Frey	Inter Mailand – AC Parma	2001/02
22	Savo Milosevic	Saragossa – AC Parma	2000/01
21,5	Juan Veron	Manchester United – FC Chelsea	2003/04
20	Alan Shearer	Blackburn Rovers – Newcastle United	1996*/97
20	Darko Kovacevic	Real Sociedad San Sebastian – Juventus Turin	1999/2000
20	Senoni	AC Milan – Juventus Turin	2001/02
20	Elvir Baljic	Fenerbahce Istanbul – Real Madrid	1999/2000
20	Kakhaber Kaladze	Dynamo Kiew – AC Milan	2000/01
19	**Roy Maakay**	**Deportivo de La Coruña – FC Bayern München**	**2003/04**
19	Dwight Yorke	Aston Villa – Manchester United	1998/99
19	Nuno Gomes	Benfica Lissabon – AC Florenz	2000/01
18	Christiano Chivu	Ajax Amsterdam – AS Rom	2003/04
18	Ronaldo	Sporting Lissabon – Manchester United	2003/04
17,5	Salas	River Plate – Lazio Rom	1998/99
17,5	Ferreira Emerson	Bayer 04 Leverkusen – AS Rom	2000/01
17,5	Walter Samuel	Boca Juniors Buenos Aires – AS Rom	2000/01

Transfersumme in Mio. Euro	Spieler	Von – zu	Saison
17,5	Juan Veron	Sampdoria Genua – AC Parma	1998/99
17,5	Andrea Pirlo	Inter Mailand – AC Milan	2001/02
17,5	Fernando Redondo	Real Madrid – AC Milan	2000/01
17,5	Robbie Fowler	FC Liverpool – Leeds United	2001/02
17	Sonny Anderson	FC Barcelona – Olympique Lyon	1999/2000

Die teuersten Spielerkäufe des FC Bayern München

Name	Transfersumme in Mio. Euro
Roy Makaay	19,0
Zé Roberto	9,5
Sebastian Deisler	9,2
Robert Kovac	8,3
Claudio Pizarro	8,0
Willy Sagnol	7,7
Paulo Sergio	7,0
Ciriaco Sforza	6,4
Michael Ballack	6,0
Giovane Elber	5,7
Niko Kovac	5,5
Roque Santa Crúz	5,0
Stefan Effenberg	4,5

Marktwert der Top-Spieler in der Bundesliga

Verein	Position	Name	Alter
FC Bayern München	**M**	**Michael Ballack**	**26**
Borussia Dortmund	M	Tomas Rosicky	22
Hertha BSC	M	Marcelo dos Santos Paraiba »Marcelinho«	28
FC Bayern München	**S**	**Rudolphus Anton »Roy« Makaay**	**28**
Bayer 04 Leverkusen	A	Lucimar Ferreira da Silva »Lucio«	25
FC Bayern München	**M**	**José Roberto da Silva Junior »Zé Roberto«**	**29**
FC Bayern München	**S**	**Claudio Pizarro**	**24**
Borussia Dortmund	S	Jan Koller	30
Borussia Dortmund	S	Marcio Amoroso dos Santos	29
Borussia Dortmund	M	Flavio Conceiçao	29
FC Bayern München	**T**	**Oliver Kahn**	**34**
VfL Wolfsburg	S	Martin Petrov	24
Borussia Dortmund	S	Henrique Ewerthon de Souza	22
VfL Wolfsburg	M	Andrés-Nicolás D'Alessandro	22
FC Bayern München	**M**	**Hasan Salihamidzic**	**26**
FC Bayern München	**S**	**Roque Santa Crúz**	**22**
Hamburger SV	A	Tomas Ujfalusi	25
FC Bayern München	**M**	**Sebastian Deisler**	**23**
Werder Bremen	S	Gonçalves da Silva »Ailton«	30

A = Abwehr M = Mittelfeld S = Stürmer T = Torwart

Nationalität	Transferwert in Euro	Berater
Deutschl.	**30 000 000**	**Michael Becker**
Tschechien	25 000 000	International Sport Mangement, s.r.o.
Brasilien	20 000 000	
Niederlande	**20 000 000**	**Jansen Sports Promotion**
Brasilien	18 000 000	Sandro Becker
Brasilien	**15 000 000**	**Juan Figer**
Peru	**15 000 000**	**Carlos Delgado**
Tschechien	15 000 000	International Sport Mangement, s.r.o.
Brasilien	15 000 000	Giovanni Brancchini
Brasilien	15 000 000	Miguel Litos
Deutschl.	**14 000 000**	**Playce AG**
Bulgarien	12 000 000	Latchezar Tanev
Brasilien	11 000 000	Juan Figer
Argentin.	11 000 000	Marcelo Simonian
Bosnien	**10 000 000**	**Jürgen Milewski**
Paraguay	**10 000 000**	**ProActive Management/PLC**
Tschechien	10 000 000	International Sport Mangement, s.r.o.
Deutschl.	**10 000 000**	**Ohne Berater**
Brasilien	10 000 000	Giovanni Brancchini

Marktwert der Top-Spieler deutscher Nationalität

Verein	Position	Name
FC Bayern München	M	**Michael Ballack**
FC Bayern München	T	**Oliver Kahn**
FC Bayern München	M	**Sebastian Deisler**
Borussia Dortmund	M	Torsten Frings
Bayer 04 Leverkusen	M	Bernd Schneider
Borussia Dortmund	A	Christoph Metzelder
FC Bayern München	M	**Jens Jeremies**
FC Schalke 04	T	Frank Rost
FC Bayern München	M	**Mehmet Scholl**
VfL Bochum	S	Paul Freier
Hertha BSC	A	Arne Friedrich
Werder Bremen	M	Fabian Ernst
VfB Stuttgart	S	Kevin Kuranyi
TSV 1860 München	S	Benjamin Lauth
1.FC Kaiserslautern	S	Miroslav Klose
Borussia Dortmund	A	Christian Wörns
Bayer 04 Leverkusen	A	Jens Nowotny
FC Schalke 04	M	Jörg Böhme
Borussia Dortmund	M	Sebastian Kehl
VfL Wolfsburg	T	Simon Jentzsch

A = Abwehr
M = Mittelfeld
S = Stürmer
T = Torwart

Transferwert in Euro
30 000 000
14 000 000
10 000 000
10 000 000
9 000 000
8 500 000
7 000 000
7 000 000
6 500 000
6 500 000
6 500 000
6 000 000
6 000 000
6 000 000
5 500 000
5 500 000
5 000 000
5 000 000
5 000 000
5 000 000

Wo die Bundesliga ihre Geschäfte macht

Zahlen für das Jahr 2002

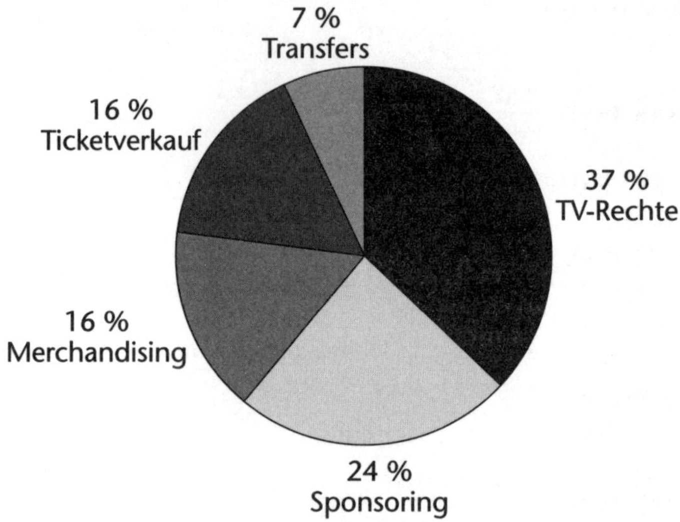

Quellen: DFL, HVB

Die Sponsoren der Clubtrikots

Verein	Unternehmen	Wert in Mio. Euro pro Jahr
Bayern München	**Deutsche Telekom**	**20**
Borussia Dortmund	E.on	12
Bayer Leverkusen	RWE	8
Schalke 04	Victoria	6,2
Hertha BSC Berlin	Arcor	6
VfL Wolfsburg	VW	5,5
Kaiserslautern	Dt. Vermögensberatung	4,5
Hamburger SV	Adig Investment	4,5
VfB Stuttgart	Debitel	3,5
Borussia M'gladbach	Jever	3,5
Werder Bremen	Reno	3
1860 München	Liqui Moly	3
Eintracht Frankfurt	Fraport	3
1. FC Köln	Intersnack	3
Hansa Rostock	Vita Cola	2,8
Hannover 96	TUI	2,5
VfL Bochum	DWS	2,5
SC Freiburg	Natur-Energie	2
		Gesamt: 95,5

Quellen: Vereinsangaben, Kicker

TV-Rechte

Preisentwicklung der TV-Rechte für die Bundesliga in Mio. Euro

Jahr	Sender	
1965/66	ARD	0,3
1987/88	RTL	20,4
1992/93	Sat.1	74,1
1997/98	Sat.1	130
1999/2000	Sat.1	166
2000/01	Sat.1	353
2001/02	Sat.1	358
2002/03	ARD/DSF	460*/280
2004/05	ARD/DSF	280

**ursprünglich verhandelt*

TV-Rechte der nationalen Ligen im Vergleich in Mio. Euro

2001/02

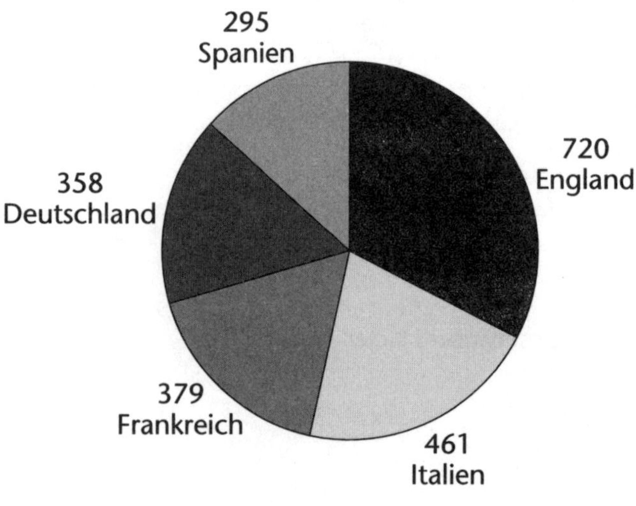

2002/03

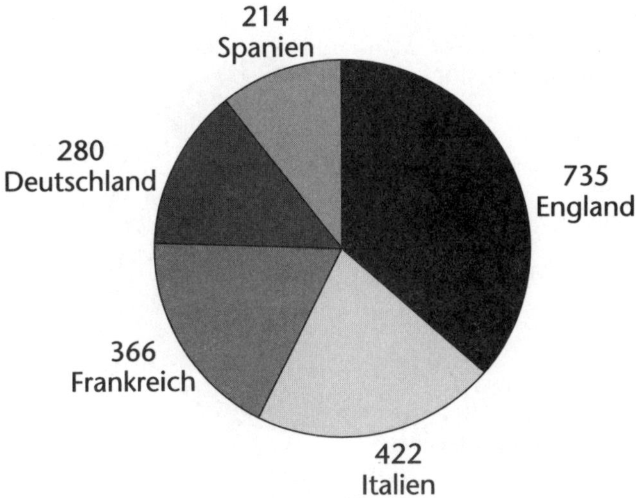

Aufteilung der TV-Rechte an der Bundesliga 2004, in Mio. Euro

gesamt 280

Erstvermarktungsrechte

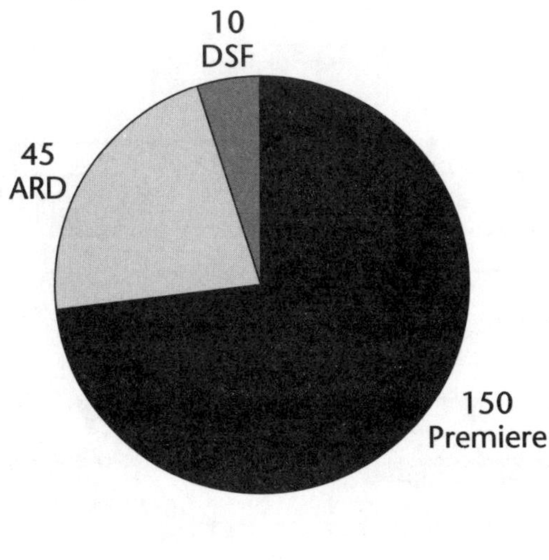

Zweitvermarktungsrechte

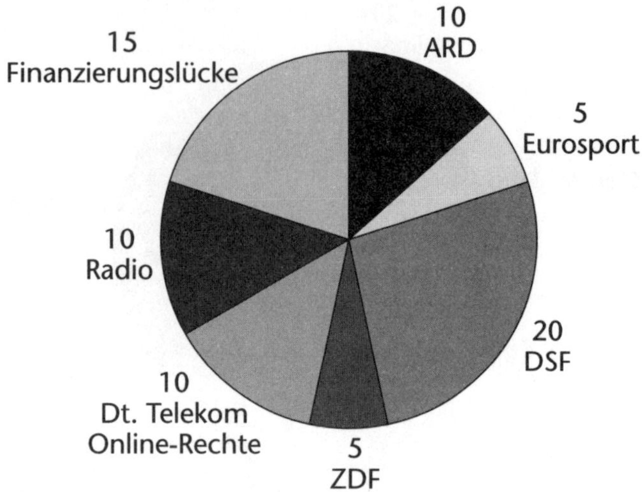

Quellen: DFL, HVB

Verteilung der Fernsehgelder im Jahr 2004 auf die Vereine

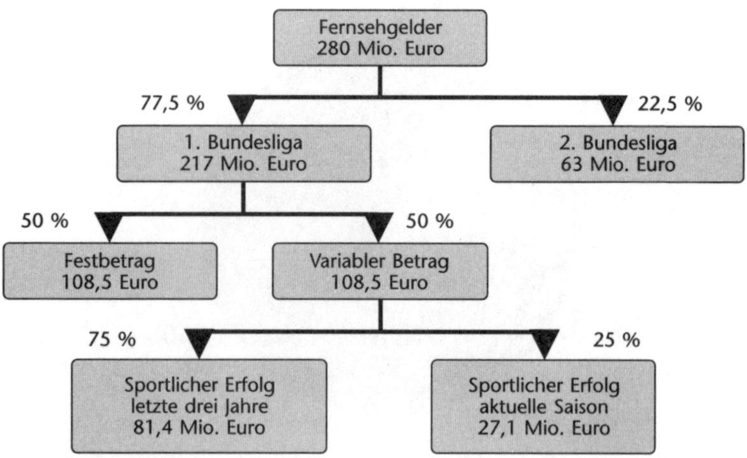

Quellen: DFL, HVB

Auslastung der Stadien in der Saison 2002/03

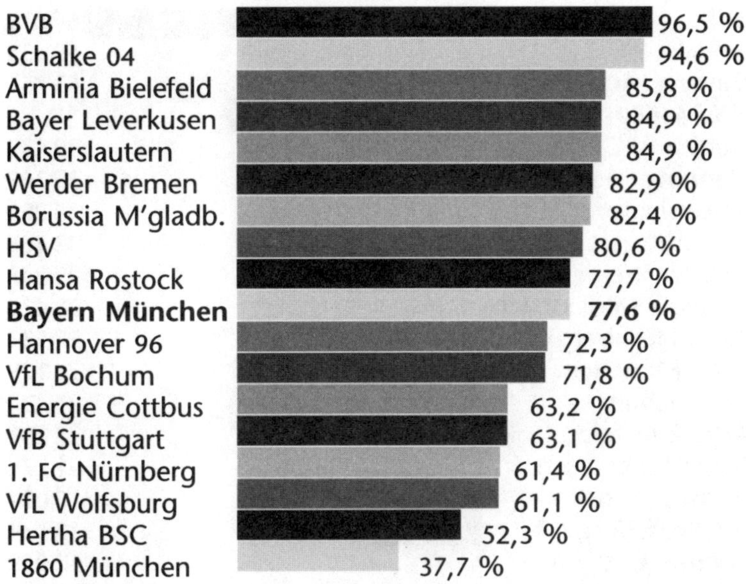

Durchschnitt 67,1 %

Quellen: Vereinsangaben, HVB

Stadionbesucher bei Bundesliga-Spielen in der Saison 2002/03

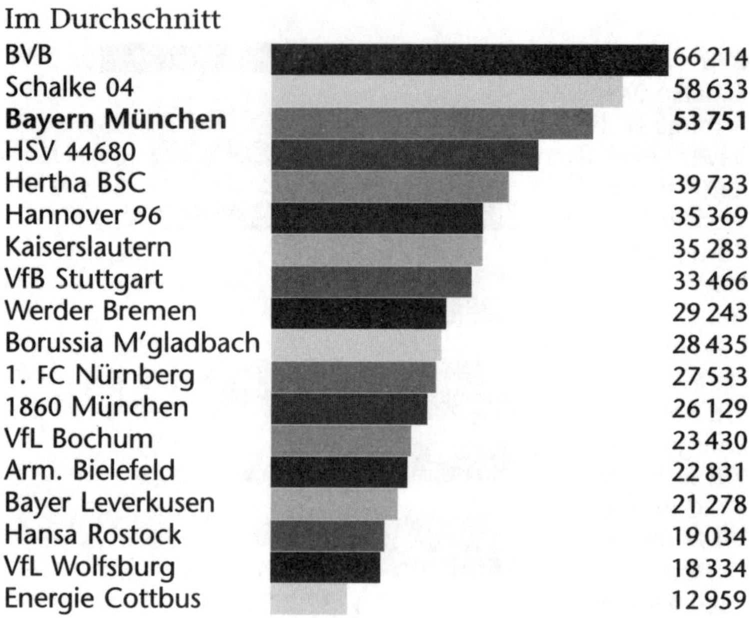

Durchschnitt aller Stadien: 33 130

Quellen: Vereinsangaben, HVB

Dauerkartenverkauf der Bundesliga für die Saison 2003/04

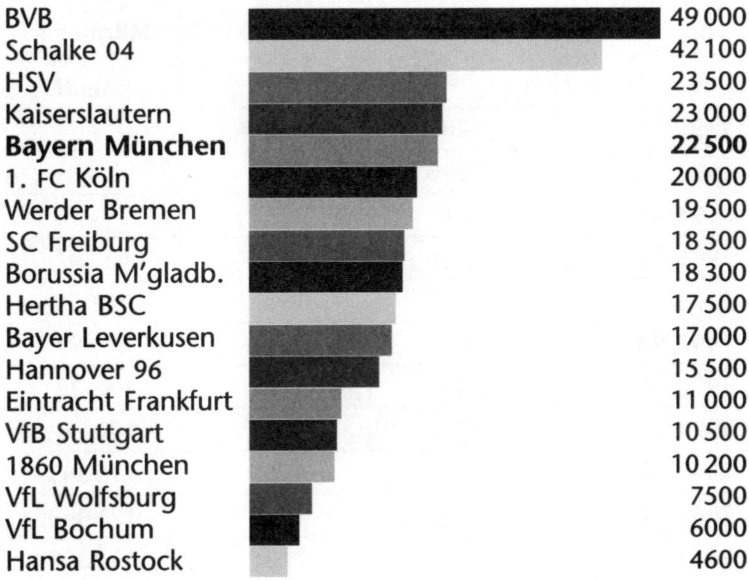

Gesamt: 336 200
Durchschnitt: 18 678

Quellen: Vereinsangaben, HVB

Mitglieder und Fans des FC Bayern München

Entwicklung 1992/93–2002/03

Geschäfts-jahr	Mit-glieder	Fan-clubs	Fanclub-Mitglieder (offiziell gemeldet)
1992/93	24 285	720	–
1993/94	33 000	850	–
1994/95	44 311	1100	–
1995/96	59 339	1348	63 747
1996/97	71 757	1532	78 958
1997/98	77 075	1617	88 893
1998/99	81 957	1761	98 728
1999/2000	84 717	1845	107 112
2000/01	91 288	1909	115 343
2001/02	95 195	1980	121 348
2002/03	96 440	2055	132 308

Die G14

Gründung im Oktober 1998, derzeit 18 Mitglieder

Verein	**Land**
FC Liverpool	Großbritannien
Manchester United	Großbritannien
Arsenal FC	Großbritannien
AC Mailand	Italien
Inter Mailand	Italien
Juventus Turin	Italien
FC Bayern München	**Deutschland**
Borussia Dortmund	Deutschland
Bayer 04 Leverkusen	Deutschland
FC Barcelona	Spanien
Real Madrid	Spanien
Valencia	Spanien
FC Porto	Portugal
PSV Eindhoven	Niederlande
Ajax Amsterdam	Niederlande
Olympique Marseille	Frankreich
Paris St. Germain	Frankreich
Olympique Lyon	Frankreich

Stand 2003

Anhang A4

ZEITTAFEL

27. 2. 1900	Gründung des FC Bayern München im Gasthof Gisela durch elf ehemalige Mitglieder des MTV 1879
1923	Südbayerischer Meister
1926	1. Mal Süddeutscher Meister
1928	Süddeutscher Meister
1932	1. Mal Deutscher Meister
1944	Gaumeister Südbayern
1945	Gaumeister Südbayern
1955	Der FCB steigt zum 1. und bisher einzigen Mal ab
1957	1. DFB-Pokal
1963	Statt des FCB wird der TSV 1860 München in die neu gegründete Bundesliga aufgenommen Neuer Trainer »Tschik« Cajkovski
1965	Meister der Regionalliga Süd und Aufstieg in die Bundesliga
1966	Auf Anhieb Dritter in der Bundesliga 2. DFB-Pokal
1967	Zum 1. Mal dabei, gewinnt der FCB auf Anhieb den Europapokal der Pokalsieger 3. DFB-Pokal
1968	Neuer Trainer Branko Zebec
1969	2. Mal Deutscher Meister 4. DFB-Pokal

1970	Deutscher Vizemeister Neuer Trainer Udo Lattek
1971	Eröffnung des neuen Trainings- und Verwaltungszentrums in der Säbener Straße 5. DFB-Pokal, aber am letzten Spieltag wird die Meisterschaft verspielt
1972	Eröffnung des Olympiastadions Das erste Heimspiel des FCB darin ist ausverkauft und beschert dem Verein die erste Millioneneinnahme 3. Mal Deutscher Meister mit einem Rekord von 101 Toren
1973	4. Mal Deutscher Meister
1974	5. Mal (zum 3. Mal in Folge) Deutscher Meister 1. Europapokal der Landesmeister (die spätere Champions League)
1975	Neuer Trainer Dettmar Cramer 2. Mal Europapokal der Landesmeister (die spätere Champions League)
1976	3. Mal Europapokal der Landesmeister (die spätere Champions League) Weltpokal bzw. Worldcup
1977	Neuer Trainer Gyula Lorant
1979	Neuer Trainer Pal Csernai Neuer Manager Uli Hoeneß
1980	6. Mal Deutscher Meister
1981	7. Mal Deutscher Meister
1982	6. DFB-Pokal Der FCB scheitert im Finale um den Europapokal der Landesmeister
1983	Neuer Trainer zunächst Rainhard Saftig, nach zwei Monaten abgelöst von Udo Lattek Supercup-Sieger
1984	7. DFB-Pokal

1985	8. Mal Deutscher Meister, aber Niederlage im DFB-Pokalfinale gegen Außenseiter Bayer Uerdingen
1986	9. Mal Deutscher Meister 8. DFB-Pokal
1987	10. Mal Deutscher Meister und damit Rekordmeister vor dem 1.FC Nürnberg Supercupsieger Zweiter im Europapokal der Landesmeister Neuer Trainer »Jupp« Heynckes
1988	Deutscher Vizemeister
1989	11. Mal Deutscher Meister
1990	12. Mal Deutscher Meister Supercupsieger
1991	2. Mal Deutscher Vizemeister Neuer Trainer Søren Lerby
1992	Neuer Trainer Erich Ribbeck 3. Mal Deutscher Vizemeister
1993	4. Mal Deutscher Vizemeister
1994	Vorübergehender Trainer Franz Beckenbauer 13. Mal Deutscher Meister Neuer Trainer Giovanni Trapattoni
1995	Neuer Trainer Otto Rehhagel
1996	Wieder vorübergehender Trainer Franz Beckenbauer Neuer Trainer Giovanni Trapattoni UEFA-Pokal 5. Mal Deutscher Vizemeister
1997	14. Mal Deutscher Meister 1. Ligapokal
1998	2. Ligapokal 9. DFB-Pokal 6. Mal Deutscher Vizemeister Neuer Trainer Ottmar Hitzfeld

1999	15. Mal Deutscher Meister
	3. Ligapokal
	Zweiter in der Champions League
2000	16. Mal Deutscher Meister
	10. DFB-Pokal
	4. Ligapokal
2001	17. Mal Deutscher Meister
	Champions-League-Sieg und Worldcup
2002	Juristische Gründung der FC Bayern AG
2003	Formale Zustimmung der außerordentlichen Mitglieder zur Gründung der Aktiengesellschaft
	18. Mal Deutscher Meister
	11. DFB-Pokal

Literaturhinweise

Bausenwein, Christoph: Das Bayern-Lexikon, Göttingen 1999

Beckenbauer, Franz: Einer wie ich, München 1977

Beckenbauer, Franz: Meine Gegner, meine Freunde. Stationen einer Karriere, Hamburg 1987

Bender, Tom/Pfad, Michael: Schau´n mer mal, München 1995

Bizer, Peter: Uli Hoeneß, München 1975

Blickensdörfer, Hans: Der Kaiser. Die Franz-Beckenbauer-Story, München 1991

Blickensdörfer, Hans: Jürgen Klinsmann, Stuttgart 1995

Brandmaier, Sonja/Schimay, Peter: Die Kommerzialisierung des Sports, Hamburg 1998

Breitner, Paul: Ich will kein Vorbild sein, München 1980

Deloitte & Touche (Hrsg.): Annual Review of Football Finance, London 2003

Deutscher Fußball Bund (Hrsg.): 100 Jahre DFB, Berlin 2000

Effenberg, Stefan: Ich hab´s allen gezeigt, Berlin 2003

Fajga, Uwe: Lächeln mit den Bayern, Pfaffenweiler 2001

FC Bayern München (Hrsg.): 100 Jahre FC Bayern München, München 2000

Geiling, Torsten/Müller, Niclas: Zieht den Bayern die Lederhosen aus! Das FC Bayern Hass-Buch, Frankfurt 2002

Grüber, Walter: 100 Jahre FC Bayern München. Die ultimative Statistik, Berlin 2002

Herzog, Markwart (Hrsg.): Fußball als Kulturphänomen, Stuttgart 2002

Hinko, Raimund: Karl-Heinz Rummenigge. Seine Traumkarriere beim FC Bayern und in der Nationalmannschaft, München o. Jahr

Hochstrasser, Josef: Ottmar Hitzfeld. Die Biographie, Berlin 2003

HypoVereinsbank (Hrsg.): Fußball. Aktionäre in der Abseitsfalle?, München 2003

Irnberger, Harald: Franz Beckenbauer, Wien 2002
Kistner, Thomas/Schulze, Ludger: Die Spielmacher. Strippenzieher und Profiteure im deutschen Fußball, Stuttgart 2001
Klein, Edwin: Rote Karte für den DFB. Die Machenschaften im deutschen Profifußball, München 1994
Laaser, Erich/Kleinert, Hubert: Die goldenen siebziger Fußballjahre, Bad Homburg 1981
Maier, Sepp: Ich bin doch kein Tor, Hamburg 1980
Maier, Sepp: Und wer küsst mich?, Bergisch Gladbach 1985
Matthäus, Lothar: Mein Tagebuch, Berlin 1997
Menzel, Roderich: Karl-Heinz Rummenigge, Stuttgart 1985
Rudolph, Hagen: Management der ersten Liga. Mit den Strategien des FC Bayern München zum Erfolg, Planegg 2002
Schauppmeier, Kurt: FC Bayern München, Regensburg, verschied. Jahre
Schulze-Marmeling, Dieter: Die Bayern. Vom Klub zum Konzern, Göttingen 1997
Schulze-Marmeling, Dieter: Die Bayern. Die Geschichte des deutschen Rekordmeisters, Göttingen 2003
Schwendowius, Daniel: Finanzierungs- und Organisationskonzepte für den deutschen Profifußball, Berlin 2003
Sigloch, Jochen/Klimmer, Christian (Hrsg.): Unternehmen Profifußball. Vom Sportverein zum Kapitalmarktunternehmen, Wiesbaden 2001
Sportfive (Hrsg.): European Football, Hamburg 2002
Sportfive (Hrsg.): Affinitäten-2. Wertigkeit, Sympathie und persönliche Nähe von Marken und Sport, Hamburg 2003
Stein, Diana Alexandra: Impulse der Medienkonvergenz auf Strategien im Sportmarketing, München 2001
Stützer, Peter: Der Kaiser. Franz Beckenbauer, München 1985
Ufa-Sports (Hrsg.): European Football, Berlin 2000

Weiss, Norbert: Das Goldene Tor. Wirtschaftsmacht Fußball, München 2000
WGZ-Bank (Hrsg.): FC Euro AG, Düsseldorf 2002
Wiedemann, Silke: Franz Beckenbauer. Der Erfolg spielt mit, Düsseldorf 2002

Zeitschriften

Capital, Focus, manager magazin, Der Spiegel, Stern u.a.

Zeitungen

AZ, Bild, Bild am Sonntag, Frankfurter Allgemeine Zeitung, Kicker, Sport-Bild, Süddeutsche Zeitung, tz, Welt am Sonntag, Die Zeit u.a.

REGISTER

Die Lebensgeschichte einer starken Frau,
Nr. 1 – Spiegel-Bestseller

670 Seiten
gebunden mit Schutzumschlag
ISBN 3-430-11862-x